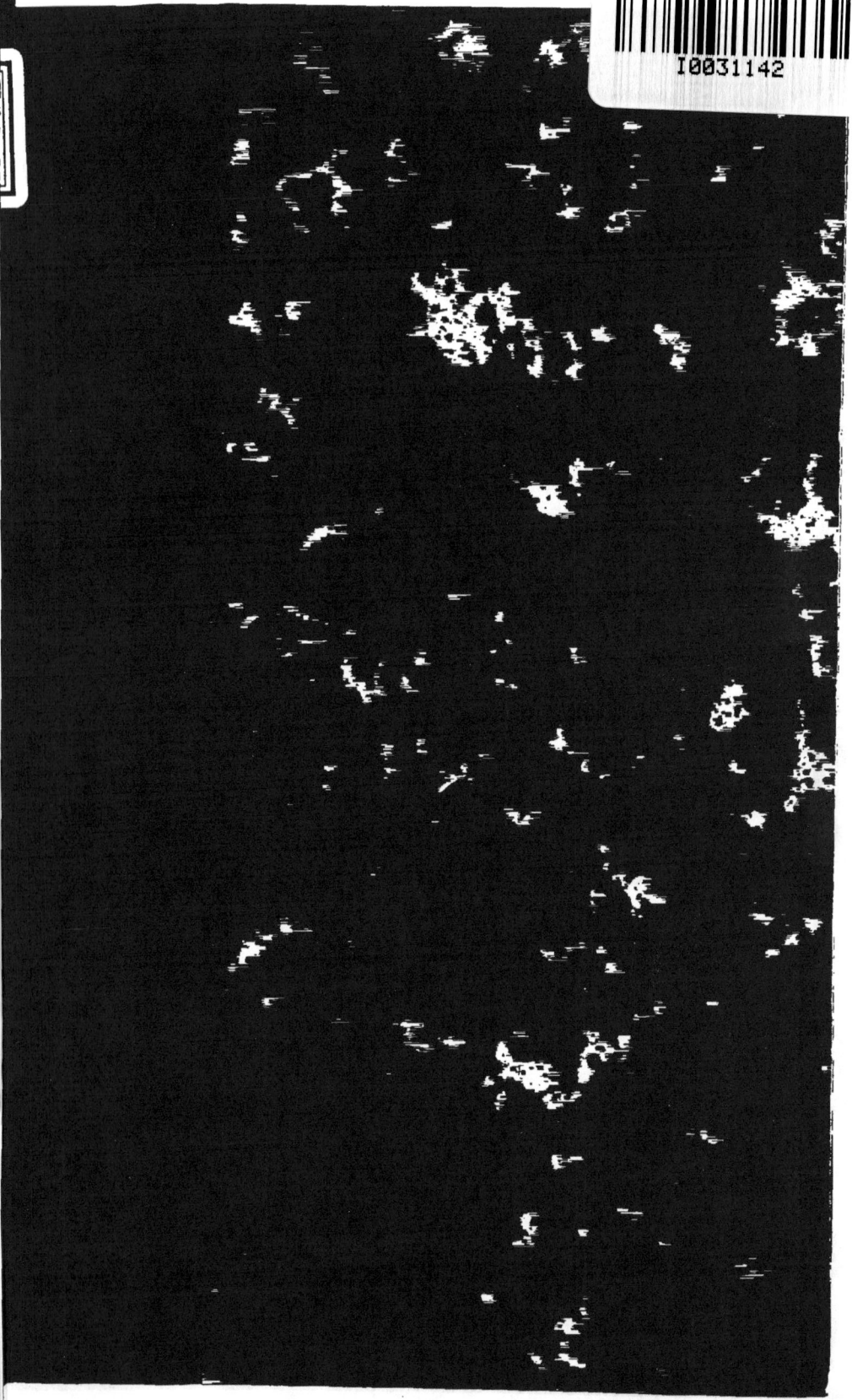

TRAITÉ

DE L'ÉTAT DES FAMILLES

LÉGITIMES ET NATURELLES,

ET DES SUCCESSIONS IRRÉGULIÈRES.

TRAITÉ

DE

L'ÉTAT DES FAMILLES

Légitimes et Naturelles,

ET

DES SUCCESSIONS IRRÉGULIÈRES,

Par M. A. B. Pichefort,

JUGE AU TRIBUNAL CIVIL DE BRIVE (CORRÈZE).

ÉPIGRAPHE.

Si les Législateurs n'avaient pris
aucune précaution pour fixer l'état
des hommes, les citoyens ne pourraient se connaître entre eux que par
la possession.

COCHIN, contre les sieur et dame
De Bruix.

TOME TROISIÈME.

LIMOGES,

IMPRIMERIE DE BLONDEL, RUE CONSULAT, 15.

1842.

1843

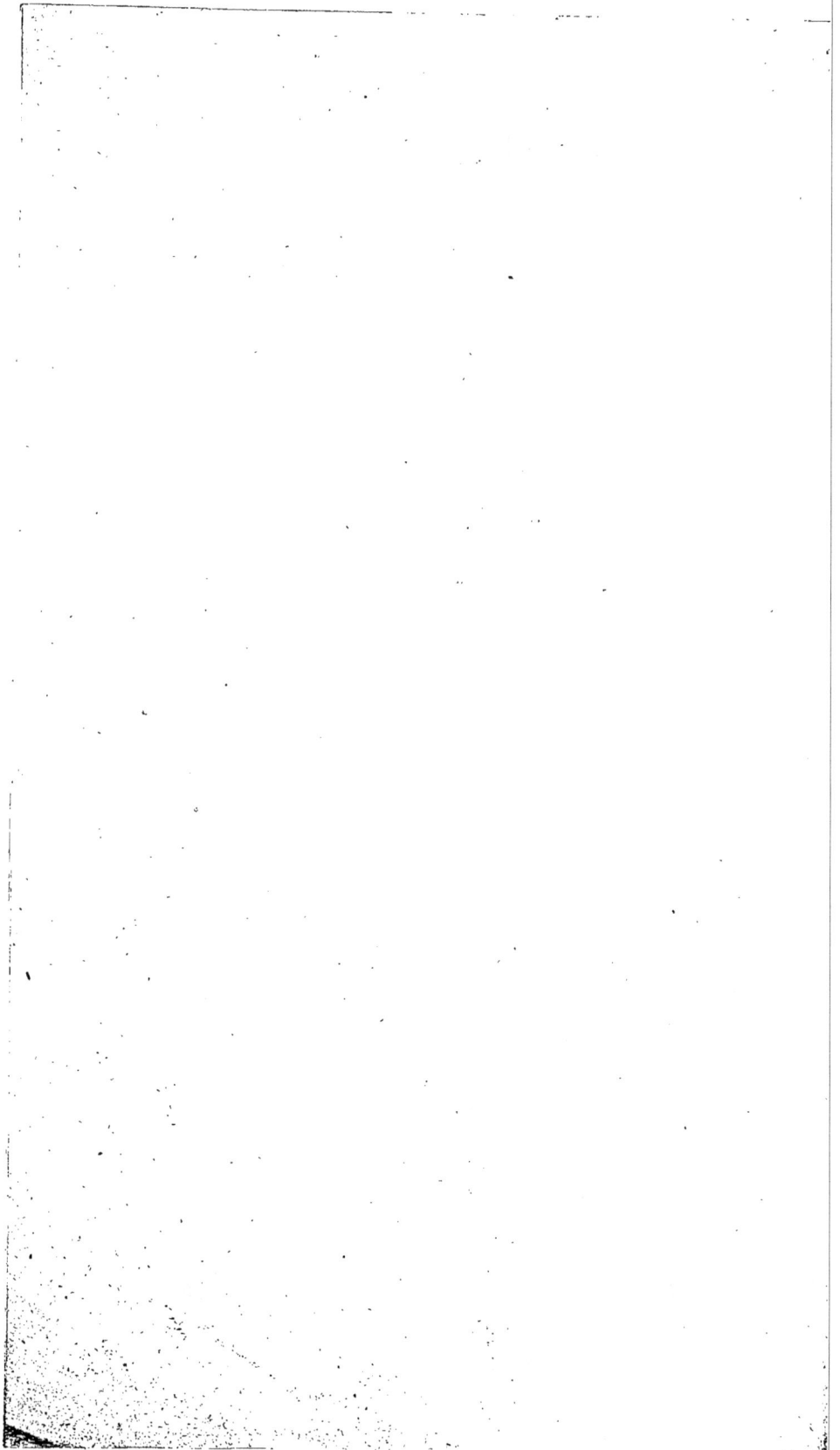

TRAITÉ

DE L'ÉTAT DES FAMILLES

LÉGITIMES ET NATURELLES

ET DES SUCCESSIONS IRRÉGULIÈRES.

———— ◦ ————

TITRE 5ᵉ.

=

DES DROITS DES ENFANTS NATURELS RECONNUS SUR LES BIENS DE LEUR PÈRE OU MÈRE.

=

CHAPITRE III.

—

Représentation. — Retour légal.

—

SOMMAIRE.

Tom. 3.

droit de retour légal? — Jugement du Tribu-
nal de Senlis. — Ce jugement paraît être selon
les principes. — Opinion de M. Malpel. —
Arrêt confirmatif de la Cour d'Amiens. — Ar-
rêt de la Cour suprême qui casse cet arrêt. —
Réflexions sur cette décision.

370. — L'art. 757 attribue à l'enfant naturel reconnu les trois quarts des biens de son père ou de sa
mère, si ceux-ci ne laissent ni ascendants ni descendants, *ni frères ni sœurs.*

Mais si le père ou la mère laisse des descendants de frères ou de sœurs, ces descendants empê-
cheront-ils l'enfant naturel reconnu de prendre les
trois quarts? En d'autres termes, la représentation
dans ce cas a-t-elle lieu contre l'enfant naturel?

C'est encore là une question très controversée
parmi les Jurisconsultes.

371. — Les partisans de la représentation sont
M. Merlin dans son nouveau Répertoire, aux mots
Droit de représentation ; M. Mallevile dans son analyse du Code civil sur l'art. 757 ; *M. Toullier* dans
son *Droit civil français,* tom. 4, pag. 248 ; *M. Cha-*
bot de l'Allier, Commentaire sur les Successions, tom.
2, pag. 164, et suiv. ; et un arrêt de la Cour royale
de Paris, du 10 avril 1810.

Les partisans de la non-représentation sont :

M. Grenier, Traité des Donations et des Testaments,
tom. 2, pag. 411 ; M. Favard, dans son Manuel des
Successions, pag. 134 ; six arrêts des Cours royales
de Bruxelles, de Bordeaux, de Douai, de Riom,
de Paris, de Montpellier, et un arrêt de la section
des requêtes de la Cour de Cassation, du 7 avril
1813 (1).

372. — Pour le système de la représentation, on
dit que l'art. 742 a posé le principe général pour
toutes les successions, soit légitimes, soit irrégulières ; que cet article porte que, en ligne collatérale,
la représentation est admise en faveur des enfants et
descendants des frères ou sœurs du défunt ; que ce
principe n'avait pas besoin d'être répété dans l'art.
757 ; que si la succession est irrégulière quant à
l'enfant naturel, elle ne l'est pas quant aux héritiers
légitimes, et qu'ils doivent, par suite, pouvoir invoquer le bénéfice de la représentation ; que si la loi
n'a parlé que des frères et sœurs, c'est parce que,
ayant posé déjà dans l'art. 742 le principe de la représentation, elle n'a pas dû se reproduire ici ; que
les descendants de frères et sœurs étant préférés
aux ascendants (art. 750) doivent avoir, au moins
vis-à-vis des enfants naturels, les mêmes droits que
ces descendants.

(1) Sirey, tom. 13, 1re part. pag. 161.

373. — Contre la représentation, on dit que l'art. 757 appartient à un chapitre particulier ayant trait aux successions irrégulières, dont les règles sont toutes différentes de celles qui régissent les successions légitimes ; que cet art. 757 n'ayant parlé que des frères et sœurs du défunt pour réduire l'enfant naturel à la moitié des biens, il n'est pas permis d'étendre cette disposition aux descendants des frères et sœurs.

Il était sage de rester dans le doute en présence de la savante discussion de *M. Merlin*, et de la logique pressante de *M. Chabot*, lorsque surtout ces deux grands Jurisconsultes invoquaient l'opinion suivante de *M. Malleville* :

« Mais notre art. 757 ne parle que des frères et sœurs ; s'ensuit-il que les neveux ou autres descendants des frères ou sœurs prédécédés ne doivent avoir qu'un quart de la succession, lorsqu'il se trouve un enfant naturel du défunt ?

» Je ne le crois pas du tout, c'est pour ne pas le répéter éternellement, que notre article n'a parlé que des frères et sœurs, et dès que, par un article formel, la loi dit une fois que la représentation aurait toujours lieu en faveur des descendants des frères ou sœurs, il s'ensuit que ces descendants doivent avoir les mêmes droits en *toute succession*, au défaut de leurs auteurs. Et, d'ailleurs, c'est à tous les ascendants que notre article donne la moitié des biens en concours avec un enfant naturel. Mais ne serait-il pas absurde de supposer que la loi eût voulu refuser aux descendants des frères et sœurs ce qu'elle accorde à des ascendants que ces autres descendants excluent dans les autres successions ? »

Et encore ils invoquaient ces expressions de M. Treilhard dans son exposé au Corps législatif, en présentant la loi sur les *successions* et en parlant des enfants naturels légalement reconnus :

« Leurs droits sont plus étendus, quand le père ne laisse que des collatéraux, plus restreints quand il laisse des enfants légitimes *des frères ou descendants d'eux* (1). »

374. — Cependant tous les doutes doivent aujourd'hui cesser. Cette importante question a été de nouveau soumise à la Cour de Cassation, et, par arrêt de 20 février 1823, elle l'a résolue contre le système de la représentation (2).

Le 29 novembre 1813, le sieur *Despiard* décède, laissant un testament olographe par lequel il institue légataire universel le sieur *Duplessis-de-Pousilhac*. Les parents ayant droit à la succession du sieur Despiard, étaient : 1° une nièce légitime ; 2° un enfant naturel reconnu. Il faut dire que le testament léguait à l'enfant naturel une somme de 40.000 fr. et déclarait que, moyennant cette somme, il ne pourrait rien plus réclamer.

(1) Séance du Corps législatif du 19 germinal an 11.
(2) Sirey, tom. 23, 1re part. pag. 166.

On procède au partage de la succession ; il s'élève des contestations qui font naître la question dont il s'agit.

Le Tribunal de première instance de Nîmes accorde à l'enfant naturel les trois huitièmes de la succession de son père, en ayant égard à l'existence du legs universel, et non à l'existence de la nièce.

Pourvoi en Cassation ; il est rejeté par les motifs suivants :

« Attendu, en Droit, que, d'après l'art. 757 du Code civil, lorsque les père et mère ne laissent ni descendants, ni ascendants, ni frères, ni sœurs, le droit de l'enfant naturel sur leurs biens est des trois quarts de la portion héréditaire que le même enfant naturel aurait eue s'il eût été légitime.

» Et attendu, en fait, que *Despiard* père n'a laissé ni descendants, ni ascendants, ni frères ni sœurs ;

» Qu'ainsi, en accordant à son enfant naturel les trois quarts de la portion héréditaire qu'il aurait eue s'il eût été légitime, l'arrêt attaqué a fait une juste application de l'art. 757 ;

» Attendu que l'art. 742 du même Code, qui admet, en ligne collatérale, la représentation en faveur des enfants et descendants des frères et sœurs du défunt, régissent uniquement les successions *régulières*, et n'est point applicable à l'espèce, où il s'agit d'une succession irrégulière ; que, pour ces deux différents ordres de successions, la loi établit aussi des principes différents ; que, dans les premières, elle

contemple en ligne collatérale les parents du défunt
jusqu'au douzième degré, et elle les contemple pour
leur assurer la succession *ab intestat*. Tandis que,
dans les secondes, et dans la même ligne, elle contemple seulement les frères et sœurs du défunt, et
elle les contemple moins pour leur assurer sa succession, que pour fixer, *d'après les égards particuliers qui leur sont dus*, le droit de l'enfant naturel
sur les biens de son père ; et que, franchir une ligne
de démarcation si expressément établie, ce serait, en
ajoutant à la loi, la violer ouvertement.

» Attendu, *au surplus*, que, dans les successions
régulières elles-mêmes, et d'après la disposition formelle dudit art. 742, le droit de représentation n'est
accordé qu'aux enfants et descendants des frères et
sœurs du défunt *qui concourent à la succession;*

» Et que, dans l'espèce, les neveux et nièces de
Despiard père ne succèdent point ; qu'ils ne figurent
pas même au procès ; de manière que la portion
que, par leur moyen, on ôterait à l'enfant naturel,
profiterait exclusivement à un héritier *testamentaire
étranger à la famille*, ce qui choquerait la nature
du droit de représentation. »

On invoqua, lors de cet arrêt, toutes les autorités
que nous avons ci-dessus rappelées. De sorte que
l'on peut dire que c'est en parfaite connaissance des
opinions diverses, que la Cour suprême a prononcé,
et pour faire cesser leur longue divergence.

375. — En lisant la discussion d'ailleurs très savante qu'a présentée à la Cour *Me Guillemin*, Avocat du demandeur en Cassation, nous avons été étonné d'y trouver le passage suivant :

« Enfin, j'invoquerai l'autorité de *M. Loiseau*, mon honorable prédécesseur ; il ne nous est plus donné de l'entendre lui-même ; il m'a en quelque sorte légué la défense de sa doctrine, dans une matière que sa profonde science a enrichie de l'un des plus précieux monuments de notre nouvelle Jurisprudence.»

Cependant voici comment s'exprime cet auteur dans son Traité des enfants naturels, pag. 629, de l'édit. 1829 :

« Observez que la portion de ces enfants est des trois quarts, lors même que le défunt aurait laissé des neveux ou descendants de frères ou de sœurs, attendu qu'alors la représentation n'est pas admise, comme nous le démontrons plus bas, pag. 251. »

Et, en effet, à la pag. 251, *M. Loiseau*, après avoir rappelé les divers arrêts rendus par les Cours royales, et l'autorité de *MM. Malleville, Chabot et Merlin*, finit ainsi :

« *M. Grenier*, tom. 3, pag. 350, a enseigné, *et nous pensons avec lui*, qu'ici la représentation ne peut avoir lieu : 1° parce que, pour représenter un père prédécédé, il faut être en concurrence avec des oncles ou parents légitimes (742) ; 2° si la loi ne donne que la moitié quand il y a des ascendants, ou des frères, ou des sœurs (757), elle se renferme dans ce degré ; elle est limitative ; elle ne s'étend point aux descendants de ces frères et sœurs, c'est le cas d'appliquer la règle des inclusions.

» En conséquence, nous adoptons la Jurisprudence établie par plusieurs arrêts des Cours. »

376. — Ainsi, indépendamment de l'opinion de M. *Loiseau*, de M. *Grenier* et de M. *Favard*, il existe maintenant deux arrêts de la Cour de Cassation, section des requêtes, qui prohibent la représentation des enfants et autres descendants des frères et sœurs du défunt. Nous pouvons ajouter un autre arrêt rendu dans le même sens par la Cour royale d'Agen, le 16 avril 1822 (1) ; et un troisième arrêt de la Cour suprême du 28 mars 1833 (2).

Le premier arrêt rendu par la Cour de Cassation en 1813 avait été déterminé par l'opinion écrite d'un Conseiller de cette Cour, que l'on trouve à la suite de cet arrêt dans M. *Sirey*, tom. 13, 1re part. pag. 167. Cette opinion, il faut en convenir, détruit sans réplique tous les raisonnements de l'opinion contraire. *Vid.* aussi dans le même sens, M. *Malpel*, Traité élémentaire des Successions, pag. 271 et suiv.

376 *bis.* — Une autre question fort importante s'est encore agitée entre les auteurs et dans la Jurisprudence, au sujet de la représentation. Si nous en parlons ici

(1) Sirey, tom. 23, 2e part. pag. 65.
(2) *Journal du Palais*, tom. 17, pag. 207, à la fin de la note.

nous-même, c'est parce qu'elle peut se produire à l'occasion de l'adoption d'un enfant naturel reconnu.

Cette question consiste à savoir si la représentation a lieu en faveur des descendants de l'adopté, venant à la succession de l'adoptant? Si, au contraire, ce dernier ne reprend pas, par la voie du retour légal, les choses par lui données à l'adopté, lorsque celui-ci meurt avant lui, laissant des enfants ou autres descendants qui survivent à l'adoptant?

Les partisans de la non-représentation disent : l'adoption étant une institution qui sort des règles du Droit commun, elle ne peut, d'après MM. Toullier (1) et Grenier (2), produire d'autres effets que ceux que la loi y a *expressément attachés*, sans qu'on y puisse donner d'extension. Il suit de là que les effets de l'adoption ne pourraient s'étendre aux enfants de l'adopté, et les faire considérer comme fils de l'adoptant, qu'autant que le Code civil l'aurait formellement exprimé. Mais on ne trouve dans le Code aucune disposition dont il soit possible d'inférer qu'il existe un *lien* de parenté civile entre l'adoptant et les enfants de l'adopté. Tout y prouve, au contraire, que ce lien n'existe qu'entre l'adoptant et son fils adoptif seul. Par exemple, l'art. 349 du Code civil ne déclare commune qu'entre l'adoptant et son fils adoptif, l'obligation naturelle de se fournir des aliments dans

(1) N° 973 et 1006.
(2) Traité de l'adoption et de la tutelle officieuse, n° 37.

les cas déterminés par la loi ; tandis que l'art. 205 impose cette obligation aux enfants nés en mariage envers leurs père et mère *et autres ascendants*. Puisque les enfants de l'adopté sont affranchis de cette obligation envers l'adoptant, ce dernier n'est donc pas, aux yeux de la loi, leur ascendant par adoption, ils lui sont étrangers ; parce que, en effet, le lien de parenté civile n'existe qu'entre l'adoptant et l'adopté. S'il eût été dans l'intention de la loi d'étendre la filiation adoptive jusqu'aux enfants et descendants de l'adopté, elle leur aurait accordé le droit de représentation pour le cas où l'adopté vient à décéder avant l'adoptant, comme elle le confère par les art. 740 et 745 du Code aux descendants issus de légitime mariage, et, par l'art. 759 aux descendants des enfants naturels. Or, on sait que la représentation étant une fiction de la loi (art. 739), n'a lieu que dans les cas et selon les degrés que la loi elle-même détermine. Le Code n'admettant nulle part le droit de représentation à l'égard de la descendance de l'enfant adoptif prédécédé, il regarde donc cette descendance comme étrangère à l'adoptant.

Les partisans de la représentation répondent :

Rien n'est plus logique et plus clair que le système que nous soutenons. L'art. 350 du Code civil dit bien que l'adopté n'acquerra aucun droit de successibilité sur les biens des parents de l'adoptant ; mais il ajoute qu'il aura sur la succession de l'adoptant les *mêmes droits* que ceux qu'y aurait *l'enfant*

né en mariage, même quand il y aurait d'autres enfants de cette dernière qualité nés depuis l'adoption.
Entendez-nous? *les mêmes droits.* Or, dans ce cas,
ces droits sont transmissibles par représentation ;
pourquoi ne le seraient-ils pas dans le premier?
Le Législateur l'a si bien entendu ainsi, que, d'après
l'art. 351, ce n'est que lorsque l'adopté meurt *sans
descendants légitimes*, que les choses données par
l'adoptant, ou recueillies dans sa succession, et qui
existent en nature lors du décès de l'adopté, retour-
nent à l'adoptant ou à ses descendants, à la charge
de contribuer aux dettes, et sans préjudice des droits
des tiers. Donc, *à contrario*, si, en mourant, l'adopté
laisse des enfants ou autres descendants légitimes, le
droit de retour ne peut s'exercer par l'adoptant ou
les siens. Donc la représentation a lieu en faveur
des enfants survivants de l'adopté. Tel est aussi le
sentiment de M. Proudhon (1), et celui de M. Toullier (2). M. Grenier professe seul une opinion contraire (3).

Ce dernier système a été consacré par arrêt de la
Cour de Cassation, du 2 décembre 1822, en la cause
du sieur *Baduel*, contre la direction générale de l'enregistrement (4). *Pierre Baduel-d'Oustrac* avait
adopté *Pierre Baduel-de-la-Boissonade*, son neveu.

(1) Tom. 2, pag. 140.
(2) N° 1015.
(3) Pag. 546, n° 37.
(4) Sirey, tom. 23, 1, 74.

Plus tard, il fait un testament par lequel il institue son fils adoptif pour son légataire universel, et il lègue son domaine de la Boissonade à *Jean-Pierre-Benoît Baduel*, son petit neveu, fils aîné de ce dernier. La régie considère ce legs particulier comme fait en *ligne collatérale*, attendu que l'adoption n'a établi aucun lien nouveau entre l'adoptant et le fils de l'adopté. Elle veut, en conséquence, percevoir le droit de cinq pour cent : sa prétention est accueillie par le Tribunal *d'Espalion*, sur le motif que l'adoption ne présente qu'un contrat *personnel* entre l'adoptant et l'adopté, dont les effets ne peuvent s'étendre, en ce qui concerne la filiation, à aucun membre de la famille du fils adoptif. Mais ce jugement a été cassé par l'arrêt que nous venons de rapporter et qui a décidé qu'il n'était dû dans l'espèce que le droit d'un pour cent, comme s'agissant d'un legs fait en ligne directe, aux termes du paragraphe 3, n° 4, de l'art. 69 de la loi du 22 frimaire an 7.

La Cour suprême a dit que du rapprochement et de l'ensemble des art. 347, 348, 349, 350 et 351 du Code civil, il résulte évidemment que le système général de la loi qui permet l'adoption, a pour objet de donner aux citoyens que les circonstances ont éloignés des liens du mariage, ou dont le mariage a été jusque-là stérile, la faculté de se créer une descendance fictive, semblable, dans ses effets, à la descendance naturelle dont ils sont privés ; que le but principal de la loi se manifeste notamment dans l'art.

351 qui, en cas de prédécès de l'adopté, n'accorde à l'adoptant *un droit de retour* sur les dons par lui faits à son fils adoptif, que dans le cas où celui-ci est décédé sans postérité.

Elle a considéré que, si l'art: 350 refuse à l'adopté tout droit de successibilité sur les biens des parents de l'adoptant, cette disposition, éminemment juste, en ce qu'il ne doit pas dépendre de l'adoptant de donner à ses parents des héritiers que la loi ne leur donne pas, et qui ne sont pas de leur choix, loin de modifier aucunement l'intimité des rapports que la loi établit entre l'adoptant lui-même et son enfant adoptif, la fortifie, au contraire, par la précision des termes restrictifs dans lesquels elle est conçue ;

Elle a dit que ce serait contrarier le vœu bien prononcé du Législateur, et rendre en quelque sorte illusoire le bienfait de cette descendance civile par laquelle une heureuse fiction de la loi remplace, en faveur de l'adoptant, la descendance naturelle, que d'en restreindre l'effet à la seule personne de l'adopté ;

Elle a considéré, enfin, que, suivant un principe de Droit commun, consacré par l'art. 740 du Code civil, *la représentation* a lieu de plein droit en ligne directe descendante, et *qu'on ne trouve aucune disposition exceptionnelle à ce principe, à l'égard de la descendance résultante de l'adoption.*

C'est aussi dans le même sens que la Cour royale de Paris s'est prononcée, le 27 janvier 1824, en la

cause de *Marmo* contre *Thimister* (1). Dans cette espèce, la question de représentation s'offrait à juger
plus nette et plus positive.

Le sieur Thimister, père d'une fille du premier lit,
avait convolé avec Charlotte *Lecacheux*. Dans leur
contrat de mariage, les époux s'étaient donné mutuel-
lement tous leurs biens, pour en jouir par le survivant *en toute propriété*, dans le cas où l'époux prédécédé *ne laisserait point d'enfant*, et en usufruit,
seulement dans l'hypothèse contraire.

En l'an 10, la dame Thimister n'ayant point eu
d'enfants, adopte, du consentement de son mari, la
propre fille de celui-ci, en lui conférant sur sa succession les mêmes droits que ceux qu'elle aurait eus
si elle était née de leur mariage.

La fille adoptive épouse le sieur *Marmo*. Elle décède, en 1816, à la survivance de plusieurs enfants.
La dame Thimister meurt aussi en 1822.

Le sieur Marmo, au nom de ses enfants mineurs,
réclame *par représentation* les droits qu'aurait eus sa
femme dans la succession de la dame Thimister. Le
sieur Thimister oppose sa donation contractuelle, et
soutient que la représentation n'a pas lieu en faveur
des enfants de l'adopté. Il fait accueillir sa prétention par un jugement du Tribunal de la Seine. Mais,
sur l'appel, ce jugement a été réformé.

Cette question, il faut en convenir, n'était pas

___
(1) Sirey, tom. 25, 2, 131.

sans difficulté. On avait raison de dire que la représentation n'est pas *formellement* établie par le Code en faveur des descendants légitimes de l'adopté. La Cour de Cassation et la Cour royale de Paris ont fait dériver ce droit par opposition à l'espèce de *retour légal* établi par l'art. 351. Il faut même avouer que les raisons qu'elles ont données sont bien séduisantes et présentent quelque chose d'assez concluant par analogie. Mais l'argument à *contrario* n'est pas toujours une règle sûre (1).

Nous étions d'autant plus fondé à rester dans le doute à ce sujet, que *M. Tronchet* avait dit, dans la séance du Conseil-d'Etat, du 6 frimaire an 10, qu'en principe général, les effets de l'adoption ne doivent pas s'étendre AU-DELA *du père adoptant et du fils adopté* (2). »

Mais ce qui nous détermine à embrasser le système consacré par les deux arrêts ci-dessus, c'est la disposition beaucoup plus explicite, selon nous, de l'art. 352 qui porte que si, du vivant de l'adoptant, et après le décès de l'adopté, les enfants ou descendants laissés par celui-ci mouraient eux-mêmes sans postérité, l'adoptant succédera aux choses par lui données, comme il est dit en l'article précédent; mais

---

(1) Exemple. Je donne à *Titius* toute ma fortune s'il n'épouse pas *Mœvia*. S'ensuit-il *nécessairement* que, s'il l'épouse, je m'interdis la faculté de lui donner ma fortune ?
(2) Locré, tom. 4, pag. 334.

que ce droit sera inhérent à la personne de l'adoptant, et non transmissible à ses héritiers, même en ligne descendante. La pensée du Législateur est toute dans cet article. Il en résulte, en effet, que, si l'adopté laisse des enfants ou descendants qui survivent à l'adoptant, le retour n'a pas lieu pour ce dernier. Donc les enfants ou descendants légitimes de l'adopté viennent par *représentation* de leur père à la succession de l'adoptant, ou recueillent par le même moyen les choses qui lui ont été données. Ce raisonnement nous paraît sans réplique.

Comme aussi, quand bien-même les enfants ou autres descendants légitimes de l'adopté viendraient à décéder après la mort de l'adoptant, les héritiers de ce dernier, même en ligne descendante, ne pourraient point reprendre les choses par lui données à son enfant adoptif; elles appartiendraient aux parents collatéraux de cet enfant; parce que, la loi l'a dit, le droit de retour est *personnel* à l'adoptant, et n'est pas transmissible à sa descendance.

377. — L'art. 765 du Code civil attribue la succession de l'enfant naturel décédé sans postérité au père ou à la mère qui l'a reconnu, ou par moitié à tous les deux, s'il a été reconnu par l'un et par l'autre.

Si le père seul a reconnu son enfant naturel, il ne peut y avoir aucune difficulté sur le droit qu'il a de reprendre ce qu'il lui a donné, car en recueillant toute sa succession, il exerce bien ce droit.

Mais si l'enfant a été reconnu à la fois par son père et par sa mère, et que l'un d'eux seulement lui ait fait quelque donation, le retour des objets donnés peut-il avoir lieu en faveur de tous les deux ?

La difficulté vient de la mauvaise construction de la seconde disposition de l'art. 765 *ou par moitié à tous les deux, s'il a été reconnu par l'un et par l'autre.*

Mais il faut décider la question à l'aide de la conséquence forcée qui résulte de l'art. 766. En effet, dès l'instant que cet art. accorde le retour légal des objets donnés à l'enfant naturel reconnu, à ses frères ou sœurs légitimes, lorsque leurs père et mère sont décédés, il est bien évident que ceux-ci peuvent l'exercer s'ils sont vivants.

Il faut encore décider la question par l'art. 747 qui porte que les ascendants succèdent, à l'exclusion de tous autres aux choses par eux données à leurs enfants ou descendants décédés sans postérité ; et quoique ce dernier article se trouve au chapitre des successions légitimes ou régulières, il y a même raison de décider pour les successions irrégulières des enfants naturels reconnus. Un père est assez malheureux de perdre son enfant, sans être encore dépouillé en tout ni en partie de ce qu'il lui a donné. Telle est aussi l'opinion de *M. Chabot,* tom. 1er, pag. 347 et suiv.

Ainsi, dans le cas proposé, celui du père ou de la mère qui aura donné quelque chose à leur enfant naturel, reconnu par tous les deux, commencera par reprendre la totalité des objets donnés, et partagera ensuite avec l'autre ce qui composera réellement la succession de cet enfant. Telle était, dans l'ancienne Législation, l'opinion de *M. Henrys*, L. 6, chap. 5, qu'il fondait par analogie, sur la loi 5, § 13, au dig. *de jure dotium*, laquelle accordait la réversion au père adoptif; il y a encore plus de raison d'établir ce droit pour le père naturel, qui est joint par le sang à l'enfant qu'il avoue.

M. Chabot, à la pag. 348, pose ainsi la question :

Mais lorsque l'enfant naturel a été légalement reconnu, soit par son père, soit par sa mère, et qu'il décède sans postérité, la question proposée doit être résolue pour savoir si le père donateur prélèvera d'abord sur la masse de la succession les choses qu'il avait données, sauf à partager le reste avec la mère.

Après avoir donné la raison de douter, prise de ce que l'art. 747 relatif au retour légal se trouve dans le chapitre des successions légitimes, et que sa disposition n'a pas été répétée au chapitre des successions irrégulières, *M. Chabot* s'exprime ainsi :

« Mais la raison de décider, au contraire, se tire des motifs mêmes qui ont fait adopter la disposition de l'art. 747.

Cependant *M. Malpel* (1), en examinant cette question, dit qu'il suffit de remarquer la place qu'occupe l'art. 747, et les termes dans lesquels il est conçu, pour être convaincu qu'il ne regarde que les ascendants légitimes.

» Comment, d'ailleurs, ajoute-t-il, ferait-on l'application de l'art. 747, au père et à la mère de l'enfant naturel ? Ecartons d'abord le cas où le père seul aurait reconnu l'enfant ; car le droit de réversion se confondrait alors avec le droit de succéder à la totalité des biens. Il en serait évidemment de même si la mère seule avait fait la reconnaissance. Resterait donc le cas où le père et la mère de l'enfant naturel l'auraient tous les deux reconnu : mais le Législateur a prévu ce cas dans l'art. 765 du Code civil, et il a dit que la succession de l'enfant *serait déférée par moitié au père et à la mère.* Or, croit-on que si le Législateur avait voulu que l'art. 765 pût être modifié par l'art. 747, il eût gardé le silence ? Il est vrai que le donateur est exposé à partager les choses dont il s'est dessaisi avec celui qui a concouru à la reconnaissance sans participer à la libéralité ; mais la chance n'est-elle pas égale pour les deux personnes qui reconnaissent le même enfant naturel, et ne peut-on pas dire que l'art. 765 renferme, pour ainsi dire à leur égard, une disposition aléatoire ? Nous croyons que le père et la mère de l'enfant naturel ne peu-

(1) Traité élémentaire des Successions *ab intestat*, pag. 305.

vent, dans aucun cas, se prévaloir de l'art. 747, et
en réclamer l'exécution. »

On ne sait pourquoi *M. Malpel* s'est uniquement
attaché à l'art. 765. Cet article dit bien sans doute
que la *succession* de l'enfant naturel décédé sans postérité est dévolue au père ou à la mère qui l'a reconnu ;
ou par moitié à tous les deux, s'il a été reconnu par
l'un et par l'autre. Mais le Législateur suppose encore que cette succession est entièrement composée
de biens appartenant à l'enfant, par lui achetés, ou
à lui obvenus, d'autres personnes, que de ses père et
mère. Venant ensuite à la supposition où l'enfant
naturel a reçu des biens de son père ou de sa mère,
il déclare, dans l'art. 766, que ces biens doivent être
distraits de la succession en faveur des donateurs ;
ou, s'ils sont morts, de leurs héritiers. C'est donc
dans l'art. 766 qu'il faut puiser la raison de décider. Or, que dit cet article ? qu'en cas de prédécès des
père et mère de l'enfant naturel, les biens qu'il en
avaït reçus, passent aux frères ou sœurs légitimes.
N'est-ce pas dire très clairement que si les père et
mère survivent à leur enfant naturel, ils reprennent,
à l'exclusion des frères et sœurs légitimes, les biens
qu'ils lui avaient donnés ? Et alors ne voit-on pas une
analogie parfaite entre l'art. 766 et l'art. 747 ? Et si
cette analogie existe, la question soulevée n'en est plus
une. Le père seul, donateur, doit reprendre ce qu'il
a donné à l'enfant, à l'exclusion de la mère qui n'a
rien donné, *et vice versâ.* Par là s'évanouit, sans lais-

ser le moindre regret à la raison, la prétendue disposition *aléatoire* que *M. Malpel* avait trouvée dans l'art. 765, sans songer que sa supposition était repoussée par l'art. 766.

En accordant aux père et mère, et, après eux, aux frères et sœurs légitimes, le retour légal des objets donnés à l'enfant naturel reconnu, l'art. 766 ajoute : Si ces objets se retrouvent en nature dans la succession, de sorte que s'ils ont été aliénés, ceux à qui appartient ce droit de retour, n'ont que les actions de reprises, s'il en existe, ou le prix des biens aliénés, s'il est encore dû. Voyez ce que nous disons plus bas sur les art. 765 et 766.

378. — Mais comme cet article contient la même disposition que l'art. 747, il faut décider que, si l'enfant naturel reconnu, a disposé, *même par testament*, des biens à lui donnés, ils ne peuvent être repris. La raison en est que le droit de retour ne s'exerce qu'à titre successif. Telle est l'opinion de *M. Chabot*, tom. 1er, pag. 451 et suiv. C'est ce qu'a jugé la Cour de Cassation par un arrêt du 17 décembre 1812, dans la cause de *Noailhes* et de la femme *Mestre* (1). Le donateur ne reprenant que comme héritier, il doit respecter tout ce qu'a fait son donataire.

Cependant il existe un arrêt contraire rendu par la

(1) Sirey, tom. 13, 1re part. page 409.

Cour royale *d'Agen*, le 19 mars 1817 (1). Pour mettre les lecteurs à même de comparer et d'apprécier les motifs de ces deux décisions, nous allons les rapporter en entier.

379. — Motifs de l'arrêt de la Cour de Cassation :

« Attendu que le droit de retour légal appartenant aux ascendants donateurs sur les choses par eux données à leurs enfants ou descendants, ne doit être fixé ni par les lois romaines, ni par le texte des coutumes, ni par les anciens arrêts, mais par les dispositions du Code civil ;

» Attendu que l'art. 747 du Code, qui accorde aux ascendants le droit exclusif de succéder aux choses par eux données à leurs enfants ou descendants, est placé sous le titre des successions *ab intestat*, et que, d'ailleurs, cet article exige en termes exprès, pour l'exercice de ce droit, non-seulement que les enfants donataires soient décédés sans postérité, mais que ces objets se retrouvent dans la succession ; que, dans le cas où ces objets ont été aliénés, ce même titre ne donne point aux ascendants le droit de les réclamer, mais seulement celui de recueillir le prix qui peut être dû, ou l'exercice de l'action en reprise que pourraient avoir leurs enfants ou descendants ; qu'il suit de ces dispositions que, lorsque les donataires, quoique décédés sans postérité, ont disposé, soit par donation, *soit par testament*, de tout ou partie des cho-

ses à eux données par leurs ascendants, et que, par
une conséquence nécessaire, *ces choses ne se trouvent
plus en nature dans leur succession*. Le droit de retour légal établi en faveur des ascendants par le
dit art. 747, est sans application : que ce titre est
confirmé par la disposition de l'art. 952, qui ne
donne l'effet de rescinder les aliénations des biens
donnés qu'au droit de retour conventionnel, c'est-
à-dire à celui qui, conformément à l'art. 951, aura
été stipulé dans l'acte de donation ; que, dans l'espèce, le donateur ascendant, loin de s'être réservé ce
droit, avait, au contraire, dans le contrat de son fils
donataire, expressément et formellement déclaré que
ce dernier disposerait des choses données, ainsi
qu'il aviserait ; ainsi qu'en adjugeant à Claudine
Mestre, veuve de Pierre *Noailhes*, fils du demandeur, la moitié des biens que ce dernier avait donnée à son fils à titre de préciput et dont ledit Pierre
Noailhes prédécédé, avait disposé en faveur de ladite
Claudine *Mestre*, la Cour d'appel n'est point contre-
venue à la loi. — Rejette, etc. »

380. — Motifs de l'arrêt de la Cour d'Agen :
« Attendu, en fait, qu'Alexis *Roques*, et Elisabeth
Donadieu, père et mère, avaient, par le contrat de
mariage de Marie *Roques*, leur fille, avec Jean *Bosq*,
fait donation entre vifs à cette dernière de la moitié
de tous leurs biens présents ; que Marie Roques est
décédée sans postérité, avant ses père et mère, sans

avoir aliéné les biens donnés de son vivant. Mais, après avoir, par testament public du 15 juin 1805, légué à Jean *Bosq*, son mari, la propriété de la moitié de ses biens et l'usufruit de l'autre moitié ;

» Attendu, dans le Droit, que l'art. 747 du Code civil, dispose textuellement que les ascendants succèdent à l'exclusion de tous autres, aux choses par eux données à leurs enfants ou descendants décédés sans postérité, lorsque les objets donnés se retrouvent en nature dans la succession ; qu'il résulte nécessairement de ces dispositions que le donataire qui prédécède les donateurs sans postérité, ne peut, à leur préjudice, disposer par testament des biens qui lui ont été donnés par eux ; d'abord, parce qu'il ne serait pas vrai de dire que les ascendants succèdent aux choses par eux données à l'exclusion de tous autres, s'ils pouvaient, dans ce cas, être exclus eux-mêmes par l'héritier testamentaire du donataire ; parce que, d'autre part, les objets donnés ne laissent pas de se trouver en nature dans la succession, nonobstant la disposition que le donataire peut en avoir fait par son testament. La succession ne peut jamais s'entendre, en effet, et ne s'est jamais entendue aux termes du Droit spécialement consacré par la loi 24, ff, *de verb. signif.* Qu'à l'universalité des biens, dont le défunt est mort saisi et vêtu, et le testament lui-même n'intervient et ne peut avoir d'effet que pour disposer, après la mort du testateur, des biens compris dans la succession ;

» Attendu que l'on ne peut inférer de ce que l'art. 747 se trouve placé dans le Code civil au titre des successions *ab intestat,* que ces dispositions ne sont pas applicables au cas où le donataire a fait un testament, parce que, outre que l'on retrouve sous ce même titre, une infinité de dispositions applicables non-seulement aux successions testamentaires, comme aux successions *ab intestat,* mais encore aux successions testamentaires exclusivement ; que, s'agissant d'établir en faveur des ascendants donateurs un droit exorbitant, et qui, quoique indépendant de la successibilité présomptive devait néanmoins ne s'exercer qu'à titre de succession sur les biens délaissés par leurs enfants prédécédés ; il serait assez difficile de concevoir en quel endroit du Code on aurait pu placer plus convenablement les règles de ce droit que dans le lieu où l'on a fixé ce que les ascendants avaient à prétendre en qualité d'héritiers de leurs descendants.

» Attendu qu'il n'est pas exact de dire que l'art. 747 soit la copie de l'art. 313 de la coutume de Paris, et qu'on ne doit pas supposer que les rédacteurs de ce Code l'aient entendu suivant la Jurisprudence qui avait lieu dans cette coutume, puisque l'on ne trouve pas, dans l'art. 313 précité, les expressions principales et énergiques, *à l'exclusion de tous autres, lorsque les biens donnés se retrouvent en nature dans la succession,* qui caractérisent les dispositions de l'art. 747 du Code civil. Tandis que, d'autre part, le Code civil ayant entièrement aboli le droit de cette coutume sur l'indisponibilité des propres, il faudrait dire que l'art. 747, quoique conçu dans un sens plus restrictif que l'art. 313 de la coutume de Paris, aurait investi le donataire descendant sans postérité, du droit de priver par son testament l'ascendant donateur de la réversion de la totalité des immeubles, tandis que la coutume ne lui aurait donné la faculté de disposer que du quint ; qu'il n'est pas raisonnable de prétendre que le Législateur du Code civil eût voulu établir dans son art. 747 un droit de retour semblable au retour légal, usité en pays, de Droit écrit, ou au retour conventionnel réglé par l'art. 951, puisqu'il a formellement disposé que ce droit qu'il a introduit ne s'exerçait qu'à titre de succession, et que par conséquent, loin de faire entrer dans les mains des ascendants les biens par eux donnés en quelque main qu'ils fussent passés, francs et libres des charges, dettes et hypothèques du chef du donataire, ils ne sont autorisés à les reprendre qu'en maintenant les actes par lui passés, sans nuire aux droits irrévocablement acquis à des tiers, du vivant du donataire, à condition de payer une quote-part de dettes, de satisfaire, en un mot, à toutes les obligations de l'héritier! D'où il est naturel de conclure que le Législateur du Code civil, placé entre deux Législations différentes, a voulu, pour ainsi dire, mettre en fusion les principes de chacune pour en faire résulter

un théorie toute nouvelle qui fît disparaître les inconvénients des Jurisprudences antérieures ;

» Attendu que les principes de cette théorie ne
pouvant avoir d'autre fondement que les sentiments
d'équité, de morale et d'économie politique, qui avaient
mu les Législateurs romains, et qu'on trouve si bien
exprimés dans la loi 6 ff, *de jure dotium*, la loi deux,
au Code, *de bonis quœ liberis ;* la loi dernière du
Code, *communia utriusque judicii,* il est naturel de penser que l'art. 747 du Code civil a eu pour
motif d'encourager les ascendants à favoriser, par des
donations, les établissements de leurs enfants ou ascendants, de leur ménager des consolations dans le
cas de prédécès de leurs descendants sans postérité,
de rattacher de plus fort les uns et les autres par
tous les sentiments qui naîtraient réciproquement de
l'exercice de nouveaux bienfaits ; d'où résulte ultérieu-
rement que, si l'on croyait assez facilement que le
Législateur a pu trouver, soit dans la nature des donations entre vifs faites sans stipulation de retour,
soit dans le cœur humain, des motifs suffisants pour
interdire à l'ascendant donateur de revenir contre les
actes par lesquels le donataire, préférant tout autre
à soi-même, se serait, pendant sa vie, irrévocablement
dépouillé à son tour des biens donnés, ce serait per-
vertir le sens de l'art. 747 du Code civil, et lui ôter
toute sa moralité, que de supposer qu'il a pu permettre au donataire de disposer par testament des
mêmes biens au préjudice de son bienfaiteur qui ne

s'en était dépouillé qu'en sa faveur, et d'effacer ainsi, en quelque sorte, par un monument sacrilége de son ingratitude, les saintes dispositions de la loi, qui, dans sa sage prévoyance, s'était chargé d'acquitter la dette sacrée de la reconnaissance ;

» Attendu qu'il résulte suffisamment de tout ce qui précède, que Marie *Roques* n'a pu, par son testament du 15 juin 1806, transférer à Jean *Bosq* aucune espèce de droit sur les biens compris dans la donation contractuelle qui lui avait été faite par ses père et mère, auxquels la réversion en était assurée, dans ce cas, par la disposition formelle de l'art. 747 du Code civil ; qu'ainsi il y a lieu d'ordonner, etc., etc. »

Cette Cour a persisté dans son système, par un autre arrêt du 11 décembre 1827. Elle s'est principalement fondée, cette seconde fois, sur ce que le testament du donataire n'a pas pu distraire de la succession les biens donnés ; que le donateur en étant investi, le cas arrivant, par la seule force de la loi, à l'exclusion de tous autres, il ne peut en être dépouillé par une disposition à cause de mort. Mais il est évident que la Cour d'Agen, en raisonnant ainsi, donne à la vocation de la loi tout l'effet et toute l'irrévocabilité d'une institution contractuelle ; tandis, au contraire, que l'art. 747 du Code n'appelle les ascendants donateurs à recueillir l'objet donné qu'à titre *d'héritiers purs et simples*, pourvu encore que cet objet se retrouve en nature dans la succession du donataire. Aussi la Cour suprême a-t-elle persisté dans sa première opinion par un dernier arrêt du 16 mars 1830 (1). Les observations de *M. Sirey* contre cet arrêt ne nous paraissent nullement concluantes.

381. — Nous donnons donc la préférence aux motifs qui ont déterminé la Cour de Cassation ; non-seulement parce qu'elle est Cour suprême et régulatrice, mais encore parce que ses motifs sont une conséquence directe et littérale de la disposition de l'art. 747 du Code civil. Les objets donnés par l'ascendant lui sont sans doute assurés par le droit de réversion, si le descendant donataire meurt sans postérité et sans disposition ; mais cette espèce d'institution légale n'est que provisoire, momentanée et à cause de mort. Elle doit donc céder à la disposition contraire de l'homme ; et d'ailleurs, si l'ascendant n'est point irrévocablement assuré de recueillir ce qu'il a donné, on peut répondre que c'est parce qu'il l'a bien voulu, puisqu'il pouvait stipuler le retour conventionnel dont l'effet est réglé par l'art. 952 du même Code. La seule chose qui soit irrévocablement assurée à l'ascendant, c'est que, si son donataire meurt sans disposition, les biens qu'il lui a donnés ne se confondront pas avec les autres biens personnels de ce dernier, et qu'il les reprendra à lui seul par la volonté de la loi qui, dans ce cas, ne sera plus contrariée par celle de l'homme.

(1) *Sirey*, tom. 30, 1re part. pag. 121.

382. — Au surplus, la question a été jugée dans le même sens par la Cour royale de *Montpellier*, le 31 mai 1825 (1). Dans l'espèce de cet arrêt, les père et mère de la demoiselle *Anterrien* lui avaient fait donation, à titre d'avancement d'hoirie, de certaines pièces de biens fonds et d'une somme de mille francs; cette circonstance n'a exercé et ne pouvait exercer aucune influence sur la question; parce que, comme l'a observé la Cour royale de *Montpellier*, il importe peu que la donation soit faite en avancement d'hoirie, puisque cette donation faite par contrat de mariage à raison de son irrévocabilité, investit le donataire de la propriété et lui confère le droit d'en disposer à titre gratuit ou onéreux, ainsi qu'il le trouve convenable.

La Cour de Besançon a jugé comme la Cour suprême, par arrêt du 30 juillet 1828; elle s'est déterminée par les mêmes motifs (2).

Pour les autres cas où le droit de retour est accordé ou refusé à l'ascendant, nous renvoyons aux savantes dissertations de *M. Chabot de l'Allier*, tom. 1er, pag. 456 et suiv. de son Commentaire sur les Successions.

383. — Nous devons cependant examiner une autre question touchant la même matière, parce

(1) *Vid. Sirey*, tom. 26, 1re part. pag. 14.
(2) Sirey, tom. 29, 1re part. pag. 176.

qu'elle se rattache à celle que nous venons de traiter et qu'elle a été jugée contrairement à l'opinion du ministère public par le Tribunal civil de Senlis, le 28 août 1828 (1).

En 1822, une dame *Lépine* fait donation à *Lépine*, son fils. Au décès de celui-ci, les biens donnés se retrouvent en nature dans sa succession. De là, pour la dame *Lépine*, l'occasion de les reprendre à titre de retour légal, ou de réversion, ou de succession privilégiée. Cependant, ce droit lui est contesté à cause de l'existence d'un enfant naturel reconnu par *Lépine*, donataire. La question est donc de savoir si l'enfant naturel reconnu fait obstacle à l'exercice du droit de retour consacré par l'art. 747 du Code civil.

Pour l'enfant, on dit : que l'enfant naturel comme l'enfant légitime est une postérité dans le sens de la loi ; que d'ailleurs et dans tous les cas, la quote-part héréditaire de l'enfant naturel dans la succession de ses père et mère étant toujours déterminée sur ce qu'il aurait eu, s'il eût été légitime, il est évident qu'il doit détruire, pour cette portion seulement, le droit de réversion de l'ascendant donateur. On invoque l'opinion de *M. Toullier* et celle de *M. Chabot de l'Allier*.

Pour la mère, on s'appuie de l'autorité de *M. Rol-*

(1) *Courrier des Tribunaux*, feuille du 3 septembre de ladite année.

land-de-Villargues (1). On cherche à établir que, aux yeux de la morale et du droit, le mot *postérité* de l'art. 747 ne peut s'entendre que d'une postérité légitime, ainsi que sous l'ancienne Jurisprudence, s'expliquait la condition *si sinè liberis descesserit*. On oppose, ajoute-t-on, l'art. 757 comme une arme tranchante. Mais qu'on remarque donc qu'on arrive aux effets alors que le principe est en question ; car, pour attribuer à l'enfant naturel une quote-part dans les biens donnés par l'ascendant, il faut, avant tout, savoir si ces biens font partie de la succession, si la condition prescrite par l'art. 747 existe ou non. Le siége de la difficulté n'est donc pas dans l'art. 757, mais bien dans l'art. 747. L'enfant naturel est-il une postérité ? Or, démontrer le contraire, c'est rendre indispensable la reprise des biens donnés, c'est rendre ces biens étrangers à la succession du donataire, et par conséquent les affranchir de l'application de l'art. 757 ; c'est faire, comme le veut l'art. 747, que l'ascendant ressaisisse, *à l'exclusion de tous autres* (excepté l'enfant légitime), les biens qu'il a transmis sous cette condition légale.

M. Guerard, Procureur-du-Roi, a partagé cette dernière opinion.

---

(1) Cependant, dans son *Répertaire de la Jurisprudence du Notariat*, v° Retour légal, n° 22, **M.** Rolland-de-Villargues dit formellement que, lorsque le donateur a laissé un enfant naturel, il fait obstacle à la réversion, du moins jusqu'à concurrence de la quotité des biens que la loi (art. 757) lui accorde dans les successions de ses père et mère.

Mais le Tribunal a adopté le système présenté par l'enfant naturel, sur les motifs suivants :

1º Parce que, en employant le mot générique *postérité*, la loi n'a établi aucune distinction entre la postérité légitime et la postérité naturelle ;

2º Parce que les dispositions de l'art. 747 sont une exception au principe général sur les successions, et toute exception doit être renfermée rigoureusement dans les termes de la loi ;

3º Parce que l'art. 757, en attribuant aux enfants naturels des droits sur les biens de leurs père et mère décédés, ne fait aucune exception pour les biens que ceux-ci auraient reçus à titre de donation, de leurs ascendants ;

4º Parce qu'autrement ce serait, contrairement à l'art. 732 du Code civil, créer deux espèces de biens et deux sortes de successions, l'une pour l'ascendant donateur, et l'autre pour l'enfant naturel.

Nous pensons que ce jugement a été rendu dans le sens et suivant la lettre de la loi ; car, comme le dit *M. Toullier* (1), en ne considérant l'enfant naturel que comme un légataire, il empêcherait bien la réversion des biens légués ; or, la reconnaissance d'un enfant naturel n'a pas moins de force qu'un legs. Et comme le dit encore *M. Chabot* (2), l'ascendant a su ou dû savoir qu'il serait privé de la réversion,

(1) Tom. 4, pag. 238.
(2) Tom. 1er, pag. 422 et suiv. nº 14.

jusqu'à concurrence des droits qui appartiendraient à l'enfant naturel que le donataire aurait légalement reconnu ; que si telle n'était pas son intention, il avait le droit de se réserver expressément la réversion, pour le cas où le donataire ne laisserait pas de descendants légitimes ; et que s'il n'a pas fait cette réserve, il s'est exposé volontairement à souffrir le retranchement des droits qui seraient conférés à un enfant naturel du donataire. Telle est aussi l'opinion de Delvincourt, tom. 2, pag. 40, notes, et de Duranton, tom. 6, n° 219. *M. Malpel, Traité des Successions élémentaires, pag.* 208, professe la même doctrine, mais, en envisageant la question sous un autre aspect. Il dit que la reconnaissance d'un enfant naturel renferme, de la part du père ou de la mère, une sorte d'aliénation de sa succession, et que, d'après l'art. 747, une aliénation, de quelque nature qu'elle soit, et même une simple donation testamentaire, est un obstacle à l'exercice du droit conféré par cet article à l'ascendant donateur. Cette manière de raisonner très juste et conforme à la nature de la reconnaissance, dispense ainsi d'examiner si le mot *postérité* s'applique, dans le langage des lois, aux enfants naturels aussi bien qu'aux enfants légitimes.

Au surplus, et d'après les mêmes auteurs, l'ascendant donateur ne perd son droit de réversion à l'égard de l'enfant naturel que pour la portion que celui-ci recueille ; mais il le conserve et l'exerce sur l'autre portion qui se trouve dans la succession *ab*

intestat et qui est déférée aux ascendants ou collatéraux du donataire, pourvu que ce dernier n'en ait
pas disposé.

Le Jugement du Tribunal civil de Senlis a été confirmé par arrêt de la Cour royale d'Amiens, du 12
juin 1829. Mais ce n'est pas sans étonnement que
nous avons appris que cet arrêt a été cassé par autre arrêt de la Cour suprême, du 3 juillet 1832 (1).
Il nous semble que la Cour régulatrice, dont la principale mission est de maintenir le respect dû à la lettre
de la loi, a ajouté, dans cette circonstance, à sa disposition, en l'interprétant. En effet, elle a dit que,
dans le sens de l'art. 747, conféré avec les autres
dispositions du Code civil, qui le précédent et qui le
suivent, le mot *postérité* qui y est employé, *équivaut*
à ceux de descendants et de postérité *légitimes* ; que
cela résulte encore de la combinaison des art. 750
et 751 du Code civil, avec l'art. 747. Mais ces trois
articles emploient également le mot *postérité*. Aucun d'eux ne parle de postérité *légitime* ; c'est donc
donner la thèse pour raison, ou juger la question
par la question ; car, enfin, qui peut nous prouver
que, en se servant du mot *postérité*, le Législateur ait
entendu désigner uniquement celle provenant du
mariage ? Nous concevrions un peu mieux qu'on eût
dit que les articles cités se trouvant sous le titre des
successions légitimes ou régulières, l'art. 747 était

(1) Sirey, tom. 32, 1re part. pag. 498.

censé n'avoir voulu parler que de la postérité légitime. Mais cet argument n'eût été que spécieux ; car, entre autres exemples, on peut citer l'art. 841 sur le retrait successoral que la loi n'accorde qu'au cohéritier ; or, l'enfant naturel n'est pas *héritier*, et cependant la Cour de Cassation a décidé, comme on le verra dans le chap. 5, que le retrait successoral pouvait être exercé par l'enfant naturel reconnu. Pourquoi lui enlever d'un côté ce qu'on lui accorde de l'autre, sans que, dans aucun cas, il y ait plus de raisons pour restreindre que pour étendre sa qualité ? Nous persistons donc, malgré cet arrêt, dans l'opinion que nous avons émise.

CHAPITRE IV.

Paiement des dettes héréditaires.

SOMMAIRE.

384. — *L'enfant naturel reconnu doit-il contribuer au paiement des dettes héréditaires ?*

385. — *Résolution négative fondée sur ce que la portion de l'enfant naturel ne doit être prise que sur les biens, et qu'il n'est point héritier.*

386. — *Opinion contraire de M. Chabot qui pense que les créanciers ont une action contre l'enfant naturel.*

387. — *Réfutation de cette opinion puisée dans les articles mêmes du Code.*

388. — *Différence pour le cas de nouvelles dettes découvertes après l'expédition de la réserve à l'enfant naturel. Les héritiers ont contre lui une action récursoire.*

384. — L'enfant naturel reconnu doit-il contribuer au paiement des dettes héréditaires ?

Il est d'abord étrange que l'enfant naturel qui n'est point *héritier*, qui n'a rien à voir dans l'*hérédité*, qui ne peut se faire rendre aucun compte des dettes passives de cette hérédité, qui tient sa *portion de biens* des mains de l'héritier légitime, puisse être soumis à une action qui ne doit être dirigée que contre celui-là seul qui a la vocation de la loi, qui est l'image du défunt et qui doit le représenter, soit qu'il faille demander, soit qu'il faille défendre.

385. — Nous avons dit plus haut que, puisque l'enfant naturel reconnu n'est point héritier, son droit ne consiste que dans une portion des biens de la succession ; que cette portion ne doit lui être délivrée que *deducto œre alieno*, suivant l'opinion de *M. Bigot-Préamenu*.

386. — *M. Chabot de l'Allier* pense au contraire (1) que l'enfant naturel reconnu doit contribuer, avec les héritiers légitimes, au paiement des dettes et charges de la succession ; que les héritiers légitimes n'auraient pas le droit de prélever d'abord, sur l'actif de la succession, le montant des dettes et des charges, et de ne donner à l'enfant naturel que sa quote-part qui, dans ce cas, reste nette. Il va plus loin. Il soutient que les créanciers ont une action directe contre lui pour le contraindre au paiement de sa portion virile des dettes et des charges, de même qu'ils ont une action directe contre le légataire à titre universel. La raison qu'il en donne est que l'enfant est *un successeur* à titre universel, puisqu'il est appelé

(1) Tom. 2, pag. 213 et 214.

par la loi à recueillir une quote-part des biens ; qu'il ne peut conséquemment avoir cette quote-part des biens, qu'à la condition d'acquitter une quote-part proportionnelle des dettes. *Bona non dicuntur, nisi deducto ære alieno.*

387. — Nous ne pouvons partager ce sentiment, parce que nous ne le trouvons pas en harmonie avec la Législation sur les enfants naturels.

En effet, d'après l'art. 756, les enfants naturels ne sont pas héritiers. La loi ne leur accorde un droit que sur *les biens de leurs* père ou mère décédés ; ils n'ont aucun droit sur leurs *successions.* Il n'est donc pas exact de dire qu'ils sont *successeurs*, et encore moins successeurs à titre universel ; ils sont seulement copartprenants; ils doivent, d'après l'art. 724, se faire envoyer en possession de leur lot; ils doivent en demander la délivrance aux héritiers légitimes qui, seuls, sont saisis de plein droit des biens, droits et actions du défunt, sous l'obligation d'acquitter *toutes les charges* de la succession. Comment donc les actions passives pourraient-elles peser sur les enfants naturels, puisque l'actif ne leur appartient pas en qualité d'héritiers ? Nous l'avons déjà dit et nous persistons à le penser, la portion qui appartient à l'enfant naturel est *une quote de biens* et non une *quote d'hérédité ;* elle représente l'ancienne légitime, et elle ne doit, comme elle, être délivrée, que distraction faite des dettes héréditaires.

Les créanciers n'ont donc aucune action contre l'enfant naturel, si ce n'est l'action hypothécaire, lorsque les biens qui lui ont été délaissés s'y trouvent soumis. Telle est aussi l'opinion de M. Malpel, Traité élémentaire des Successions *ab intestat*, pag. 668.

M. Toullier (1) convient que le Code ne contient aucune disposition sur l'obligation des enfants naturels au paiement des dettes du défunt, ni sur l'action que les créanciers ont contre eux, et ce silence, dit-il, peut causer de l'embarras. Il est cependant évident, pour M. Toullier, qu'ils doivent contribuer aux dettes, et que les créanciers ont une action contre eux ; parce qu'ils ont droit à la totalité des biens de leurs père et mère, s'il n'y a pas de parents au degré successible; et dans ce cas, il est évident, selon lui, qu'ils sont assujettis au paiement de toutes les dettes, et que les créanciers ont contre eux une action pour la totalité.

Nous répondons : 1° que non-seulement il n'existe dans le Code aucune disposition qui donne aux créanciers une action directe et personnelle contre les enfants naturels, mais que le Code a une disposition contraire ; elle se trouve, comme nous l'avons déjà dit, dans l'art. 724 qui investit les héritiers légitimes de la succession des biens, droits et actions du défunt, sous l'obligation d'acquitter *toutes les charges de la succession ;* dans cet article, qui oblige en outre

(1) Tom. 4, pag. 534, n° 526.

les enfants naturels à se faire envoyer en possession
par Justice.

Nous répondons : 2° que si, à défaut de parents
au degré successible, les enfants naturels ont droit à
la totalité des biens, et doivent par conséquent payer
toutes les dettes de la succession, c'est là *un cas exceptionnel*. Il n'y a plus alors de loties à former. Les
enfants naturels sont tenus des dettes, parce qu'ils
possèdent tous les biens qui leur servent de gage, et
non en leur qualité *d'héritiers* représentant le défunt.

Supposons maintenant, à notre tour, que les enfants
naturels, en concours avec des héritiers légitimes, négligent ou s'abstiennent de se faire envoyer en possession; pourra-t-on dire qu'ils seront assujettis, avant
l'accomplissement de cette formalité, au paiement des
dettes, et exposés à l'action personnelle des créanciers? Non, sans doute, car ils ne possèdent rien ;
leur droit n'a encore reçu aucune consécration judiciaire. Cela prouve donc que les héritiers légitimes
représentent seuls le défunt vis-à-vis des créanciers
comme vis-à-vis de tous autres qui ont quelque chose
à démêler avec la succession. Ce sont eux qui *déli-
vrent* aux enfants naturels leur portion, comme autrefois l'héritier institué délivrait la légitime à ses
frères, *deducto œre alieno*.

388. — Nous n'avons pas besoin d'ajouter que si

de nouvelles dettes venaient à se découvrir après
l'expédition de cette légitime, les héritiers auraient
une·action récursoire incontestable contre l'enfant
naturel, pour le faire contribuer au paiement de sa
contingente portion ; par la raison que ces dettes
nouvelles étant ignorées au moment de l'attribution,
n'ont pu figurer avec les autres dans la déduction
à opérer. Il est donc juste que l'enfant naturel soit
tenu de payer lui-même aux créanciers sa part de
ces dettes, afin d'éviter, pour ce cas seulement, un
circuit d'actions.

CHAPITRE V.

—

Etendue des Droits des Enfants naturels reconnus.

—

SOMMAIRE.

universel? — Différence entre cette hypothèse et les précédentes. — Pourquoi M. Chabot fait-il cette différence? — Réfutation.

395. — 5ᵉ Hypothèse. — *Quid si le défunt ne laisse pas de descendants, mais seulement des ascendants, des frères ou sœurs et un enfant naturel reconnu?*

396. — 6ᵉ Hypothèse. — *Si le défunt laisse deux ascendants, l'un dans la ligne peternelle, l'autre dans la ligne maternelle, un enfant naturel reconnu et un légataire universel, comment faut-il opérer?*

397. — 7ᵉ Hypothèse. — *M. Chabot semble abandonner, dans cette hypothèse, l'opinion par lui émise pour les premiers. — Source de son erreur. — Réfutation puisée dans une séance du Conseil-d'Etat.*

398. — *Doute dérivant d'un arrêt de la Cour de Cassation. — Observation.*

399. — *Nouvelle réflexion sur la 4ᵉ hypothèse.*

400. — 8ᵉ Hypothèse. — *Quid si le défunt laisse deux ascendants, un enfant naturel et un légataire universel? — Doute de M. Chabot. — Observation critique sur son opinion.*

401. — 9ᵉ Hypothèse. — *Comment faut-il supputer, si le défunt ne laisse ni descendants légitimes, ni ascendants, mais seulement des frères et sœurs, un enfant naturel reconnu et un légataire universel? — Opinion de M. Malpel. —*

Opinion contraire de MM. Merlin, Grenier et Toullier. — Opinion de M. Chabot conforme à celle de M. Malpel. — Arrêt conforme de la Cour royale de Toulouse.

402. — 10e Hypothèse. — *Si le défunt ne laisse ni ascendants ni descendants légitimes, ni frères ni sœurs, et meurt* ab intestat, *ou fait un légataire du dernier quart de sa succession; l'enfant naturel n'a-t-il pas droit aux autres trois quarts qui lui sont légués? — Arrêt de la Cour de Cassation. — Exclusion des collatéraux qui, quoiqu'ils* existent, *ne* concourent *pas.*

403. — *Ne doit-il pas en être de même si, au lieu de disposer des trois quarts de ses biens en faveur de son enfant naturel, le père ou la mère se borne à disposer d'un quart en faveur d'un étranger? — Arrêt des Cours royales de Toulouse et de Rouen.*

389. — L'art. 757 du Code civil ne laisse guère de doute sur les diverses quotités qui peuvent appartenir aux enfants naturels reconnus. Leur droit est d'un tiers de la portion héréditaire qu'ils auraient eue s'ils eussent été légitimes, lorsque leurs pères ou mères laissent des descendants légitimes; il est de la moitié, lorsque les pères ou mères ne laissent pas de descendants, mais bien des ascendants ou des frères ou sœurs; il est des troits quarts, lorsque les pères

ou mères ne laissent ni descendants, ni ascendants,
ni frères ni sœurs.

Mais à défaut de descendants légitimes, d'ascendants, de frères et sœurs, l'enfant naturel a droit aux
trois quarts de la succession *totale* de son père, non-
seulement lorsque celui-ci décède *ab intestat*, mais
encore lorsqu'il a disposé par testament, en faveur
d'un étranger, du dernier quart de cette succession.
Cour de Cassation du 14 mars 1837 (1). Nous parle-
rons plus bas de cet arrêt.

On a vu plus haut que les descendants des frères
ou sœurs ne peuvent pas compter pour réduire la
portion des enfants naturels reconnus, parce que la
représentation n'a pas lieu en leur faveur.

L'art. 758 n'est pas moins clair. D'après lui, l'enfant naturel a droit à la totalité des biens, lorsque
les pères ou mères ne laissent pas de parents au degré
successible. En ligne collatérale, l'art. 755 nous apprend qu'au-delà du douzième degré, il n'y a plus
de successibles légitimes.

390. — Au surplus, s'il y a plusieurs enfants naturels, chacun d'eux a le même droit. Pour connaître facilement la quotité qui leur revient, il suffit de
les ajouter tous aux enfants légitimes, et de multiplier par trois leur nombre réuni. Le produit donne
la quotité du droit de chaque enfant naturel. S'il y en

---

(1) *Journal du Palais*, tom. 1er de 1837, page 330.

a deux et un enfant légitime, total, trois, la portion de chaque enfant naturel est du neuvième des biens ; du douzième, s'il y a quatre enfants, tant naturels que légitimes ; du quinzième, s'il y en a cinq ; du dix-huitième, s'il y en a six, et ainsi de suite, en multipliant toujours par trois, le nombre des enfants tant naturels que légitimes (1).

391. — M. Chabot remarque avec raison que l'art. 757 divise les parents légitimes en trois classes pour fixer la réserve de l'enfant naturel reconnu :

La première comprend tous les descendants légitimes du défunt ;

La seconde comprend les ascendants et les frères et sœurs légitimes ;

La troisième comprend tous les autres parents légitimes et successibles.

La réserve est diversement fixée, parce que les uns méritent plus de faveur que les autres.

Nous allons examiner les principaux cas posés par l'auteur.

392. — M. Chabot fait cette hypothèse (2) :

Un homme laisse un enfant légitime, un enfant naturel reconnu et un légataire universel. Sa succession est de 48.000 fr. D'après l'arrêt *Picot*, l'enfant naturel doit compter comme enfant légitime pour

(1) Toullier, tom. 4, pag. 251 et 252, n° 252.
(2) Tom. 2, n° 24 et suiv.

fixer la quotité disponible. Cette quotité sera donc du tiers s'élevant à 16.000 fr. Reste 32.000 fr. L'enfant naturel aura pour son tiers de la moitié qu'il aurait eue s'il eût été légitime, 5.333 fr. 33 c. Jusque-là tout va bien.

Mais que deviendront les 26.666 fr. 67 c. restants? M. Chabot en attribue d'abord 16.000 fr. à l'enfant légitime pour sa réserve légale ; et quant aux 10.666 fr. 67 c. , il les partage entre ce dernier et le légataire universel.

Il ne veut les attribuer en totalité ni à l'un ni à l'autre, parce que, dit-il, ils auraient plus davantage, savoir : l'enfant légitime, que si l'enfant naturel n'existait pas, et le légataire, par l'existence même de cet enfant naturel.

Ne peut-on pas dire que M. Chabot perd de vue, dans son calcul, le motif pour lequel l'arrêt *Picot* a été rendu? Pourquoi la Cour de Cassation a-t-elle décidé que l'enfant naturel reconnu devait compter numériquement au nombre des héritiers? N'est-ce pas pour fixer la réserve légale de l'enfant légitime? Oui, sans doute ; mais cette réserve ne peut être fixée qu'en déterminant la quotité disponible. Or, dans l'espèce, cette quotité ne peut excéder le tiers, s'élevant à 16.000 fr. Ce n'est donc que cette valeur de 16.000 fr. qui peut être attribuée au légataire ; et tout le surplus, distraction faite des 5.333 f. 33 c. formant la portion de l'enfant naturel, doit composer la réserve légale de l'enfant légitime, en sorte que celle de l'enfant naturel sera du neuvième. Ce qui cause l'erreur de M. Chabot, peut-on ajouter, c'est que, d'après lui, ainsi qu'il le déclare, la part de l'enfant naturel n'est qu'une *dette*, une délibation de la succession, qui doit être supportée par les légitimaires et les légataires, chacun en proportion de ce qu'il prend. Aussi commence-t-il par la déduire de la masse; tandis qu'il est aujourd'hui reconnu et jugé que le droit de l'enfant naturel est une véritable *réserve*.

393. — Le même calcul se reproduit dans les deux autres exemples posés par M. Chabot.

Par le premier, il suppose (la même masse de 48.000 fr. existant) que le défunt a laissé un enfant légitime, deux enfants naturels reconnus et un légataire universel. Il commence par prélever 8000 f. pour les deux enfants naturels, et il partage les 40.000 fr. restants entre l'enfant légitime et le légataire universel.

Par le 2e, il suppose que le défunt a laissé deux enfants légitimes, deux enfants naturels et un légataire universel. Il prélève 6.000 fr. pour les deux enfants naturels, et partage les 42.000 fr. restants entre l'enfant légitime et le légataire.

Dans le premier cas, ne peut-on pas maintenir que la quotité disponible n'étant que du quart, le légataire ne doit avoir que 12.000 fr. au lieu de 20.000 fr., les enfants naturels 8.000 fr. à eux d'eux, et que les 28.000 fr. restants doivent appartenir à l'enfant légitime?

Dans le second cas, n'y a-t-il pas à faire la même supputation pour le légataire qui aura toujours 12.000 fr.? Mais les enfants naturels n'auront chacun que 3.000 fr. c'est-à-dire 6.000 fr. à eux deux, et les enfants légitimes prendront les 30.000 fr. restants.

C'est, au premier abord, le seul moyen raisonnable et légal de mettre l'art. 757 en harmonie avec l'art. 913 du Code civil et avec la Jurisprudence de la Cour de Cassation.

On ne comprend pas, peut-on dire encore, pourquoi M. Chabot commence par prélever sur la masse héréditaire la portion de l'enfant naturel qui ne peut être prise qu'après le prélèvement de la quotité disponible. M. Chabot en convient lui-même en discutant la quatrième hypothèse (1).

394. — Il suppose que le défunt a laissé un enfant naturel, *trois* enfants légitimes et un légataire universel. Si l'enfant naturel, dit-il, prélevait sur la masse de 48.000 fr., 3.000 fr., formant le tiers de la réserve qu'il aurait eue s'il avait été légitime, et que les 45.000 fr. restants fussent divisibles par

---

(1) C'est aussi le système adopté par M. Malpel qui, à l'instar de M. Chabot, ne considère que comme une *dette* à prélever, la *réserve* de l'enfant naturel. *Traité élémentaire des Successions,* nᵒ 161.

quart entre les trois enfants légitimes et le légataire universel, il en résulterait que celui-ci n'aurait pour sa part que 11.250 fr., tandis qu'il doit en avoir 12.000. Il faut donc, *dans ce cas*, laisser d'abord au légataire universel la portion disponible qui est fixée au quart des biens, prélever ensuite la réserve due à l'enfant naturel, et répartir le surplus des biens *entre les enfants légitimes*. Cette opération donne au légataire 12.000 fr., à l'enfant naturel 3.000 et à chacun des trois enfants légitimes 11.000.

Mais pourquoi, dans cette hypothèse de trois enfants légitimes, opérer différemment que s'il n'y en avait que deux, que s'il n'y en avait qu'un? Est-ce que l'enfant naturel ne compte pas fictivement, *dans tous les cas*, au nombre des héritiers pour fixer la réserve légale, et par conséquent la quotité disponible? Par quel motif alors le légataire universel aurait-il plus, s'il n'était en concours qu'avec deux enfants légitimes et deux enfants naturels, que s'il concourait avec un enfant naturel et trois enfants légitimes? Dans ces deux espèces, la quotité disponible ne peut excéder le quart d'après l'art. 913; mais ce quart est invariable. Il ne peut être plus; il ne peut être moins. Cependant, suivant M. Chabot, s'il n'y a que deux enfants légitimes et deux enfants naturels, le légataire aura le tiers de 42.000 francs, c'est-à-dire, 14.000; et il n'aura juste que 12.000 pour son quart, s'il y a un enfant naturel et trois enfants légitimes.

395. — Lorsque le défunt ne laisse pas de descendants, mais seulement des ascendants, des frères ou sœurs, l'art. 757 du Code civil accorde à l'enfant naturel reconnu la moitié des biens de la succession. Cette portion est toujours la même, sans augmenter ni diminuer, quel que soit le nombre des ascendants ou des frères et sœurs, quand il n'y aurait qu'un seul de ces parents, et dans le cas même où ce parent ne serait que d'une seule ligne. On ne considère point les lignes, dit **M.** Toullier (1), pour fixer le droit de l'enfant naturel ; il n'a jamais que sa moitié, s'il est seul ; et s'ils sont plusieurs, ils la partagent entre eux, sans qu'elles puissent augmenter par leur nombre.

396. — Mais si le défunt laisse deux ascendants, l'un dans la ligne paternelle, l'autre dans la ligne maternelle, un enfant naturel reconnu et un légataire universel, comment faudra-t-il opérer sur la même masse successive de 48.000 fr. ?

On peut dire, contrairement à la doctrine de **M.** Chabot (2), qui s'est toujours laissé guider par sa même théorie :

L'enfant naturel représentant fictivement un enfant légitime, il en résulte que la quotité disponible étant de la moitié, le légataire prend 24.000 fr., l'enfant

(1) Tom. 4, n° 253.
(2) Tom. 2, n° 27.

naturel 12.000 pour sa réserve, et les deux ascendants les 12.000 restants ; tandis que M. Chabot n'accorde que 18.000 fr. au légataire, et attribue 18.000 fr. aux deux ascendants ; parce qu'il commence par prélever sur la masse les 12.000 fr. de l'enfant naturel, et partage le surplus, par moitié, entre les deux ascendants et le légataire ; par où l'on voit qu'il lèse celui-ci de 6.000 fr., et gratifie les ascendants de 6.000 fr. de plus qu'ils ne devraient avoir.

397. — On peut être d'autant plus surpris que M. Chabot, M. Toullier et même M. Malpel, s'accordent si parfaitement entre eux sur le système du prélèvement de la réserve de l'enfant naturel avant la quotité disponible, que M. Chabot abandonne ce système, pour le cas suivant, qui ne semble présenter, avec les premiers, aucune différence :

« Le père d'un enfant légitime et d'un enfant naturel pourrait disposer, dit l'auteur, du tiers de ses biens, en supposant même que, pour la fixation de la quotité disponible, l'enfant naturel doive être considéré comme légitime ; cependant, il n'a disposé que d'un sixième ; en conséquence, si la fortune est de 48.000 fr., il reste 8.000 fr. sur la portion disponible.

» Dans ce cas, l'enfant naturel prélèvera-t-il d'abord sur la masse des biens, sa réserve de 5.333 fr. 33 cent., de manière que le donataire ou légataire ne pourrait réclamer que le sixième des 42.666 fr. 66 cent. qui resteraient? Ou bien, le donataire ou le légataire, ne doit-il pas avoir le sixième de la totalité des biens, et la réserve de l'enfant naturel ne doit-elle pas être prise sur les 8.000 fr. qui restent de la portion disponible?

» La seconde opinion doit prévaloir ; car il est établi, par une foule d'articles du Code civil, que les dispositions entre vifs ou testamentaires ne sont réductibles pour la réserve, que lorsqu'elles excèdent la portion disponible, *que lorsque la réserve ne se trouve pas tout entière dans les biens dont il n'a pas été disposé.*

» Or, dans l'espèce, l'enfant légitime et l'enfant naturel *trouvent plus que leurs réserves* dans les cinq sixièmes dont il n'y a pas eu de dispositions.

» On ne peut donc appliquer au cas dont il s'agit ce principe que la réserve de l'enfant naturel doit être considérée comme une dette, comme une délibation de la succcession, et qu'ainsi elle doit être supportée par les donataires ou légataires, comme les légitimaires. »

Mais qu'importe que la quotité disponible ait été donnée ou léguée en totalité, ou seulement en partie? Au premier cas, si elle n'excède pas la mesure légale, n'est-il pas vrai de dire que la réserve se trouve *tout entière* dans les biens dont il n'a pas été disposé? D'un autre côté, est-ce que la quotité disponible ne doit pas être prise sur la masse des biens ?

Alors, ceux dont il n'y a pas eu de dispositions doivent seuls faire face à la double réserve légale de l'enfant légitime et de l'enfant naturel.

Oh! sans doute, nous comprenons que si, comme le soutiennent les auteurs cités, la portion de l'enfant naturel n'est *qu'une dette* de la succession, elle doit proportionnellement être supportée par la quotité disponible et par la réserve de l'enfant légitime. Mais nous avons prouvé, et c'est aujourd'hui un point constant de Jurisprudence, que la portion de l'enfant naturel est une véritable réserve légale qui le rend *copropriétaire* des biens de la succession, et non simplement *créancier* ; par conséquent, cette réserve légale doit être prise sur celle de l'enfant légitime, et la diminuer d'autant, parce que, à elles deux, elles déterminent, elles fixent l'étendue de la quotité disponible.

Pour ne plus revenir sur la *nature* du droit de l'enfant naturel reconnu, nous rapporterons que, à la séance du Conseil-d'Etat, du 2 nivôse an 11, il fut arrêté que, en fixant ce droit, on éviterait l'expression *créance*, sans néanmoins rien attribuer à l'enfant, à titre de part héréditaire.

398. — Mais en y bien réfléchissant, en pénétrant un peu au fond des choses, il est possible que l'on reconnaisse que le système de M. Chabot a plus de solidité, et est plus conforme à l'esprit qui a dicté

l'arrêt *Picot*, que celui que nous venons de présenter.

En effet, d'après cet arrêt, ce n'est que *momentanément* que l'enfant naturel doit figurer au nombre des enfants légitimes et concourir *figurativement* avec eux, pour composer la portion héréditaire dont il doit avoir le tiers. Une fois que le tiers de cette portion est fixé et distrait en sa faveur, l'enfant naturel s'efface ; il disparaît entièrement. Que reste-t-il dans la première hypothèse posée par M. Chabot? un enfant légitime. Or, suivant l'art. 913, le père a pu disposer, dans ce cas, de la moitié de ses biens. C'est donc cette moitié qui doit revenir au légataire universel, sur la masse restante, et l'autre moitié doit appartenir à l'enfant légitime.

Il pourrait en être de même, lorsqu'il y a deux enfants légitimes. Ils doivent partager par tiers avec le légataire universel la masse de la succession, purgée qu'elle soit de la réserve de l'enfant naturel.

Toujours est-il, néanmoins que, en procédant ainsi, par voie de prélévement, on considère la portion de l'enfant naturel comme une *dette*. On lui attribue plus qu'il ne devrait lui revenir, puisqu'on accorde d'autant moins au donataire ou légataire préciputaire qui, pourtant, doit prendre son don ou son legs sur la *masse entière* de la succession. Telle est la règle générale.

Au surplus, nous livrons nos raisons à l'appréciation des lecteurs.

399. — Mais lorsque les enfants légitimes sont au nombre de trois ou plus, la même supputation n'est plus à faire. Pourquoi? parce que l'art. 913 dit que, lorsque le défunt laisse trois enfants ou *un plus grand nombre*, il peut disposer du quart. Si l'on commençait par distraire la réserve de l'enfant naturel, le légataire universel serait frustré. Il n'aurait pas le quart entier. Il faut donc qu'il commence par le prélever ; et ce sera sur les trois quarts restants que l'enfant naturel prendra sa réserve, qui sera du tiers du quart qu'il aurait eu s'il avait été légitime.

400. — En ce qui concerne l'hypothèse où le défunt laisse deux ascendants, un enfant naturel et un légataire universel, nous ne saurions adopter le même mode de supputation. M. Chabot convient, en effet, qu'il est *bizarre* que le légataire universel ait moins lorsqu'il y a deux ascendants et un enfant naturel, que lorsqu'il y a un enfant légitime et un enfant naturel. A cette objection qu'il reconnaît grave, il ne peut trouver d'autre réponse que celle puisée dans le principe, que la réserve de l'enfant naturel, n'étant qu'une dette, une délibation de la succession, doit être prélevée avant la quotité disponible. Cela peut être vrai lorsqu'il y a des enfants légitimes. Mais les ascendants ne peuvent jouir de la même faveur.

Il n'est donc pas indifférent pour le légataire universel de se trouver en concours avec deux ascendants du défunt et un enfant naturel, ou avec un enfant naturel et un enfant légitime. Dans ce dernier cas, la quotité disponible n'étant que du tiers, le légataire n'aurait sur 48.000 fr. que 16.000 fr., tandis qu'il en aurait 24.000 fr. au premier cas; ce qui nous met bien loin de compte avec M. Chabot (1).

401. — Supposons maintenant que le défunt ne laisse ni descendants légitimes, ni ascendants, mais seulement des frères et sœurs, un enfant naturel reconnu, et un légataire universel. Quelle sera, dans ce cas, la quotité de la réserve due à l'enfant naturel?

M. Malpel (2) répond que les frères et sœurs n'ayant pas de réserve, sont exclus par le légataire universel; que le partage ne doit donc avoir lieu qu'entre celui-ci et l'enfant naturel.

Suivant MM. Merlin, Grenier et Toullier, il suffit qu'il *existe* des frères ou sœurs du défunt, quoiqu'ils soient exclus de la succession par le légataire universel, quoiqu'ils ne succèdent pas, pour que, aux termes de l'art. 757, l'enfant naturel ne doive avoir que la *moitié* de la réserve qu'il aurait eue, s'il avait été légitime, de même que si les frères ou sœurs succédaient, de même que si cet enfant naturel était réel-

(1) Ibid.
(2) Loc. cit.

lement en concours avec eux **pour le partage de la succession.**

Mais, d'après M. Chabot (1), l'art. 757 n'a réduit les droits de l'enfant naturel à une quotité moindre qu'une portion héréditaire, qu'en considération seulement des parents légitimes avec lesquels l'enfant naturel peut se trouver *en concours* pour le partage de la succession ; qu'afin que les droits sacrés de la famille légitime ne soient pas entièrement détruits par l'existence d'un enfant naturel. En conséquence, la réduction a été fixée à un taux plus ou moins considérable, suivant que les parents légitimes avec lesquels l'enfant naturel est en concours, se trouvent à un degré plus proche ou plus éloigné du défunt. Ainsi les motifs de la réduction n'existent plus, lorsqu'il n'y a aucun parent légitime qui *succède ;* lorsque l'enfant naturel ne se trouve en concours qu'avec un étranger à la famille, qui ne vient à la succession que comme donataire ou légataire universel ; et, dans ce cas, les parents légitimes, qui ne peuvent succéder, doivent être considérés, relativement à la succession, relativement aux droits de l'enfant naturel, comme s'ils n'existaient pas.

Dès lors, selon nous, cet enfant doit avoir la moitié de tous les biens laissés par son père ou par sa mère qui l'a reconnu, et non pas seulement la moitié de cette moitié, c'est-à-dire le quart qui, chose

(1) Ibid. n° 29.

étonnante, est pourtant la seule portion que M. Chabot lui attribue. Cette conséquence n'est guère d'accord avec ses prémisses.

La doctrine de M. Chabot a été consacrée par un arrêt de la Cour royale de Toulouse, du 8 juin 1839 (1). Cet arrêt a jugé, en effet, que ce n'est pas *l'existence* des collatéraux successibles, mais leur *concours*, comme héritiers, qui peut avoir pour effet de réduire les droits successifs de l'enfant naturel ; que, dès l'instant qu'ils sont écartés par un légataire universel, ils sont considérés comme s'ils n'avaient jamais existé. En conséquence, l'arrêt a attribué à l'enfant naturel, non simplement le quart, mais la moitié de tous les biens laissés par sa mère. Les motifs de cet arrêt sont précisément et littéralement ceux invoqués par M. Chabot.

402. — En vertu du même principe, la Cour de Cassation a jugé, le 14 mars 1837 (2), que lorsque le défunt ne laisse ni ascendants, ni descendants, ni frères ni sœurs, l'enfant naturel a droit aux trois quarts, non-seulement lorsque le père ou la mère décède *ab intestat*, mais encore lorsqu'il a disposé par testament, en faveur d'un étranger, du dernier quart de sa succession.

Augustin *Tempé*, ancien Notaire, fait un testament olographe ainsi conçu :

(1) *Journal du Palais*, t. 2, de 1839, pag. 132.
(2) Ib. tom. 1er, de 1837, pag. 330.

« Mon fils, *Charles-Augustin Tempé* que j'ai reconnu par acte notarié du 11 novembre 1821, a légalement droit aux trois quarts de tous les biens qui composent ma succession, conformément à l'art. 757 du Code civil, et je les lui donne et lègue en tant que de besoin. Quant au dernier quart, j'en fais don et legs à *Auguste*, né à Paris, le 5 novembre 1812, enfant de *Thérèse-Françoise Sylvestre*, veuve *Bouillerat.* »

Le testateur décède sans descendants légitimes, ni ascendants, ni frères ni sœurs.

La dame Tempé, son héritière collatérale, prétend que si le sieur Tempé était mort sans dispositions, son enfant naturel aurait bien eu les trois quarts de sa succession ; mais qu'ayant légué le quart, les trois quarts restants composaient seuls son hérédité ; que dès lors l'enfant naturel n'avait droit qu'aux trois quarts de ces trois quarts.

11 février 1826, arrêt de la Cour royale de Paris qui repousse ce système, et accorde à l'enfant naturel les trois quarts de tous les biens laissés par son père.

Pourvoi en Cassation.

« La Cour : attendu que, de la combinaison des art. 757 et 908 du Code civil, il ne peut résulter pour des collatéraux (qui ne sont point héritiers à réserve) le droit de faire réduire le legs fait par un père à son enfant naturel des trois quarts de sa succession, conformément à l'art. 757 du Code civil, et lorsque le défunt ne laisse d'ailleurs ni ascendants, ni descendants, ni frères ni sœurs. — Rejette. »

403. — Mais en serait-il de même, dans l'espèce posée, si, au lieu de disposer des trois quarts en faveur de son enfant naturel, le père ou la mère se bornait à disposer d'un quart en faveur d'un étranger? L'enfant aurait-il droit aux trois quarts restants, ou seulement aux trois quarts de ces trois quarts?

Nous pensons qu'il aurait droit aux trois quarts des entiers biens, puisque c'est la quotité que lui accorde l'art. 757. D'ailleurs, ainsi que l'a dit la Cour de Toulouse, dans son arrêt du 8 juin 1839, l'enfant naturel qui n'est en concours avec aucun héritier à réserve, tient la place d'enfant légitime. Or, dans le cas donné, l'enfant légitime retiendrait incontestablement les trois quarts dont il n'aurait pas été disposé. C'est ce qu'a également jugé la Cour royale de Rouen par arrêt du 14 juillet 1840 (1), en décidant de plus que la représentation n'a pas lieu en successions irrégulières.

(1) Sirey, tom. 40, 2, 524.

CHAPITRE VI.

—

Suite du précédent.

—

**Préciput. — Renonciation, Indignité, Accrois-
sement. — Filiation naturelle déclarée en
Jugement.**

—

SOMMAIRE.

404. — *A défaut d'héritiers légitimes, s'il y a
plusieurs enfants naturels qui ne concourent qu'entre eux, il peut exister un préciput pour l'un
d'eux. — Arrêt contraire de la Cour royale de
Toulouse. — Arrêt opposé de la Cour royale de
Paris. — Opinion de M. Loiseau conforme à
ce dernier arrêt.*

405. — *11ᵉ hypothèse où la succession se divise
entre les lignes paternelle et maternelle, et qu'il
y a des parents de divers ordres, ascendants et
collatéraux dans les deux lignes. Quelle est la
portion de l'enfant naturel, lorsque son père n'a
point fait de dispositions?*

406. — *Dans le concours de deux enfants naturels reconnus, avec des enfants légitimes, si l'un
des deux premiers renonce ou est déclaré indigne, à qui accroît sa portion?*

407. — *Quid si c'est l'enfant légitime qui renonce*

ou est déclaré indigne? — Opinion de M. Chabot. — Réfutation.

408. — *L'enfant naturel dont la filiation est déclarée en jugement, a-t-il les mêmes droits sur les biens de ses père ou mère, que s'il avait été par eux volontairement reconnu par acte authentique? — Opinion de M. Chabot pour l'affirmative. — Opinion de M. Merlin pour la négative. — Réfutation de cette dernière opinion. — Arrêts des Cours royales de Paris et de Rouen. — Discussion au Conseil d'État. — Conférence avec le Tribunat.*

404. — Nous avons dit précédemment que l'enfant naturel reconnu n'avait droit à aucun préciput, parce que, aux termes de l'art. 908 du Code civil, il ne peut rien recevoir au-delà de ce qui lui est accordé au titre des successions. Cela doit s'entendre seulement pour le cas où l'enfant naturel est en concours avec des héritiers légitimes. Mais lorsque, en l'absence de ces derniers, l'enfant naturel ne se trouve en concours qu'avec d'autres enfants naturels comme lui, ils doivent être considérés entre eux comme s'ils étaient tous légitimes ; et alors, pourquoi n'en auraient-ils pas les prérogatives? Où serait la fraude faite à la loi?

Cependant, la Cour royale de Toulouse a jugé,

le 8 février 1840 (1), que les dispositions de l'art. 908 sont *absolues*, et ne comportent aucune exception; que, par conséquent, un enfant naturel ne saurait être admis, dans ce cas, à retenir les dons et legs à lui faits, directement ou indirectement, jusqu'à concurrence de la quotité disponible réglée par l'art. 913, entre enfants légitimes.

Cette décision nous paraît contraire à celle du 8 juin 1839 émanée de la même Cour, et aux termes de laquelle, comme on l'a vu, l'enfant naturel qui n'est en concours avec aucun héritier légitime, est considéré comme enfant légitime lui-même.

La Cour royale de Paris a jugé, le 16 juin 1838 (2), contrairement à celle de Toulouse, que l'incapacité dont la loi frappe les enfants naturels, de rien recevoir au-delà de ce qui leur est attribué au titre des successions, est purement *relative*, et ne peut être opposée que par les héritiers légitimes; qu'en conséquence, un légataire universel, étranger à la famille, n'a pas qualité pour demander la réduction d'une donation faite à l'enfant naturel, qui excéderait la quotité dont il était permis de disposer au profit de celui-ci.

M. Loiseau (3) professe la même doctrine. Il pense que, non-seulement le légataire universel est

---

(1) Ibid. t. 1er de 1840, pag. 77.
(2) Ibid. t. 2 de 1838, pag. 75.
(3) Pag. 674 de son *Traité des Enfants naturels.*

sans qualité pour demander la réduction, mais encore que la prohibition portée par l'art. 908 n'est point *absolue*, mais *relative* aux héritiers du sang, parce qu'eux seuls ont à souffrir de la disposition excessive du testament (1).

Nous partageons cette opinion sous les deux rapports.

405. — Toujours, en conséquence du principe précédemment posé, lorsque la succession se divise entre les lignes paternelle et maternelle, et qu'il y a des parents de divers ordres ; par exemple, lorsque l'ascendant d'une ligne est en concours avec des collatéraux de l'autre ligne, autres que des frères ou sœurs, et qu'il n'y a pas de dispositions, il faut dire avec MM. Toullier (2) et Chabot (3), que l'enfant naturel ne peut demander, il est vrai, que la moitié de la portion affectée à la ligne de l'ascendant, mais qu'il peut demander les trois quarts de la portion affectée à l'autre ligne, où il ne se trouve que des collatéraux.

406. — Dans le concours de deux enfants naturels reconnus avec des enfants légitimes, si l'un des deux premiers reconnus est déclaré indigne,

---

(1) La Cour royale de Nancy avait rendu la même décision, le 25 août 1831. — Sir., t. 31, 2, 343.
(2) Tom. 4, n° 256.
(3) Sur l'art. 757, n° 12, pag. 205, 5e édit.

il semblerait qu'il doit être considéré comme s'il n'avait jamais existé ; que ce n'est point le cas d'appliquer les principes du droit d'accroissement : 1° à l'enfant naturel survivant, parce qu'il n'est pas *cohéritier*, art. 756 du Code civil ; 2° aux enfants légitimes, parce qu'ils ne succèdent pas à leurs frères naturels, art. 766.

407. — Mais, si c'est un des enfants légitimes qui renonce, ou est déclaré indigne, la portion qu'il aurait eue, s'il n'avait pas renoncé, n'accroît-elle pas aux autres enfants légitimes seulement, à l'exclusion des enfants naturels, aux termes de l'art. 786, qui porte que la part du renonçant accroît à ses cohéritiers ?

M. Chabot décide (1) que l'art. 786 se trouve écarté dans l'espèce par l'art. 757, aux termes duquel l'enfant naturel doit toujours avoir le tiers de la portion héréditaire qu'il aurait eue, s'il avait été légitime, disposition qui ne contient d'exception pour aucun cas. Or, dit-il, si l'enfant naturel était légitime, il aurait le tiers des biens, puisqu'il se trouverait en concours avec trois enfants légitimes, dont l'un aurait renoncé à la succession. Il doit donc avoir, comme enfant naturel, le tiers de ce tiers qu'il aurait eu comme enfant légitime, c'est-à-dire, un neuvième de la totalité de la succession.

_____

(1) Tom. 2, pag. 160, n° 6.

Cette question n'est pas, selon nous, sans difficulté. On peut dire d'abord que ce n'est que par une *fiction* que l'enfant naturel est compté comme légitime, pour la détermination de la réserve, puisque, d'après l'arrêt *Picot*, ce n'est que *fictivement* qu'on doit le comprendre momentanément, pour cet objet, au nombre des héritiers du sang. Or, la fiction ne peut jamais remplacer ni détruire la réalité.

On peut dire, en second lieu, que la renonciation ou l'indignité de l'enfant légitime peut être assimilée à sa mort. Or, si cet enfant décède, ses autres frères légitimes doivent seuls lui succéder. Ils se trouveraient pourtant privés d'une partie de sa succession, si l'enfant naturel était admis à prendre en entier sa portion, sur tous les biens laissés par son père ou sa mère, comme si le frère légitime mort n'eût jamais existé. Il semblerait donc que l'on devrait commencer par déduire la part de ce dernier au profit de ses frères légitimes, et que ce ne serait que sur le surplus, que l'enfant naturel pourrait prendre sa réserve, qui serait toujours d'un neuvième.

Supposons, en effet, trois enfants légitimes vivants. Si l'enfant naturel était légitime lui-même, il n'aurait qu'un quart de la succession. N'étant que naturel, il ne peut avoir que le tiers de ce quart ; tandis que M. Chabot lui donne le tiers du tiers, en cas de renonciation d'un des trois enfants légitimes. La différence est donc du neuvième au douzième.

A plus forte raison, il paraîtrait devoir en être ainsi pour le premier cas que nous avons posé, où ce serait un des enfants naturels qui viendrait à renoncer ou à être déclaré indigne. Par suite de l'assimilation que nous venons de faire de la renonciation ou de l'indignité, à la mort, on pourrait dire, par application de l'art. 766, que l'enfant naturel survivant doit prendre, par droit de succession ou de transmission, la part de son frère naturel décédé ou renonçant ou déclaré indigne, à l'exclusion des frères légitimes qui ne peuvent lui succéder ; et après ce prélévement, se faire délivrer sur le surplus, son neuvième pour sa réserve personnelle.

Car enfin, dans les deux hypothèses, l'enfant légitime et l'enfant naturel qui ont renoncé, ont été *saisis*, par la mort de leur père ou mère, de leur portion afférente dans ses biens. S'ils en avaient disposé avant de mourir par vente, par donation ou par testament, il faudrait bien que cette disposition s'exécutât. Eh! bien, ils y renoncent. La loi, dans ce cas, en dispose pour eux par les art. 786 et 766. Mais jamais ils ne peuvent être considérés comme s'ils n'avaient jamais existé, puisqu'ils ont *recueilli*.

Après nous être maintenu longtemps dans le doute sur cette question, nous avons cru devoir nous déterminer contre l'opinion de M. Chabot, par les raisons que nous venons de faire connaître.

408. — Doit-on admettre un bénéfice des art. 756

et suiv. du Code civil, et l'enfant naturel qui a obtenu, d'après l'art. 340, un jugement de déclaration de paternité contre le ravisseur de sa mère, et l'enfant naturel qui, d'après l'art. 341, a obtenu un jugement de déclaration de maternité contre la femme de qui il prétend avoir reçu le jour?

En d'autres termes, lorsque l'art. 756 déclare que la loi n'accorde de droit aux enfants naturels, sur les biens de leurs père ou mère décédés, que lorsqu'ils ont été *légalement reconnus*, qu'a-t-il entendu par ces dernières expressions?

Telle est la question qui a fortement divisé MM. Merlin et Chabot, et qu'il devient intéressant d'examiner.

Dans les conclusions qu'il donna lors d'un arrêt du 28 mai 1810, et qui sont rapportées dans ses questions de Droit (1), M. Merlin disait :

« Il ne faut pas confondre la *reconnaissance* qui donne à l'enfant des droits à une portion de l'hérédité de la mère, avec la simple preuve de maternité, qui ne donne à l'enfant que des droits à des aliments. »

« En m'exprimant ainsi, ajoute M. Merlin, dans le Répertoire (2), sans motiver mon assertion, je la présentais comme un dogme incontestable, parce

(1) V^o *Maternité*, tom. 5. pag. 421, 5e édit.
(2) Tom. 10, v^o *Succession*, pag. 734, n° 3.

qu'elle me paraissait au-dessus de toute espèce de doute. »

Mais M. Chabot en a pensé autrement. Dans son Commentaire sur l'art. 756 (1), cet auteur décide que la déclaration de paternité, comme la déclaration de maternité, obtenues en Justice dans les cas des art. 340 et 341, doivent produire en faveur de l'enfant naturel, les mêmes effets que la reconnaissance volontaire, et lui assurer les mêmes droits sur les biens de son père ou de sa mère. Si la reconnaissance judiciaire se bornait à lui assurer des aliments, ce serait le confondre avec un enfant adultérin. Aussi, dit M. Chabot, ni l'équité, ni la loi n'autorisent une semblable confusion. Et à l'appui de son opinion, il cite un arrêt rendu par la Cour royale de Paris, en audience solennelle, le 27 juin 1812.

Nous avons vérifié cet arrêt, et nous nous sommes convaincu de son exacte application sur le point de Droit.

« Considérant, dit cet arrêt, que, d'après le Code, la recherche de la maternité étant permise, la preuve de la filiation et la reconnaissance judiciaire qui en résulte, ont tous les effets d'une reconnaissance volontaire, et donnent à l'enfant naturel, dans la succession de sa mère, les droits résultant des art. 756 et 757 du Code civil. »

(1) Tom. 2, pag. 8, n° 3.

Telle est aussi l'opinion de MM. Toullier (1) et Duranton (2).

Mais M. Merlin, dans le Répertoire, *sup. cit.*, s'est fortement attaché à réfuter M. Chabot, dans une discussion assez étendue. Nous allons parcourir ses différentes objections :

1° Autant il est impossible, dit M. Merlin, que la femme qui, volontairement et par un acte authentique, s'est reconnue mère d'un enfant, ait le moindre doute sur sa maternité, autant il est naturel que la femme qui a été jugée mère malgré elle, persiste à soutenir qu'elle ne l'est pas. Que l'on n'ait aucun égard à sa dénégation, et qu'elle fléchisse devant l'autorité de la Justice, lorsqu'il ne s'agit que de simples aliments ; cela est tout simple ; mais pousser l'effet de la présomption légale de maternité que le jugement élève contre une femme, jusqu'à en conclure que l'enfant dont elle est jugée mère, et qui peut lui être tout-à-fait étranger, exercera dans sa succession les mêmes droits que si elle l'avait elle-même proclamé comme sien ; c'est à quoi l'équité s'oppose manifestement.

Cette première objection ne nous paraît pas solide.

En effet, parce qu'une mère sera assez dénaturée pour méconnaître, pour repousser son enfant, il s'en-

(1) Tom. 2, nᵒˢ 972 et 978.
(2) Tom. 3, nᵒˢ 243 et suiv. et 254.

suivra que la reconnaissance forcée qui interviendra
en Justice ne pourra la contraindre, et, après elle,
ses héritiers, qu'à lui fournir des aliments? Et parce
qu'elle persistera à soutenir qu'elle n'est pas sa mère,
l'autorité de la chose jugée se bornera pour l'enfant
à ce simple droit? Autant vaudrait dire que, parce
qu'un individu nie sa dette verbale, s'il en est reconnu débiteur par les Tribunaux, il ne sera néanmoins tenu qu'à en payer les intérêts, par cela seul
qu'il aura nié devoir. Mais d'un autre côté, la reconnaissance judiciaire est indivisible, comme la reconnaissance volontaire. Elle est nulle pour le tout, ou
valable pour le tout. Au premier cas, elle ne peut
donner lieu, même à des aliments. Mais ce premier
cas n'est pas proposable, puisque la loi permet la recherche de la maternité. Or, si cette recherche est
admise, elle doit produire tout son effet, ni plus ni
moins qu'une reconnaissance volontaire. La Justice
éclairée par les preuves qui lui sont produites, prend
la place de la mère qui se cache, et sa déclaration a
autant d'efficacité et de puissance qu'en aurait la reconnaissance spontanée de la mère elle-même. Et
s'il était possible que la Justice se fût trompée en reconnaissant et en déclarant une femme mère de
l'enfant qui la réclame, sa décision, devenue inatta-
quable, serait un malheur, sans doute, mais elle devrait être religieusement respectée, parce qu'aux
yeux de la loi elle devrait passer pour la vérité.

Au surplus, une erreur de cette nature n'est guère

à craindre ; car la loi a pris, pour l'éviter, toute espèce de précaution. On a vu, en effet, que, par son art. 341, elle veut que l'enfant qui réclame sa mère soit tenu de prouver qu'il est identiquement le même que l'enfant dont elle est accouchée ; elle veut qu'il ne soit reçu à faire cette preuve par témoins, que lorsqu'il aura déjà un commencement de preuve par écrit ;

2º Dire, ajoute M. Merlin, que, en réduisant au simple droit d'exiger des aliments, l'enfant naturel dont la filiation n'est que déclarée par jugement, l'on confond cet enfant avec le bâtard adultérin ou incestueux : c'est précisément supposer ce qui est en question.

Nous répondons que, lorsque M. Chabot a dit cela, il était dans le vrai. Quelle différence y aurait-il, en effet, entre l'enfant adultérin ou incestueux, à qui l'art. 762 du Code civil accorde des aliments, et l'enfant naturel simple, né de deux personnes libres, à qui l'on ne veut non plus accorder que des aliments, lorsque sa filiation est établie par suite d'une recherche de maternité? S'il y a entre eux une différence, il fallait l'indiquer. C'est ce que M. Merlin n'a pas fait. Il s'est borné à dire que, en établissant une assimilation entre ces deux enfants, M. Chabot supposait ce qui était en question. Ce n'est pas là répondre à l'argument ; ou plutôt, c'est avouer qu'il n'y a point de réponse à y faire;

3º Pour que l'art. 756, qui parle d'enfant légale-

ment *reconnu*, dit encore M. Merlin, fût applicable à
l'enfant naturel dont la filiation contestée par le père
ou la mère, assigné en déclaration de paternité ou de
maternité, a été déclarée par un jugement, il faudrait bien évidemment que l'art. 756 ne se bornât pas
à dire : *lorsqu'il a été légalement reconnu ;* il faudrait
qu'il ajoutât : *ou tenu pour légalement reconnu.* Or,
cette addition, il ne la contient pas. Son intention
n'est donc pas d'assimiler à la filiation, reconnue volontairement et par un acte authentique, la filiation qui,
après contestation, est déclarée par un jugement.

Et pour prouver que telle a été la pensée du Législateur, M. Merlin cite pour exemple l'art. 1322
du Code civil, qui parle d'acte sous seing-privé, *reconnu* par celui à qui on l'oppose, ou *légalement tenu
pour reconnu.* Si la loi s'est servie, dit-il, de cette seconde locution, c'est parce que, à ses yeux, elle n'était
pas renfermée dans la première ; donc, etc.

Nous nous étonnons d'abord que M. Merlin, cet
esprit si supérieur, si élevé, ait voulu rapetisser la
question grave qui nous occupe, au point de comparer la reconnaissance d'un enfant à la reconnaissance
d'une pièce d'écriture privée.

Nous disons ensuite que cette comparaison, en la
supposant proposable en Droit, ne peut être juste en
fait, et voici pourquoi :

Ce n'est point une reconnaissance proprement dite
que fait la Justice lorsqu'elle accueille, par l'art. 341,
l'action de l'enfant en recherche de maternité, ou son

action en recherche de paternité dans le cas d'enlèvement prévu par l'art. 340 ; elle ne fait que *déclarer* que l'une est la mère ou que l'autre est le père
de l'enfant qui réclame. Aussi, voyez comme s'exprime l'art. 340 : « Dans le cas d'enlèvement, lorsque
» l'époque de cet enlèvement se rapportera à celle de
» la conception, le ravisseur pourra être, sur la demande
» des parties intéressées, *déclaré* père de l'enfant », et
non pas *reconnu* père de l'enfant. La même locution est implicitement contenue dans l'art. 341 qui
se borne à dire : « La recherche de la maternité est ad-
» mise. L'enfant qui réclame sa mère sera tenu de
» prouver, etc. »

Cette déclaration de la Justice équivaut bien à la
reconnaissance volontaire du père ou de la mère de
l'enfant ; mais elle n'est pas proprement une reconnaissance dans l'acception littérale du mot ; car on
ne peut reconnaître que ce qu'on a fait soi-même.
Mais cette déclaration est un acte de l'autorité publique qui, par une équitable fiction, remplace la reconnaissance volontaire, et en tient lieu ; et c'est
dans ce sens qu'elles se trouvent l'une et l'autre raisonnablement confondues dans la disposition générale de l'art. 756 qui accorde des droits sur les biens
de leurs père ou mère décédés aux enfants naturels,
lorsqu'ils ont été *légalement reconnus*.

Et remarquez bien que, si l'art. 756 n'avait entendu parler que de l'enfant volontairement reconnu,
il n'aurait pas été rédigé tel qu'il existe.

En effet.

Au lieu de dire que : « Les enfants naturels ne
» sont point héritiers ; la loi ne leur accorde de droit
» sur les biens de leurs père ou mère décédés, que
» lorsqu'ils ont été *légalement reconnus ;* »

L'article aurait dit :

« Les enfants naturels ne sont point héritiers ; la
» loi ne leur accorde de droit sur les biens de leurs
» père ou mère décédés, que lorsqu'ils ont été PAR
» EUX *légalement reconnus.* »

Oh ! alors, l'intention du Législateur n'eût pas été
douteuse. Il est clair que l'enfant naturel *volontairement* reconnu, eût été le seul dont il aurait voulu
s'occuper et auquel il aurait assuré des droits sur les
biens de ses père ou mère décédés. Ce n'est donc
pas sans dessein qu'il n'a pas voulu se servir de la
seconde locution restrictive, et qu'il a adopté la première comme plus large, plus générique, plus conforme, en un mot, à la pensée qui le dominait.

Ce qui donne à notre opinion un degré d'évidence
incontestable, c'est ce que rapporte M. Locré (1).
La Commission et la section avaient proposé et le
Conseil-d'Etat avait adopté l'article suivant qui n'ad-
mettait aucune exception à la prohibition de la recherche de la paternité :

« Le ravisseur qui refuse de reconnaître l'enfant

_____

(1) Esprit du Code civil, tom. 4, édit in-4°, pag. 208, et *Législation
civile du même Auteur*, tom. 6, pag. 31, édit in-8°.

» dont la naissance fait concourir l'époque de la con-
» ception avec celle de la durée du rapt, peut être
» condamné à des dommages et intérêts au profit de
» cet enfant, sans que celui-ci puisse prendre le nom
» du ravisseur, *ni acquérir sur ses biens les droits*
» *d'enfant naturel.* »

On soutenait (1) cet article en disant, comme
M. Merlin a dit depuis, que toute exception obligerait
celui qui serait attaqué *à reconnaître un enfant malgré lui ;* que le crime d'avoir démoralisé la mère de
l'enfant, devait être réparé par une condamnation
pécuniaire, mais qu'il ne devait pas attribuer au
coupable un enfant *dont il ne pouvait pas se croire le
père.*

Mais dans la conférence qui s'engagea avec le Tribunat, l'exception fut admise et l'article proposé fut
rejeté. On se détermina sur cette observation du
Consul Cambacérès, qu'il serait immoral qu'un ravisseur, contre lequel la paternité aurait été prouvée, à l'effet de le faire condamner à des dommages
et intérêts, ne fût pas réputé père de l'enfant envers
la mère duquel il aurait été condamné ; que cependant cet inconvénient serait inévitable, si le ravisseur pouvait opposer un principe général et non sus-
ceptible d'exception.

Il nous semble que ce dernier document détruit

---

(1) C'était le 1er Consul. Procès-verbal du 26 brumaire an 10.

de fond en comble la troisième objection de M. Merlin ;

4° La 4ᵉ objection est tirée de l'art. 765, qui porte que la succession de l'enfant naturel décédé sans postérité est dévolue au père ou à la mère *qui l'a reconnu*, et par moitié à tous les deux, *s'il a été reconnu par l'un et par l'autre*. Assurément, on ne dira pas que le père ou la mère *a reconnu* l'enfant naturel qui, malgré le père ou la mère, s'est fait tenir pour reconnu par un jugement. Le mot *reconnu* ne peut donc s'entendre, dans cet article, que d'une reconnaissance volontaire. Et comment, dès lors, ajoute M. Merlin, pourrait-il être entendu d'un jugement dans l'art. 756? Quoi! L'enfant naturel qui n'aurait d'autre titre de filiation qu'un jugement, pourrait exercer des droits sur la succession de son père ou de sa mère, et son père ou sa mère n'en pourrait exercer aucun sur la sienne? Non, cela est impossible ; le droit de succéder est essentiellement réciproque.

Nous répondons d'abord qu'il ne serait pas du tout étonnant, qu'il serait au contraire très juste, et surtout très moral, que le droit de réciprocité n'existât pas en faveur d'un père ou d'une mère qui aurait eu l'inhumanité, disons le mot, la barbarie de méconnaître son enfant, et de se le laisser attribuer par une contrainte de la Justice.

Nous répondons, en second lieu, que ce n'est point à titre de *succession*, mais à titre de *dévolution*, que,

Tom. 3.   6

suivant l'art. 765, le père ou la mère qui a reconnu son enfant naturel, prend les biens qu'il laisse lorsqu'il meurt sans postérité. Il ne peut donc y avoir entre eux aucun droit de réciprocité, parce qu'il n'existe entre eux aucune parenté civile.

Mais nous pensons néanmoins que le père ou la mère d'un enfant naturel, déclaré tel par jugement, a le même droit sur ses biens lorsqu'il décède sans postérité, que s'il l'avait volontairement reconnu par un acte authentique ; parce que nous avons prouvé que la déclaration judiciaire de paternité ou de maternité remplace, à tous égards, la reconnaissance volontaire, et que si d'ailleurs l'art. 765 ne parle que de celle-là, c'est par le motif que c'est la reconnaissance la plus ordinaire ;

5° Il nous paraît inutile d'examiner longuement la cinquième objection de M. Merlin, prise du classement des art. 334, 335, 336, 337 et 338, mis en rapport avec les art. 340, 341 et 342 ; de savoir pourquoi les premiers ne parlent *nommément* que des enfants naturels volontairement reconnus, et pourquoi les derniers ne s'occupent que de la filiation des enfants naturels établie et *déclarée* en jugement. Nous nous sommes suffisamment expliqué sur la corrélation de tous ces articles, et sur l'objet commun qu'ils avaient en vue. Nous ne pourrions donc que nous répéter ;

6° M. Merlin dit, enfin, que la section de Législation du Tribunat, dans ses conférences sur l'art. 341

avec la section de Législation du Conseil-d'Etat, avait proposé de substituer au premier alinéa de cet article, la rédaction suivante :

« La recherche de la maternité est admise dans le » cas où, aux termes de l'art. 325, la reconnais- » sance peut avoir lieu. Elle n'est point admise lors- » que la mère est, au moment de la demande, en- » gagée dans les liens du mariage. *L'effet de la* » *preuve résultant de cette recherche sera le même que* » *celui de la reconnaissance* (1). »

Mais, dit M. Merlin, les trois propositions compo-sant cet amendement, ont été rejetées.

La première, parce qu'elle était comprise dans l'art. 342.

La seconde, parce qu'elle était contraire à la réso-lution prise par le Conseil-d'Etat, le 26 brumaire an 10, de ne pas excepter de la disposition générale de l'art. 341, le cas où la mère serait, au moment de la demande formée contre elle en déclaration de ma-ternité, engagée dans les liens d'un mariage.

Et l'on sent bien, ajoute M. Merlin, que la troi-sième n'a pas pu être rejetée par le même motif que la première, c'est-à-dire comme inutile ; car certes, si l'intention du Conseil-d'Etat eût été d'assimiler, quant aux droits sur les successions, *la preuve ré-sultant de la recherche de la maternité*, à une re-

---

(1) Conférences du Code civil, tom. 2, pag. 300, par M. Favard-de-Langlade.

connaissance volontaire et authentique, il n'aurait
pas pu qualifier d'inutile une disposition qui avait
pour objet de le déclarer franchement. Il est évident,
au contraire, qu'il l'aurait jugée indispensable pour
faire cesser les objections qui sortaient tout naturellement contre l'opinion qu'elles tendaient à consacrer, et de ce que, dans l'art. 756, il devait bien
être question des enfants naturels *légalement reconnus*,
mais non pas des enfants naturels *tenus pour légalement reconnus* ; et de ce que l'art. 338, dont l'art.
756 n'est que la suite, ne se rapporte manifestement
qu'aux enfants naturels reconnus volontairement. Il
est donc clair, comme le jour, finit par dire M. Merlin, que la disposition dont il s'agit, n'a pu être rejetée par le Conseil-d'Etat que parce qu'elle se trouvait, comme la seconde, en opposition avec l'esprit
dans lequel avait été rédigé l'art. 341.

Nous croyons, au contraire fermement, que la dernière disposition de l'article proposé par le Tribunat,
a été rejetée comme inutile, parce que l'enfant naturel reconnu en jugement, dans les termes des art.
340 et 341, a été en tout assimilé, dans la pensée du
Législateur, à l'enfant naturel volontairement reconnu
dans la forme indiquée par l'art. 334.

Et comment le Tribunat et le Conseil-d'Etat auraient-ils voulu se mettre en opposition avec eux-
mêmes? Eh! quoi! Ils avaient rejeté l'article que
nous avons ci-dessus rappelé, par lequel on propo-
sait de déclarer que l'enfant du ravisseur *ne pour-*

rait *acquérir sur ses biens les droits d'enfant naturel*, *ni prendre son nom*, et bientôt après, par un oubli inconcevable, ils auraient adopté cette même disposition, en réservant aux seuls enfants *volontairement* reconnus les droits fixés par les art. 756 et suivants. Non, cela n'est pas possible.

Veut-on une dernière preuve que cela ne peut pas être, que cela n'est pas? nous la trouverons dans l'art. 338 lui-même, invoqué par M. Merlin dans sa cinquième objection. Après avoir dit que l'enfant naturel reconnu ne pourra réclamer les droits d'enfant légitime, cet article ajoute :

« Les droits *des enfants naturels* seront réglés au » titre des successions. »

Entendez-vous bien? Les droits *des enfants naturels*. Ainsi, point de distinction entre les enfants naturels volontairement reconnus par acte authentique et les enfants naturels dont la filiation est déclarée par jugement. *Tous* ont dû avoir leurs droits réglés au titre des successions. Or, si l'on prétend que les droits fixés par les art. 757 et 758 n'appartiennent qu'aux enfants naturels *volontairement* reconnus, que l'on nous montre donc une autre disposition, une disposition spéciale dans le même titre, qui ait également réglé et fixé les droits devant revenir aux enfants naturels dont un jugement a déclaré la filiation! Il n'en existe pas ; car M. Merlin convient lui-même que l'art. 762 ne leur est pas applicable, puisqu'il n'a trait qu'aux enfants adultérins ou incestueux, auxquels il n'accorde que de simples aliments. Cependant, ceux dont nous parlons ont *des droits*. L'art. 338 les leur a garantis comme aux autres. Quels sont-ils donc, si ce n'est ceux que les art. 756, 757 et 758 ont réglés pour tous les enfants naturels, en général, dont la filiation se trouve reconnue dans les termes et les formes des art. 334, 340 et 341 ? La force des choses nous amène nécessairement à ce résultat.

C'est aussi dans notre sens que la Cour royale de Rouen s'est prononcée par arrêt du 20 mai 1829 (1) :

« Considérant, a-t-elle dit, que l'art. 337 du Code civil n'est point applicable à la cause, puisqu'il n'est pas question d'une reconnaissance faite par la femme *Salva* pendant son mariage ; qu'à défaut de reconnaissance de Marie *Buzeul*, soit avant, soit pendant son mariage, Pierre *Buzeul*, s'emparant de la faculté accordée par l'art. 341 du Code civil, a recherché celle qui lui avait donné le jour ; que la loi, en autorisant cette recherche, n'a pas voulu qu'elle fût illusoire, et priver celui qui avait réussi dans sa preuve des avantages qu'elle a attribué aux enfants naturels ; que les droits que réclame Pierre Buzeul lui étaient acquis du jour de sa naissance, laquelle était antérieure au mariage contracté depuis par Marie Buzeul ; que dès lors il ne peut être évincé du bénéfice de l'art. 338 du Code civil, etc. »

(1) Dalloz, année 1833, 2, 31.

La même doctrine est enseignée par M. Ro-
gron (1). Le jugement, dit cet estimable commentateur élémentaire, qui, dans ce cas, reconnaît que
l'enfant est issu de tel père ou de telle mère, est un
acte authentique, et l'enfant se trouve ainsi *légalement reconnu*; d'ailleurs, ajoute-t-il, la recherche de
la paternité se trouverait inutilement permise, en
cas d'enlèvement, et la recherche de la maternité,
dans tous les cas, si le jugement qui consacrerait
l'une et l'autre n'avait pas *le même effet* que la reconnaissance volontaire.

Ainsi, disons-le sans hésiter, l'enfant naturel qui
recherche et découvre sa mère, l'enfant naturel qui
démontre pour son père le ravisseur de sa mère, ont
l'un et l'autre les mêmes droits à exercer sur leurs
biens que s'ils avaient été par eux volontairement
reconnus par acte authentique, sans quoi la recherche que leur permettent les art. 340 et 341 du Code
civil serait évidemment illusoire.

(1) Code civil expliqué, art. 334, 11e édit.

CHAPITRE VII.

Suite du précédent.

Descendants de l'Enfant naturel. — Imputation. — Rapport. — Renonciation. — Réduction.

SOMMAIRE.

409. — *Les enfants ou descendants naturels du bâtard, peuvent-ils réclamer les droits de leur père ou mère après sa mort?*

410. — *Opinion de M. Toullier qui n'admet à réclamer que les enfants ou descendants légitimes du bâtard.*

411. — *Opinion contraire de M. Mallevile.*

412. — *Réfutation de cette opinion par M. Toullier.*

413. — *Réfutation de l'opinion de M. Toullier.*

414. — *L'enfant naturel est obligé d'imputer ce qu'il a reçu sur ce que la loi lui accorde. — Il ne peut rapporter à la masse. — Doit-il l'intérêt ou les fruits de ce qu'il a reçu depuis l'ouverture de la succession? — Arrêt.*

415. — *Il ne peut faire une renonciation qui lui confère un plus ample droit. Il n'y a donc point de préciput pour lui vis-à-vis des héritiers légitimes.*

416. — *Sa portion légale peut, au contraire, être
réduite de moitié par la disposition de l'homme.*

417. — *Opinion conforme de M. Toullier, et de
M. Grenier.*

418. — *Opinion contraire de M. Vazeille. —
Réfutation de cette opinion.*

419. — *Si la succession s'ouvre* ab intestat, *la portion de l'enfant naturel doit être prise sur la
totalité des biens de ses père ou mère, et non
uniquement sur la portion indisponible. — Arrêt
de la Cour de Cassation.*

420. — *Comment doit s'entendre l'art. 761 du
Code civil portant que toute réclamation est interdite à l'enfant naturel lorsqu'il a reçu du vivant
de ses père ou mère la moitié, etc., etc.? —
Question grave et difficile.*

421. — *Opinion de M. Toullier qui veut que la
réduction ne puisse se faire par testament.*

422. — *Réfutation de cette opinion. — Arrêt de
la Cour royale de Douai. — Opinion de
M. Chabot.*

423. — *La réduction, pour être valable, doit-elle
être acceptée par l'enfant naturel? — Autorités
nombreuses pour et contre. — Examen et réfutation des motifs de l'arrêt de la Cour royale de
Douai. — Espèce, examen et réfutation de l'arrêt
de la Cour de Cassation qui a rejeté le pourvoi formé contre cet arrêt. — Opinion de
M. Chabot opposée à ces décisions.*

424. — *Par quel motif la réduction de moitié a-t-elle été autorisée?*

409. — Mais l'art. 759 a donné lieu à une controverse qu'il est assez difficile de lever. Il porte qu'en cas de prédécès de l'enfant naturel, ses enfants ou descendants peuvent réclamer les droits fixés par les articles précédents. Mais de ce que la loi, en parlant des enfants ou descendants, n'a pas expliqué si c'étaient les enfants ou descendants *légitimes* du bâtard, on a demandé si ses enfants naturels reconnus peuvent réclamer le droit qui lui était attribué dans les successions de ses père et mère?

410. — M. Toullier (1) n'hésite pas à décider que si le bâtard ne laissait que des enfants naturels, ils n'auraient aucun droit sur la succession de leur aïeul, suivant la règle établie par l'art. 756, qui n'accorde aucun droit aux enfants naturels *sur les biens des parents de leurs père ou mère.*

411. — M. *Mallevile*, au contraire, en convenant que cette raison est très forte, prétend qu'il fut dit au Conseil-d'Etat que, dans ce cas, les fils naturels du bâtard décédé auraient droit sur la succession de leur aïeul, dans la proportion du droit qu'ils

(1) Tom. 4, pag. 262.

auraient dans la succession même de leur père ; en
sorte que celui-ci ayant eu droit à un tiers, les enfants naturels ne pourraient réclamer que le tiers de
ce tiers, autrement un neuvième, dans la succession
de l'aïeul, tandis que le fils légitime de l'enfant naturel obtiendrait le tiers entier. M. Mallevile pense donc
que la volonté du Législateur consignée dans le procès-
verbal, doit l'emporter sur l'art. 756, et que l'art.
759 doit être considéré comme une exception, d'autant plus qu'il ne parle pas uniquement des enfants
légitimes du bâtard, mais de ses enfants en général.

412. — *M. Toullier* qui rapporte cette opinion de
M. Mallevile à la note des pages 262 et 263, dit
qu'il est bien difficile de se rendre à ces raisons ; que
le Conseil-d'Etat n'est point Législateur ; qu'il n'a
que l'initiative de la loi, ou plutôt, qu'il n'est chargé
que d'en rédiger le projet, qui n'a force de loi
que lorsque le projet est décrété par le Corps législatif et promulgué suivant les formes constitutionnelles ; il ajoute à cela que l'observation dont parle
M. Mallevile, ne fut pas adoptée ; que le Consul
Cambacérès demanda, dans la séance du 2 nivôse an
11, pag. 259, procès-verbal, si l'enfant naturel du
bâtard jouirait du bénéfice de l'art. 759 ; que *M. Berlier* observa que l'article ne pouvait s'appliquer à un
tel enfant, parce qu'il n'est pas héritier ; que le Consul *Cambacérès* objecta que, quoique « l'enfant na-
» turel ne soit pas héritier, il a cependant droit à un

» tiers d'une part héréditaire dans la succession de
» son père. L'article transmet le droit à ses descen-
» dants ; or, s'il n'a que des enfants naturels, ils au-
» ront un neuvième dans la succession de leur
» aïeul. »

M. *Toullier* dit que le procès-verbal ne porte
point que le Conseil ait eu égard à cette objection ;
qu'au contraire, il porte simplement : « l'art. est
» adopté. » Ainsi, l'observation de *M. Berlier* subsista,
et l'objection de M. Cambacérès ne produisit aucun
amendement.

Quant à l'observation que l'art. 759 parle des enfants ou descendants, en général, observe M. Toullier, il suffit de répondre que cet article ne peut être
entendu que des enfants et des descendants légitimes, puisqu'il leur accorde, en entier, les droits
qu'aurait eus le père : telle est aussi l'opinion de
M. *Chabot, Traité des Successions*, 5e édit., tom. 2,
pag. 219 et suiv.

413. — Il nous semble que l'objection seule de
M. *Cambacérès*, si elle eût été rejetée, aurait dû suffire pour faire changer la rédaction de l'article, et
en faire nommément restreindre la disposition aux
enfants ou descendants *légitimes* du bâtard, car on
ne peut pas supposer que ceux qui étaient chargés
de préparer la loi, aient voulu la laisser subsister
douteuse ou ambiguë, surtout lorsqu'un de leurs
membres très influents leur faisait apercevoir cette

ambiguité ou ce doute. Nous ne voyons pas, ensuite, que l'objection de *M. Cambacérès*, présentée la dernière, ait souffert une réplique. On s'est conteuté, après l'avoir entendue, de déclarer que l'article était adopté. Est-ce là, nous le demandons, rejeter une proposition sur un objet aussi important? Ne doit-on pas croire, au contraire, qu'en maintenant la généralité de l'article, ses rédacteurs ont eu la *volonté* d'y comprendre les enfants naturels comme les enfants légitimes du bâtard?

La raison tirée de l'art. 756 ne nous paraît pas du tout concluante, parce que nous pensons que l'on applique cet article hors du cas pour lequel il a été fait. Que dit-il? que la loi n'accorde aux enfants naturels aucun droit sur les biens des parents de leurs père ou mère. Mais cet article est évidemment dans l'espèce d'un fils *légitime* qui a des enfants naturels ; et il est concevable que ces enfants méconnus par les parents de leur père, ne puissent rien réclamer sur les biens qu'il aurait tenus d'eux, s'il eût vécu. Aucun lien civil ne les unissant, aucune obligation ni aucun droit ne peut les assujettir les uns envers les autres ; et à cet égard, il faut même distinguer : car si le fils légitime dont nous parlons avait recueilli les successions de ses père et mère, ses enfants naturels reconnus pourraient incontestablement réclamer après sa mort, sur les biens dont elles seraient composées, les droits que leur attribuent les art. 757 et 758. L'exclusion portée en l'art. 756 n'a trait qu'à la représentation. La loi a dit et voulu dire que si le père des enfants naturels décède avant ses père et mère légitimes, ces enfants ne peuvent pas le *représenter* pour réclamer leur contingente portion dans les droits qu'il aurait recueillis s'il leur eût survécu.

Au lieu que, dans l'espèce de l'art. 759, il s'agit d'un *bâtard* qui laisse après lui des enfants naturels par lui reconnus. Cet article suppose d'ailleurs que les père ou mère de ce bâtard n'existent plus, lorsqu'il vient à mourir lui-même. Il le suppose si bien, qu'il se réfère aux articles précédents. Or, l'art. 757 n'accorde de droits à l'enfant naturel que sur les biens de ses père ou mère *décédés*, et l'art. 758 ne lui accorde la totalité de leurs biens que lorsqu'ils ne *laissent* pas de parents au degré successible. Le bâtard venant à mourir avant ses enfants naturels reconnus, meurt donc *investi* du droit de réclamer la portion que la loi lui a *déjà* dévolue sur les biens de ses père ou mère. Il le transmet à ses enfants naturels pour la quotité que la loi leur a aussi fixée ; car *M. Toullier* convient que le droit de transmission appartient aux enfants naturels (1). Il est vrai qu'il ne le leur accorde qu'en faveur de leurs héritiers, et que les enfants naturels ne sont point héritiers ; mais qu'importe ? Une fois que les biens et droits du bâtard ont passé par cette voie de re-

_____
(1) Tom. 4, pag. 97.

présentation à ses héritiers, ils composent sa succession ; ses enfants naturels amendent sur les biens qui composent cette succession, l'une des quotités fixées par les art. 757 et 758 ; et si le bâtard ne laisse point d'héritiers au degré successible, ses enfants naturels prennent la totalité de ses biens, et dans ce dernier cas, ils recueillent *par le fait* tout ce qu'ils auraient recueilli par transmission, s'ils eussent été légitimes. On voit que nous expliquons l'art. 759, de manière à ne conférer à l'enfant naturel du bâtard aucun droit de représentation, puisque nous ne lui accordons l'une des portions fixées, que sur les biens dont leur père était déjà propriétaire, ou qu'il avait droit de réclamer au moment de son décès. Ainsi, nous mettons en harmonie cet art. 759 avec l'art. 756. Nous ne disons pas, comme M. Mallevile, que le premier est une exception au second ; car les enfants légitimes du bâtard n'auraient pas plus de droit que ses enfants naturels à réclamer quelque chose sur les biens des parents de leur père qui lui auraient survécu ; ce serait leur accorder le droit de représentation qui leur est formellement refusé par l'art. 756.

Pour rendre ce développement tout-à-fait intelligible, il faut encore se fixer sur le véritable sens des premières expressions de l'art. 759. Il dit *qu'en cas de prédécès de l'enfant naturel,* ses enfants ou descendants peuvent réclamer les droits fixés par les articles précédents. Il ne faut pas équivoquer sur ce mot *prédécès*. La loi n'a pas entendu parler seulement du décès du bâtard, arrivé avant celui de ses père ou mère ; mais bien encore du cas où le bâtard viendrait à mourir avant ses enfants naturels. Alors, elle accorde à ces enfants la faculté de réclamer les droits *fixés* par les articles précédents. Or, ces droits *fixés* ne sont autres que les droits déjà *acquis* à leur père, et que lui avaient conférés les art. 757 et 758, sur les biens de ses père ou mère *décédés*, sur les biens que ceux-ci *laissent* à l'époque de leur décès. Tout le droit qui est accordé aux enfants naturels du bâtard, est de *réclamer* une portion de biens que leur père n'avait point réclamée encore, qu'il ne possédait point pendant sa vie, mais qu'il avait droit de réclamer et de jouir, parce que ce droit lui était déjà dévolu avant sa mort.

La raison prise de ce que l'art. 759 accorde *en entier* aux enfants ou descendants du bâtard les droits qu'aurait eus leur père, ne nous paraît pas plus solide. On en tire pourtant la conséquence que c'est une preuve que la loi n'a entendu parler que des enfants ou descendants *légitimes* du bâtard, parce que la loi n'accorde aux enfants naturels qu'une *portion* des biens de leurs père ou mère ; mais, qui ne voit que ce n'est dans l'article qu'une locution générique ? La loi ne pouvait point entrer dans tous les détails. Le bâtard peut laisser en même temps des enfants légitimes et des enfants naturels. Elle dit, en général, que les représentants de ce bâtard peuvent réclamer les droits que lui accordent les articles précédents, sauf, bien entendu, aux enfants légitimes et aux enfants naturels, à se régler ensuite entre eux sur les quotités qui leur appartiennent respectivement.

414. — Suivant l'art. 908, les enfants naturels ou leurs descendants ne peuvent rien recevoir, directement ni indirectement, de leurs père et mère, par donation entre vifs ou par testament, au-delà de ce qui leur est accordé par la loi. De là cette conséquence qui compose l'art. 760, que l'enfant naturel et ses descendants sont tenus d'imputer sur ce qu'ils ont droit de prétendre, tout ce qu'ils ont reçu du père ou de la mère dont la succession est ouverte, et qui serait sujet à rapport, d'après les règles établies à la section 2 du chap. 6 du tit. 1er des Successions.

415. — Remarquons que l'enfant naturel n'est obligé qu'à l'*imputation* et non au *rapport*, ce qui est bien différent ; car, l'imputation a l'effet de rendre l'enfant, dès le moment de la donation, propriétaire incommutable de l'immeuble qu'il a reçu ; il a donc pu en disposer à son gré, il ne doit en précompter que la valeur au temps de la donation, sur la portion qui doit lui revenir. Telle est aussi l'opinion de *M. Chabot.* C'est, d'ailleurs, le vœu textuel de la loi qui porte, art. 760, que l'enfant naturel ou ses

7

descendants sont tenus d'*imputer* sur ce qu'ils ont
droit de prétendre, tout ce qu'ils ont reçu du père
ou de la mère dont la succession est ouverte, et qui
serait sujet *à rapport*, d'après les règles établies à la
section 2 du chap. 6, tit. 1er. De là il suit que, à la
différence des enfants légitimes, l'enfant naturel ne
doit pas compte des intérêts ou fruits que les choses
par lui reçues ont produits depuis l'ouverture de la
succession. On ne peut être débiteur, en effet, des
revenus de son propre bien. C'est ce qu'a fort bien
jugé la Cour royale de *Pau*, le 12 décembre 1827 (1).
L'enfant naturel peut gagner quelque chose, il est
vrai, par ce moyen, mais il perd bien assez en
général en ne pouvant faire le rapport en nature
pour partager la masse entière de l'hérédité.

Cette différence, préjudiciable à l'enfant naturel,
entre le rapport et l'imputation, est fort bien prouvée par l'exemple que cite M. Chabot, sur l'art. 860,
tom. 2, pag. 243.

Il suppose que l'enfant légitime soit en concours
avec un enfant naturel; que l'enfant naturel ait reçu
de son père 1.200 fr., et que la succession du père
soit de 12.000 fr.

Imputation. La succession du père étant de
12.000 fr., la sixième portion qui reviendra à l'enfant naturel sera de 2.000 fr., et, comme il sera

(1) Sirey, tom. 28, 2e part., pag. 73. Le pourvoi en Cassation contre
cet arrêt a été rejeté par arrêt de la Cour suprême, du 11 janvier 1831.
— Sirey, tom. 31, 1re part. pag. 18.

tenu d'imputer sur cette somme celle de 1.200 fr. qu'il a reçue, il n'aura plus à réclamer que 800 fr.

Rapport. Si l'enfant naturel rapportait à la succession la somme de 1.200 fr. qu'il a reçue, la masse de la succession serait de 13.200 fr. Le sixième auquel il a droit serait de 2.200 fr., et en faisant déduction des 1.200 fr. qu'il a reçus, il pourrait encore réclamer 1.000 fr.

Il aurait donc 200 fr. de plus, en rapportant qu'en imputant.

Oui ; mais cet exemple de M. Chabot n'est juste qu'en supposant que la succession du père se partagera de suite ou bientôt après son ouverture.

Mais, si elle ne peut se partager, par les incidents qui peuvent survenir, que quatre ou cinq ans après ; comme, d'après l'art. 856, il doit rapporter l'intérêt des 1.200 fr. reçus, et que la restitution de fruits pour son entière portion ne lui serait comptée qu'à un taux inférieure à celui de l'intérêt de l'argent, s'il s'agissait d'immeubles à diviser, il se pourrait bien que l'enfant naturel n'aurait rien à gagner dans le rapport.

416. — Au surplus, à la différence de l'héritier légitime, l'enfant naturel ne peut profiter du bénéfice de l'art. 845, c.-à-d., renoncer à la succession, puisqu'il n'y est pas appelé, pour retenir le don entre vifs, ou réclamer le legs à lui fait, jusqu'à concur-

rence de la portion disponible; en un mot, il ne peut y avoir de préciput pour l'enfant naturel reconnu.

Loin de là, ce que l'enfant naturel a reçu au-delà de la portion fixée par la loi, doit par lui être rapporté ; l'obligation de ce rapport est une conséquence de l'imputation.

417. — L'enfant naturel peut si peu recevoir directement ou indirectement au-delà de ce que la loi lui accorde, qu'il est au contraire vrai de dire que sa portion légale peut encore être réduite. En effet, d'après l'art. 761, toute réclamation lui est interdite lorsqu'il a reçu, du vivant de son père ou de sa mère, la moitié de ce qui lui est attribué par les articles précédents, avec déclaration expresse de la part de ses père ou mère, que leur intention est de réduire l'enfant naturel à la portion qu'ils lui ont assignée. Dans le cas où cette portion serait inférieure à la moitié de ce qui devrait revenir à l'enfant naturel, il ne peut réclamer que le supplément nécessaire pour parfaire cette moitié.

418. — M. *Toullier* (1) dit que cette réduction est indépendante de celle qui peut résulter des dispositions permises aux père et mère, jusqu'à concurrence de la portion disponible ; en sorte que l'enfant naturel déjà réduit à ne prendre part que dans les

_____

(1) Tom. 4, pag. 279.

biens indisponibles, ou dont les père et mère n'ont pas disposé, peut encore être réduit à n'avoir, dans ces biens, que la moitié des droits déterminés par les art. 757 et 758.

M. Grenier, Traité des Donations, tom. 2, n° 674, partage cette opinion. Il en tire la conséquence que la réserve du neuvième peut ainsi être réduite au dix-huitième.

Cette opinion paraît rigoureuse au premier abord ; cependant elle dérive évidemment des articles précités. En effet, l'enfant naturel ne peut réclamer, selon les circonstances, que le tiers, la moitié, les trois quarts de la portion héréditaire qu'il aurait eue s'il eût été légitime. Or, s'il eût été légitime, ses père et mère pouvaient donner la quotité disponible à son frère ou même à un étranger, et le réduire ainsi à sa portion dans la réserve légale. Il ne peut pas avoir plus de faveur, étant simplement enfant naturel. Il en a bien moins encore. C'est pourquoi sa portion dans la réserve légale, réduite d'abord par la disposition préciputaire, peut encore éprouver une réduction de moitié.

On sent qu'il doit en être de même pour le cas où, d'après l'art. 758, les père et mère ne laissent pas de parents au degré successible. Ainsi, dans ce cas, ses père et mère peuvent, aux termes de l'art. 913, disposer de la moitié de leurs biens ; ils peuvent ensuite réduire leur enfant naturel à la moitié de la portion restante, c'est-à-dire, au quart de la totalité (1).

M. Vazeille (2) repousse cette double opinion. Rien n'annonce, suivant lui, que le Législateur ait eu la pensée d'une réduction *redoublée*; et nous voyons clairement, dit-il, par la lettre de l'art. 761, que la réduction ne doit s'opérer que sur la portion fixée par les articles précédents. Or, ces art. 757 et 758, que M. Toullier lui-même désigne, sont étrangers à la quotité disponible et à la réserve. Le réglement de ces deux objets ne se trouve que dans des dispositions subséquentes du titre des Donations auxquelles l'art. 761 ne se réfère pas. La réduction permise par cet art. 761, est un droit tout spécial uniquement relatif aux enfants naturels. Celle qu'autorisent les art. 913, 915 et 916, est un droit général, que sa généralité seule leur rend commun. Ce droit commun ne peut être exercé par les parents naturels, qu'alors qu'ils n'ont point usé du droit spécial qui a plus d'étendue. Quand on n'a distribué que la quotité disponible de l'art. 913, moins forte que la réduction de l'art. 761, il est permis, sans doute, d'affaiblir encore la réserve de l'enfant naturel, jusqu'à la mesure de cette réduction; mais on ne pourra jamais ajouter entièrement l'une à l'autre; la loi eût été trop sévère, en permettant de réduire

---

(1) *Vid. sup.* l'arrêt de la Cour de Cassation, du 26 juin 1809. — Sirey, tom. 9, 1ʳᵉ part., pag. 337.

(2) Traité des Successions, tom. 1, pag. 94 et 95.

à moitié une réserve déjà bien mince. L'art, 761 ne
se réfère nécessairement, finit par dire M. Vazeille,
qu'aux art. 757 et 758 ; et ce n'est que sur la portion d'hérédité qu'ils déterminent qu'on peut opérer
la réduction de moitié, par un don actuel, qui ap-
porte sa compensation.

Rendons cette opinion de M. Vazeille plus sensible par un exemple. Supposons deux enfants légitimes et un enfant naturel reconnu se partageant une
succession de 48.000. Le père a disposé du quart à
titre de préciput. Ce quart est de 12.000 fr. Reste à
diviser entre les trois enfants une masse de 36.000 fr.
Si l'enfant naturel eût été légitime, il aurait le tiers
de cette valeur qui s'élèverait à 12.000 fr. ; mais ne
l'étant pas, il n'a que le tiers de ce tiers, c'est-à-dire
4.000 fr. Mais là doit s'arrêter la réduction. Art.
757 du Code civil.

Supposons maintenant que le père de famille soit
mort *ab intestat*, l'enfant naturel ne doit prendre que
le tiers du tiers des 48.000 fr. c'est-à-dire, 5.333 fr.
33 c., puisqu'il aurait 16.000 fr. s'il était légitime.
Mais ces 5.333 fr. 33 c. peuvent être réduits à la
moitié, c'est-à-dire à 2.666 fr. 66 c. 1/2, d'après
l'art. 761 du même Code.

Tandis que, d'après notre opinion qui est aussi
celle de MM. Toullier et Grenier, l'art. 761 devant
être appliqué dans les deux hypothèses, l'enfant naturel aura bien dans la seconde, 2.666 fr. 66 c. 1/2,
mais dans la première il ne pourra prendre qu'une
valeur de 2.000 fr.

L'argument pris par M. Vazeille de ce que les art.
757 et 758 sont étrangers à la quotité disponible, et
à la réserve, et que le réglement de ces deux objets ne se trouve que dans des dispositions *subséquentes* du titre des Donations, nous paraît sans portée. C'est comme si l'on disait que l'art. 745 portant que les enfants légitimes succèdent par *égales*
portions, leurs droits ne peuvent être diminués par
les dispositions permises par les articles *subséquents*
913, 915 et 916 du même Code.

Le second argument de l'auteur pris de ce que
l'art. 761 ne se réfère qu'aux art. 757 et 758, et
non aux art. 913, 915 et 916, n'a pas pour nous
une plus grande valeur. Que dit l'art. 761? que
toute réclamation est interdite aux enfants naturels
reconnus, lorsqu'ils ont reçu, du vivant de leur père
ou de leur mère, la moitié de ce qui leur est attribué par les articles précédents. Nous convenons bien
que ces articles précédents ne sont que les articles
757 et 758. Mais que porte l'art. 757? que le droit
de l'enfant naturel est, selon les circonstances, du
tiers de la moitié ou des trois quarts de la portion
héréditaire qu'il aurait eue s'il eût été légitime. Or,
c'est cet art. 757 qui se réfère et se subordonne nécessairement aux art. 913, 915 et 916 ; car, si l'enfant naturel était légitime, il ne pourrait prétendre à
partager par tiers avec ses deux frères la succession
de leur père, que sous la condition que celui-ci n'aurait point disposé par préciput du quart de ses biens. Ce

raisonnement nous semble indestructible. MM. Toullier et Grenier ont donc eu raison de décider que l'enfant naturel, déjà réduit à ne prendre part que dans les biens indisponibles, ou dont les père et mère n'ont pas disposé, peut encore être réduit à n'avoir dans ces biens que la moitié des droits déterminés par les art. 757 et 758 du Code civil.

419. — Mais si les père ou mère n'ont point disposé du préciput, la portion de l'enfant naturel doit être prise sur la totalité de leurs biens, et non pas seulement sur la portion indisponible. Ainsi l'a jugé la Cour de Cassation par l'arrêt *Montlaur*, du 28 janvier 1808, en rejetant le pourvoi contre un arrêt rendu par la Cour de *Pau* (2).

Il semblerait pourtant que la Cour suprême n'aurait point prononcé sur cette question avec une conviction bien entière, si l'on en juge par le seul et unique motif qui a déterminé son arrêt.

« Attendu, a-t-elle dit, qu'en ne réduisant pas les droits d'*Elisabeth-Marie-Anne Montlaur*, ou des enfants qui la représentent, à moitié de ce dont son père n'aurait pu la priver, si elle eût été légitime, l'arrêt attaqué n'a pas contrevenu *formellement* aux art. 756 et 757 du Code civil, ces articles ne prescrivent pas *nécessairement* une pareille limitation. »

M. Jourde qui porta la parole lors de cet arrêt,

(2) Sirey, tom. 8, pag. 151.

s'exprima, au contraire, sans la moindre hésitation.
Il dit que la succession du père naturel se composait
de ce dont il n'avait pas disposé, quoiqu'il pùt le
faire, comme de ce dont il lui était interdit de disposer ; qu'ainsi, lorsqu'il décédait *ab intestat*, la portion
héréditaire de l'enfant, s'il eùt été légitime, eùt été
exclusivement aux ascendants, de tous les biens qu'il
aurait laissés ; que son droit de créance, comme naturel, au moyen de ce qu'il n'avait à concourir qu'a-
vec des sœurs, était de moitié de ces biens.

Telle est aussi l'opinion de M. Merlin (1) qui rapporte toute la discussion qui eut lieu lors de cet arrêt.

Vid. aussi un arrêt conforme de la Cour de Montpellier, du **15** thermidor an **11** (2).

420. — Mais comment doit-on entendre l'art. 761,
portant que toute réclamation est interdite à l'enfant
naturel, lorsqu'il a *reçu* du vivant de ses père ou
mère la moitié, etc. ? Faut-il qu'il ait *réellement* et
actuellement reçu la somme ou la portion de biens
déterminée par l'acte de réduction ? ou bien suffit-il
que les père ou mère se soient bornés à déclarer,
dans un acte entre vifs ou testamentaire, qu'ils veulent réduire leur enfant naturel à la moitié de la portion fixée par la loi ?

(1) Répertoire, verbo *Succession*, sect. 2, § 2, art. 1er.
(2) *Journal du Palais*, tom. 6, pag. 471, à la note.

421. — *M. Toullier* (1) dit qu'on est d'accord que la simple déclaration des père ou mère, sans tradition, n'empêcherait pas l'enfant naturel de réclamer la portion entière que lui attribue la loi. Il convient cependant que la donation entre vifs, quoique faite sous réserve d'usufruit, opérerait cette réduction ; qu'il en serait de même si le père avait stipulé un terme de paiement, pourvu que ce terme ne fût pas celui de sa mort, parce que, dans ces deux cas, l'enfant a *reçu* une chose certaine, puisque la propriété de la chose donnée lui a été transférée *dès le moment de la donation*, qu'il a pu en disposer. Mais M. Toullier ne pense pas qu'il en soit ainsi, lorsque l'intention de la réduction n'a été manifestée que dans un testament ; parce qu'alors il est vrai de dire que l'enfant n'a pas REÇU *du vivant de ses père ou mère.*

422. — Cependant, d'après l'aveu de *M. Toullier*, la question ne laisse pas que de présenter des difficultés, si l'enfant naturel refuse de recevoir le don entre vifs contenant la réduction. Elle se complique encore si, à l'époque du don, l'enfant naturel est mineur, et par conséquent incapable de donner une acceptation valable.

Et d'abord on peut répondre que personne ne peut être contraint à recevoir une libéralité malgré

(1) Tom. 4, pag. 266.

soi. Comment ce défaut de consentement pourrait-il être valablement remplacé par l'acceptation judiciaire dont parle *M. Toullier?* La loi qui aurait dû prévoir le refus ou l'incapacité de l'enfant, dit-elle un mot de cette acceptation étrangère?

Comment croire, d'un autre côté, que l'acceptation de l'enfant naturel d'un don qui tend à réduire son droit, soit nécessaire, tandis qu'elle ne l'est pas pour l'enfant légitime qui peut être réduit même par testament?

Est-ce qu'on n'aurait pas pris trop à la lettre la disposition de l'art. 761? Quand la loi dit : Si l'enfant a *reçu* du vivant de ses père ou mère, n'est-ce pas comme si elle avait dit : *Si l'enfant a été apportionné,* ou *si le droit de l'enfant a été réglé de leur vivant?* Et alors, qu'importe que ce réglement soit contenu dans un testament ou dans un acte entre vifs? Quel motif peut-on donner pour autoriser, pour faire même concevoir une différence entre ces deux modes de réduction, et pour ne pas leur accorder le même effet, la même efficacité? Il nous semble qu'il doit suffire que la réduction soit *expressément* ordonnée. C'est la seule condition que nous puissions apercevoir dans l'intention de la loi pour rendre cette réduction obligatoire. Certes, *M. Chabot* n'a pas tenu un langage contraire au nôtre, lorsqu'il a dit que, le 26 germinal an 11, dans son rapport au Tribunat : « Les père et mère des enfants naturels » pourront les *réduire* à la moitié de la portion que

» la loi leur attribue. Il était convenable de laisser
» aux père et mère cette faculté *qui retiendra les*
» *enfants dans le devoir de la piété filiale.* » Cette
faculté, c'est celle de la réduction. Evidemment il
n'y en a point d'autre. C'est là l'unique objet que les
Législateurs ont eu en vue et qu'ils se sont proposés
dans l'art. 761, dont la rédaction aurait pu être
mieux soignée. C'est peut-être le cas d'appliquer à
cet article l'observation que fait *M. Toullier* à la
pag. 262, que : « La nouvelle Législation, introduite
» par le Code à l'égard des enfants naturels, est
» tellement imparfaite, ses dispositions si peu satisfai-
» santes pour en déduire des conséquences certaines,
» qu'il n'est pas étonnant de voir les meilleurs
» esprits divisés sur les questions qu'elles font
» naître. »

Le raisonnement que nous venons de faire pourrait recevoir une nouvelle force, en comparant la
disposition de l'art. 761 avec l'art. 843 relatif au
rapport dont sont tenus les héritiers légitimes. Cet
article dit aussi que tout héritier, même bénéficiaire,
venant à une succession, doit rapporter à ses cohéritiers tout ce qu'il a reçu du défunt, par donation
entre vifs, directement ou indirectement ; qu'il ne
peut *retenir* les dons ni réclamer *les legs* à lui faits
par le défunt, à moins, etc., etc.

Cette question a été au surplus résolue dans notre
sens par un arrêt rendu par la cour de Pau, le
24 mai 1806 ; mais il faut dire aussi que cet arrêt a
été cassé par la Cour suprême, le 28 juin 1809.

Nous ne nous dissimulons pas toutefois la difficulté de la question soulevée. Mais nous observerons que, dans le doute, cette question nous paraîtrait devoir être décidée contre l'enfant naturel dont la condition a été peut-être trop favorisée par notre nouvelle Législation, au sentiment de tous les Jurisconsultes.

423. — Cette question, en supposant qu'on doive la résoudre contre nous, en soulève une autre avec laquelle elle se lie d'une manière intime.

Dans le cas de l'art. 761, est-il nécessaire, pour la validité de la donation et de la réduction qu'elle contient, qu'elle soit acceptée par l'enfant?

M. Grenier, Traité des Donations (1), se prononce pour l'affirmative. Il en est de même de MM. Favard-de-Langlade (2), Delvincourt (3), Malleville (4), Chabot (5), Malpel (6) et Vazeille (7).

D'autres auteurs non moins recommandables adoptent la négative. Tels sont MM. Toullier (8), Duranton (9), et les auteurs du Journal des Notaires et des

---

(1) Tom 2, no 674.
(2) Répert. verbo Succession, sect. 4, § 1er, no 16.
(3) Cours de Code civil, tom. 2, not. 8 sur la pag. 22.
(4) Sur l'art. 761.
(5) Ibid.
(6) Des Successions, no 163.
(7) Ibid., pag. 96.
(8) Tom. 4, n° 262.
(9) Tom. 6, n° 304.

Avocats (1). Un arrêt de la Cour de Douai, du 27 février 1834, rapporté dans ce dernier Recueil, a même été rendu dans ce dernier sens (2).

Les auteurs de la première opinion la fondent sur ce que le mot *reçu*, dont se sert la loi, suppose nécessairement ou une transmission actuelle et réelle, ou une convention passée entre le donateur et le donataire, et par conséquent acceptée par ce dernier. Mais qui ne voit qu'une convention de cette nature, qui tend à diminuer de moitié les droits de l'enfant naturel, n'aura jamais lieu, malgré la perspective d'une jouissance anticipée qui ne pourra, certes, que très rarement, opérer pour lui une suffisante compensation?

Les auteurs de la seconde opinion l'appuient sur ce que, d'après le Tribun Siméon, à la séance du Corps législatif, du 29 germinal an 11, le droit de réduction attribué aux père et mère, ne leur est dévolu que pour la tranquillité et le repos de leur famille; qu'une pareille donation est utile, et pour l'enfant naturel qu'elle fait jouir plus tôt, et pour la famille qu'elle débarrasse d'un créancier odieux (3); d'un autre côté, et suivant la Cour de Douai, l'argument tiré du mot *reçu*, dont se sert l'art. 761, est sans

(1) Tom. 47, n° 8647.
(2) Slrey, tom. 34, 2, 393.
(3) Voyez pourtant l'opinion contraire du même M. Siméon, dans son Commentaire snr les Successions, 5e édition, sur l'art. 761, n° 5, tom. 2, pag. 265.

effet utile au cas particulier, puisque ce mot s'applique tout aussi bien à la donation qu'au paiement.

Mais un autre argument plus sérieux se présente contre cette seconde opinion. Puisqu'on veut que la réduction puisse avoir lieu sans l'acceptation ou le consentement de l'enfant naturel, dans quel acte pourra-t-elle être valablement consignée? Sera-ce dans une donation entre vifs? Mais si le donataire ne veut pas l'accepter, quelle sera sa valeur à côté de l'art. 932 du Code civil? Et si le donataire est mineur, quel sera le tuteur *ad hoc* judiciairement nommé, qui voudra assumer sur sa conscience l'acceptation d'un pareil acte de spoliation? Quel sera le Conseil de famille, quel sera le Tribunal qui aura le courage de l'autoriser?

Mais, dit-on, il suffira, sans emprunter la couleur de la donation, que les père et mère consignent dans un acte public leur déclaration expresse de réduire leur enfant naturel et de lui notifier cet acte.

Mais un acte semblable, purement unilatéral, ne peut avoir pour lui ni plus ni moins de force qu'un testament, et n'établit de sa part aucune réception actuelle et réelle. On est donc obligé, par la force des choses, d'en venir à ce que nous avons déjà dit à cet égard sur la première question.

Il est vrai que la Cour de Douai, sentant tout l'embarras de la question, a cherché à s'en tirer, en disant que l'art. 761 a pour objet, non un acte de *libéralité*, ou plutôt une transaction sur une succession

future, mais bien une *faculté* accordée aux père et
mère de l'enfant naturel de l'écarter de leur succession, en lui assignant, et payant par anticipation, une
part déterminée de ce qui peut lui revenir.

Qu'un pareil acte ne soit pas une *libéralité*, cela
est de toute évidence ; car une libéralité aurait pour
objet d'augmenter la portion successive d'un enfant ;
tandis qu'au contraire l'acte dont il s'agit doit avoir
pour résultat de la réduire de moitié. Mais la question n'est pas là. Elle consiste à savoir dans quel
acte les père et mère pourront déposer la manifesta-
tion de leur volonté. La Cour de Douai dit que cet
acte n'a pas besoin, pour opérer la réduction, du consentement ni de l'acceptation de l'enfant naturel ;
qu'il résulterait du système contraire, qu'il dépen-
drait chaque fois de cet enfant de rendre illusoire le
droit établi par l'art. 761. Mais alors si cet acte
n'est, ni dans la forme de la donation, ni dans celle
du testament, quelle sera donc sa nature ? Ce sera
une espèce de contrat *innommé* connu seulement des
Romains, mais inconnu dans nos usages. Mais alors
encore, si cet acte n'est point accepté par l'enfant,
comment, encore une fois, pourrez-vous dire qu'il a
reçu du vivant de ses père et mère ? Et puis, comme
nous l'avons dit, cet acte *non accepté*, cet acte unilatéral qui, en principe, ne peut jamais lier celui qui
n'y a pas été partie, ce sera pour la première fois
que vous lui aurez donné toute la force, toute la
vertu d'un contrat synalagmatique, alors précisément

qu'il doit enlever à l'enfant naturel la moitié de la portion que la loi lui attribue! Y a-t-on bien réfléchi?

Pour sortir de ce cercle vicieux dans lequel fait rouler la construction grammaticale de l'art. 761, il n'y a donc d'autre moyen que de permettre la réduction par testament. Il est vrai qu'on ne pourra pas dire alors que l'enfant a *reçu* du vivant de ses père et mère ; mais il sera vrai de dire qu'avant leur mort ceux-ci ont usé de la *faculté* de le réduire, *pour débarrasser leur famille légitime d'un créancier qui devait lui être désagréable*, selon l'expression de l'orateur du Gouvernement ; et dès lors qu'importe le moyen qu'ils auront choisi pour faire connaître leur volonté?

Cependant le pourvoi en Cassation, formé contre l'arrêt de la Cour royale de Douai, a été rejeté par la Chambre des requêtes, le 21 avril 1835 (1). Pour pouvoir apprécier les motifs de ce rejet, il faut connaître les faits.

Par acte notarié du 30 mars 1832, le *sieur Enlart-de-Granval*, voulant user de la faculté que lui accordait l'art. 761 du Code civil, de réduire son fils naturel à la moitié des droits qui lui étaient attribués par la loi dans sa succession, déclara lui donner et abandonner en toute propriété, pour en jouir à partir de ce jour, divers immeubles désignés dans l'acte ;

_____

(1) Sirey, t. 35, 1, 243.

puis, et par exploit du 5 mai suivant, il lui fit sommation de comparaître devant le Notaire, rédacteur de l'acte, pour accepter *la donation* qui y était contenue.

Le sieur *Enlart*, fils, ne comparut pas. Procès-verbal de son absence fut dressé, et après une tentative inutile de conciliation, il fut assigné devant le Tribunal d'Arras, pour se voir condamner à passer acte authentique *d'acceptation* pure et simple de *la donation entre vifs.*

Le sieur *Enlart*, fils, déclara ne pas vouloir accepter la donation ; il soutint que l'art. 761 n'était applicable qu'autant qu'il y avait mutuel consentement ; que toujours l'acceptation de l'enfant naturel devait être volontaire.

1er septembre 1832, jugement qui accueille ce système, et qui déclare le sieur *Enlart*, père, mal fondé dans sa demande.

Sur l'appel, arrêt de la Cour royale de Douai, qui infirme ; nous l'avons déjà fait connaître.

Pourvoi en Cassation, arrêt qui rejette par les motifs suivants :

« Attendu que le père fait un acte d'autorité paternelle, lorsque, usant de la faculté qui lui est accordée par l'art. 761 du Code civil, il donne à son fils naturel, de son vivant, la moitié de ce qui lui reviendrait dans sa succession, avec déclaration expresse que son intention est de le réduire à cette moitié ; que cette disposition, placée au chap. 4, liv. 3, tit. 1er, des Successions irrégulières, est une disposition spéciale, à laquelle ne se réfèrent plus les principes généraux *sur les conventions* qui ne se forment que par le concours de deux volontés ; que le droit du père serait illusoire s'il dépendait de la volonté de l'enfant d'en empêcher l'accomplissement par son refus ; que le seul droit de l'enfant est, aux termes de cet article, de pouvoir réclamer le supplément nécessaire pour parfaire cette moitié, dans le cas où elle ne lui aurait pas été délivrée ; que, en le jugeant ainsi, la Cour royale de Douai a fait une juste application des *termes* et une saine appréciation de la loi. »

Malgré tout le respect que l'on doit, et que nous professons nous-même au plus haut degré, pour la Cour de Cassation, pour cette Cour suprême qui a rendu et qui rend journellement de si grands services à la science du Droit, il faut avoir le courage d'élever la voix contre les erreurs qui peuvent lui échapper ; car ce sont des hommes qui la composent. Eh bien ! nous l'avons déjà eu, ce courage, nous l'aurons encore ; nous l'aurons toujours lorsque nous serons profondément convaincu qu'elle s'est trompée.

L'arrêt du 21 avril 1835 nous paraît contenir deux vices capitaux : vice de langage ; vice, beaucoup plus grave, d'illégalité. Peu de mots suffiront pour le démontrer :

1° La Cour de Cassation a dit que la Cour de Douai avait fait une juste application des *termes* de la loi. Cela n'est pas exact. L'art. 761 interdit toute réclamation à l'enfant lorsqu'il a *reçu*, du vivant de ses père ou mère, la moitié de ce qui lui est attribué par l'art. 757. Or, a-t-il *reçu*, lorsqu'il a refusé au contraire de *recevoir*, en ne voulant pas accepter l'espèce de donation qu'on veut autoriser contre lui? Recevoir, dit le Dictionnaire de l'Académie, signifie ACCEPTER, PRENDRE ce qui est donné, ce qui est présenté, ce qui est offert sans qu'il soit dû. Il signifie encore, TOUCHER ce qui est dû, en être payé ;

2° On veut que la seule volonté du donateur lie le donataire pour le cas unique, exceptionnel, qui nous occupe. On articule néanmoins et l'on maintient que l'acte contenant réduction, est une véritable donation entre vifs. Or, l'art. 932, postérieur à l'art. 761, dit que la donation entre vifs n'engagera le donataire, et *ne produira aucun effet* que du jour qu'elle aura été acceptée *en termes exprès*. Voilà la règle générale. Est-il convenable, est-il permis de supposer que, *avant* l'établissement de cette règle, le Législateur ait voulu poser *une exception* dans l'art. 761 ? Certes, la saine logique se refuse à une pareille supposition. Mais ensuite toute acceptation de donation doit être volontaire ; car personne n'est obligé de recevoir une libéralité malgré soi. Or, quelle est l'autre disposition de loi qui permet de remplacer l'acceptation *volontaire* par l'acceptation *forcée*, par l'acceptation judiciaire ? Mais, dit l'arrêt, la disposition de l'art. 761 est une disposition spéciale à laquelle ne se réfèrent plus les principes généraux *sur les conventions* qui ne se forment que par le concours de deux volontés. Nous répondons que ce ne sont point les principes généraux *sur les conventions* qu'il faut appliquer, mais les principes généraux *sur les donations*. Et puis vous dites que, en usant de la faculté qui lui est accordée par l'art. 761, *le père fait un acte d'autorité paternelle*. Eh! bien, donnez donc à cette autorité toute son étendue, toute sa puissance. Au lieu de la renfermer dans les bornes trop étroites pour le père, trop gênantes pour l'enfant, d'un acte entre vifs qui, quoi qu'on en dise, ne peut *légalement* exister que par le concours de deux volontés, reconnaissez à cette autorité paternelle le droit de se manifester par la voie du testament, et ne prenez pas à la lettre l'art. 761; car, en disant que toute réclamation est interdite aux enfants naturels lorsqu'ils ont *reçu* du vivant de leur père ou mère, la moitié, etc., l'article ne signifie pas qu'il faut que ces enfants aient réellement possédé et joui, mais bien que leur portion ait été fixée et réduite, que l'intention de la réduction ait été expressément déclarée.

Que si, esclave servile, on veut absolument se laisser gouverner par *la lettre* de la loi, il faut dire que la réduction portée par un acte entre vifs qui ne peut être qu'une donation, n'aura son effet qu'autant que l'enfant naturel aura consenti à recevoir l'objet de cette donation; que s'il refuse, le père, *usant de son autorité,* pourra opérer la réduction, par un acte de dernière volonté, et alors il sera également vrai de dire que, *du vivant* de ce dernier, c'est-à-dire avant sa dernière heure, l'enfant aura reçu, ou ce qui est la même chose à notre sens, aura été apportionné dans la mesure permise. Ainsi l'autorise la loi envers les enfants légitimes dont le droit peut être réduit à une simple réserve par un préciput testamentaire, et l'on ne pourrait pas en agir de même envers des enfants naturels? La Cour de Cassation n'a certainement pas fait attention à ce qu'il y a d'immoral dans un pareil système.

Nous finirons cette discussion en faisant remarquer que M. Chabot, celui de tous les auteurs, qui a le plus fortement soutenu le système de la réception *actuelle* et *réelle,* est encore celui qui a le plus énergiquement fait sentir la nécessité du concours et de l'acceptation de l'enfant pour opérer contre lui une réduction valable.

Ainsi, voici comment il s'exprime, tom. 2, pag. 257 (1) :

« Il faut donc conclure, des termes de cet art. (761), que la réduction ne peut avoir lieu que par une donation de biens entre vifs, *qui est acceptée par l'enfant naturel,* c'est-à-dire, en vertu d'une convention

(1) Commentaire sur les Successions.

librement faite entre l'enfant naturel et son père ou sa mère. »

A la pag. 265 :

« De toutes ces explications, il résulte que la donation entre vifs des biens présents ne peut opérer la réduction contre un enfant naturel, *s'il ne l'a pas valablement acceptée.* »

Et à la même page, M. Chabot décide que la réduction ne peut avoir lieu contre l'enfant naturel qui est mineur ou interdit, puisqu'il n'a pas la capacité nécessaire pour y *consentir.* Cependant il pense que son tuteur pourra l'accepter pour lui avec l'autorisation du Conseil de famille, homologuée toutefois par le Tribunal de première instance.

Enfin M. Chabot enseigne, Loc. cit., que l'enfant naturel pourra faire annuler la donation et la réduction, suivant l'art. 1109, si son consentement n'a été donné que par erreur, ou a été extorqué par *violence* ou surprise, par dol.

Certes, M. Chabot serait bien étonné, s'il vivait, de voir un arrêt décider que la réduction peut pourtant s'opérer valablement contre l'enfant naturel par une donation forcément acceptée par lui ou judiciairement acceptée pour lui.

424. — Le grand, le seul motif sur lequel s'appuie le système qui veut que la réduction de la portion de l'enfant n'ait pas besoin de son acceptation, est puisé, comme on l'a vu, dans la jouissance antici-

pée dont il profite, et qui le dédommage de la perte qu'il éprouve par la réduction de moitié.

Mais cette jouissance anticipée, ce dédommagement, sont quelque chose de bien chanceux, de bien incertain. Le père de famille qui fait à son enfant naturel l'abandon anticipé de la moitié de ses droits, peut vivre longtemps, sans doute, mais il peut aussi mourir bientôt ; un an, six mois, huit jours après son acte d'abandon ; et pourtant la réduction tiendra ; et alors quel sera pour l'enfant le dédommagement par compensation dont on l'aura flatté ? Ce motif, auquel le Législateur a dû penser, n'est donc pas le motif véritable qui a donné lieu à l'art. 761, mais bien celui que nous avons indiqué nous-même, c'est-à-dire, *la faculté de la réduction,* dont le père de famille peut user jusqu'à son décès. Nous nous étonnons qu'aucun auteur n'ait été frappé de cette grave considération.

CHAPITRE VIII.

—

Suite du précédent.

—

Retrait successoral. — Réserve d'Ascendants.

—

SOMMAIRE.

elle peut donner lieu à beaucoup d'autres questions.

431. — *L'enfant naturel retrayant est-il obligé de communiquer aux cohéritiers le bénéfice du retrait? — Opinion de M. Merlin pour l'affirmative. — Opinion de M. Toullier pour la négative. — Préférence à accorder à cette dernière opinion professée d'ailleurs par MM. Chabot et Duranton, et consacrée par la Jurisprudence.*

432. — *Le retrait est-il admissible lorsque les droits successifs ont été transmis non à prix d'argent, mais par donation? — Opinion de MM. Toullier et Vazeille pour la négative. — Deux arrêts conformes de Cours royales. — Observation.*

433. — *Mais, si le donataire vendait son droit, le retrait pourrait-il être exercé contre l'acquéreur? — Mêmes autorités pour l'affirmative.*

434. — *Si le cessionnaire est devenu successible avant le partage, le retrait ne peut être exercé contre lui.*

435. — *Il ne peut non plus être exercé en cas de rétrocession survenue avant l'action en subrogation. — Arrêt de la Cour royale d'Orléans. — Opinion conforme de M. Merlin.*

436. — *Le retrait n'a lieu que contre la vente ou cession de l'universalité des droits successifs, et non contre celle d'objets déterminés. — Arrêts*

de la Cour de Cassation et de la Cour royale
de Toulouse.

437. — Quid *contre la cession faite par voie*
d'échange? — Arrêt de la Cour de Cassation
pour l'admissibilité du retrait.

438. — *Les père ou mère de l'enfant naturel*
reconnu ont-ils une réserve légale sur les biens
de sa succession? — Opinion de MM. Grenier,
Loiseau, Vazeille et Merlin, pour l'affirmative.
— Opinion contraire de M. Chabot. — Arrêt
contraire de la Cour royale de Bordeaux. —
Arrêt opposé de la Cour royale de Douai. —
Examen critique de l'opinion de M. Merlin.

425. — Une question qui nous paraît au moins
très douteuse, et qui pourtant a été décidée sans hésitation par nos grands maîtres (1), est de savoir si
les enfants naturels reconnus ont le droit d'exercer
le retrait successoral reproduit par l'art. 841 du
Code civil?

Tous les auteurs qui ont eu à examiner cet article,
l'ont trouvé trop laconique, et ils l'ont prouvé par
une infinité d'exemples. Mais ce reproche est surtout
fondé pour la question que nous soulevons; et de là
dérive le doute sur cette question importante.

(1) *M. Toullier*, tom. 4, pag. 440; — *M. Chabot*, tom. 3, pag. 182;
— *M. Malpel*, pag. 506.

L'art. 841 porte que toute personne, même pa-
rente du défunt, qui n'est pas son successible, et à
laquelle un cohéritier aurait cédé son droit à la succession, peut être écartée du *partage*, soit par tous les
cohéritiers, soit par un *seul*, en lui remboursant le
prix de la cession.

Pour exercer le retrait successoral, il faut donc
être *cohéritier*.

Pour exercer le retrait successoral, il faut donc
aussi avoir le droit de concourir au *partage* de la *succession*.

Or, les enfants naturels ne sont point *héritiers ;*
ainsi le déclare formellement l'art. 756.

Et d'après ce que nous avons prouvé plus haut,
les enfants naturels n'ont pas le droit de demander
le partage de la succession ; mais bien seulement la
délivrance de la quote de *biens* que la loi leur attribue, et qui n'est autre chose que l'ancienne légitime
purgée des dettes héréditaires.

Comment donc les enfants naturels pourraient-ils
écarter un cessionnaire étranger du partage d'une
succession pour figurer à leur place dans un partage
duquel ils sont personnellement exclus? Ne serait-ce
point exclure un étranger à la *succession*, pour en
admettre un autre?

Dira-t-on, comme *M. Chabot*, que les enfants naturels sont *successeurs?* ou, comme *M. Toullier*,
qu'ils sont *loco hæredis?* ou, comme M. Malpel,
qu'ils sont *successibles et qu'ils* peuvent réclamer une

portion de *l'hérédité?* Ajoutera-t-on qu'ils sont *héri-tiers irréguliers*, ainsi que les mêmes auteurs se plai-sent à les dénommer?

Il nous semble que nous avons clairement détruit toutes ces théories, quand nous avons examiné la vé-ritable qualité des enfants naturels. La loi d'ailleurs est là (art. 756) qui les proscrit sans réplique.

Mais c'est, selon nous, faire une confusion de mots et en déduire une bien fausse conséquence, que de qualifier les enfants naturels *d'héritiers irréguliers*. Le chap. 4, tit. 1er, liv. 3, du Code civil, est bien inti-tulé : *des Successions irrégulières*. Mais aucun des arti-cles qui se trouvent dans cette rubrique n'appelle les enfants naturels *successeurs*, ou *héritiers irréguliers*. Loin de là, l'art. 756 dit en toutes lettres : Que les enfants naturels ne sont point *héritiers;* que la loi ne leur accorde de droit, lorsqu'ils ont été légalement reconnus, que sur *les biens* de leurs père et mère dé-cédés. Cependant il faut, encore une fois, être *héri-tiers* pour exercer le retrait successoral. Comment donc ceux qui ne le sont pas, pourraient-ils être admis à exercer ce droit? Remarquons de plus que l'art. 841 est compris dans le titre des successions légitimes ou régulières.

On conçoit que nous ne pouvons pas émettre une opinion formellement contraire à celle de nos grands maîtres. Nous devons nous borner à exposer nos raisons de douter ; elles subsistent dans toute leur force, malgré un arrêt de rejet rendu par la section des requêtes de la Cour de Cassation, du 8 juin 1826, rapporté dans le Recueil de *Sirey*, tom. 26, 1re part. pag. 399. Cet arrêt est motivé sur ce que l'art. 757 fixe le droit de l'enfant naturel à une fraction de la portion héréditaire qu'il aurait eue, s'il eût été légitime, d'où la conséquence que cet article lui attribue une participation à tous les biens qui composent l'hérédité, et par suite l'action nécessaire pour en faire fixer la quotité, et en opérer la division.

En admettant la première conséquence qui est juste, et même la seconde, quoique controversée, ne nous paraît pas que l'on puisse conclure directement pour l'action en retrait, en faveur de l'enfant naturel. On ne pourra jamais, en effet, induire de ce double droit que l'enfant naturel soit héritier ; et puis, on déplace évidemment sa position réglée entièrement, exclusivement réglée, par le chap. 4, en le faisant participer à un bénéfice créé seulement pour les héritiers légitimes dans le chap. 6. Si les Législateurs avaient voulu le lui accorder, n'auraient-ils pas inséré, dans le chap. 4, une disposition semblable à l'art. 841 ? C'est ainsi qu'ils l'ont fait pour le retour légal par l'art. 766.

Cependant, dit-on, la Cour suprême a confirmé sa Jurisprudence par un nouvel arrêt du 15 mars 1831 (1). Si cela était, notre opinion devrait s'arrê-

(1) Sirey, tom. 31, 1re part. pag. 183.

ter devant une autorité aussi imposante ; mais nos raisons resteraient. Nous examinerons bientôt ce second arrêt.

M. Loiseau (1) pense, comme nous, que la faveur du retrait successoral n'appartient qu'aux héritiers, et qu'elle ne doit point être accordée à l'enfant naturel. Il fonde son opinion sur les motifs d'intérêt public qui ont donné lieu à ce retrait, motifs développés par les lois romaines : *per diversas et ab anastasio*; sur ce que l'enfant naturel lui-même étant *étranger* à la famille, il ne lui convient point de vouloir écarter les autres étrangers qui représentent un héritier.

Une autre raison qui nous ferait persister dans notre opinion, est celle-ci : Si vous admettez l'enfant naturel à l'exercice du retrait successoral, sa subrogation à l'étranger cessionnaire le mettra à la place du cohéritier cédant. Le voilà donc lui-même devenu *héritier* contre l'esprit, contre la disposition littérale de la loi. On aura beau dire qu'il ne devient tel qu'en qualité de subrogé. Toujours est-il que, par ce moyen *indirect*, il parvient à acquérir une position et des droits que la loi lui refuse *directement*. Il en sera de même s'il acquiert sans intermédiaire les droits successifs d'un cohéritier légitime avec lequel il aura concerté cette fraude, pour figurer avec les autres cohéritiers, dans le partage de la succession,

(1) Pag. 713.

comme s'il était légitime lui-même. Nous ne pouvons nous déterminer à penser que telle ait été l'intention des Législateurs qui on déclaré, au contraire, en termes ineffacables, nous le répétons jusqu'à satiété, que *les enfants naturels ne sont point héritiers.*

426. — Allons plus loin. L'art. 724 du Code civil porte que les héritiers légitimes sont saisis de plein droit des biens, droits et actions du défunt, sous l'obligation d'acquitter toutes les charges de la succession ; que *les enfants naturels,* l'époux survivant et l'Etat doivent se faire envoyer en possession par Justice, dans les formes déterminées par les art. 723, 769 et 773.

Eh bien ! c'est sur le fondement de ces articles, combinés avec les art. 1005 et 1014, que la Cour de Cassation a jugé, le 22 mars 1841 (1), dans la cause de *Delille* et des héritiers *De Grasse,* que l'enfant naturel n'a pas droit aux prérogatives attachées à la qualité d'héritiers ; que, dès lors la règle *fructus augent hœreditatem* ne lui est pas applicable, et qu'il n'a droit aux fruits pour la part qui lui revient sur les biens héréditaires *qu'à compter du jour de sa demande en délivrance.*

La Cour a considéré que, aux termes de l'art. 756 du Code civil, les enfants naturels ne sont point

_____

(1) *Journal du Palais,* tom. 1er. de 1841, pag. **606** et **610**, et Sirey, tom. **41, 1, 453.**

héritiers ; qu'ils ne sont pas saisis des biens de leurs
père ou mère décédés, dont ils sont obligés de demander l'envoi en possession aux héritiers légitimes,
art. 724.

Elle a considéré : « Que, à la vérité, les art. 724
et 756 n'excluent pas les enfants naturels de la participation aux jouissances perçues depuis l'ouverture
de la succession jusqu'à la demande en délivrance,
et n'attribuent pas exclusivement ces jouissances aux
héritiers légitimes ; mais que, dans le doute légal de
demander l'envoi en possession, et jusqu'à ce que
cette volonté soit manifestée par une action, les héritiers légitimes jouissent de la succession dont ils
sont saisis de plein droit, avec une bonne foi qui ne
serait même pas altérée par la connaissance personnelle de droits non exercés, et qui peuvent ne pas
l'être.»

Elle a considéré : «Que le meilleur commentaire
des art. 724 et 756 se trouve dans l'art. 1005, où
l'on voit que, pour accorder au légataire universel
la jouissance avant la demande en délivrance, le Législateur a pris soin de l'exprimer, et y a même mis
pour condition que cette demande serait formée dans
l'année du décès, n'accordant autrement la jouissance
que du jour de la demande ; et dans l'art. 1014 qui,
obligeant aussi le légataire particulier à une demande
en délivrance, ne lui accorde les fruits ou intérêts
que du jour de l'action.»

Elle a considéré, enfin : « Qu'une portion héréditaire n'est accordée à l'enfant naturel que *comme un droit sur les biens*. »

Sans pouvoir nous rendre bien compte du second motif, ni de la contradiction apparente qui en obscurcit le sens, mais nous emparant du dernier, nous disons :

Vous reconnaissez, avec le langage bien énergique de la loi, que l'enfant naturel n'est pas *héritier ;* loin de là, vous l'assimilez à un simple *légataire ;* et cependant vous voulez que ce *non-héritier*, ce *légataire*, en un mot, *cet étranger à la succession*, puisse exercer le retrait successoral, alors que l'art. 841 n'accorde ce droit qu'aux seuls, aux véritables héritiers ? Non, une pareille idée choque trop les notions que nous nous étions formées sur la matière ; non, nous ne pourrons jamais l'adopter.

427. — M. Toullier fonde son opinion en faveur de l'enfant naturel sur ce que cet enfant, sans être héritier, tient pourtant lieu d'héritier, comme les légataires universels ou à titre universel, les donataires universels ou à titre universel, auxquels il accorde également l'exercice du retrait successoral. Il se détermine par un arrêt du 1er décembre 1806, rendu par la Cour de Cassation, et ne résiste pas au sentiment qu'exprima M. Merlin lors de cet arrêt.

Cependant M. Toullier s'est senti singulièrement gêné dans cette solution. Aussi, dans la note qu'il a placée au bas de la page 441, Loc. cit., il est obligé d'avouer qu'en y réfléchissant, il ne peut s'empêcher de douter qu'il soit dans l'esprit de l'art. 841 d'appliquer la maxime *hæredis loco habentur* au retrait successoral, ou droit de subrogation, droit exorbitant du Droit commun. Malheureusement, dit-il, la rédaction de l'article est si laconique, qu'elle a donné, et donnera lieu à beaucoup de contestations, sans remplir entièrement le but du Législateur.

Mais, comment M. Toullier pourrait-il accorder ce droit exorbitant à l'enfant naturel, lui qui, dans le tom. 4 de son Ouvrage, n° 232, lui refuse l'action en partage proprement dite, lui qui veut le forcer à recevoir ses loties des mains de l'héritier légitime, telles que celui-ci les désigne, et sans qu'elles doivent être tirées au sort, lui qui, par conséquent, assimile en tout, comme nous l'avons fait nous-même, la portion de l'enfant naturel à l'ancienne légitime délivrable par attribution *deducto ære alieno*, ainsi que le veut d'ailleurs l'art. 724 du Code civil?

Nous remarquons d'abord que, dans l'espèce de l'arrêt du 1er décembre 1806, il ne s'agissait point du retrait exercé par un enfant naturel contre un étranger cessionnaire d'un cohéritier.

Nous remarquons ensuite que ce n'était même pas un donataire universel ou à titre universel qui exerçait le retrait, mais que c'était contre lui ou son cessionnaire que la subrogation était demandée par les véritables héritiers. Cette différence nous paraît mettre la question hors des termes où nous l'avons posée.

Quant à l'arrêt du 8 juin 1826, nous croyons qu'il a été motivé sur une fausse appréciation de la nature des droits des enfants naturels.

En effet, la Cour de Cassation a considéré en Droit que, s'il est vrai que les enfants naturels ne sont pas héritiers (art. 756 Cod. civ.), il est vrai aussi que la loi a accordé à ceux qui sont légalement reconnus un droit sur les biens de leurs père et mère décédés ; que ce droit est fixé à une fraction *de la portion hÉréditaire que l'enfant naturel aurait eue s'il eût été légitime* (art. 757).

Non, dit M. Chabot (de l'Allier) (1), les droits de l'enfant naturel ne sont pas des droits *héréditaires* ; car l'art. 756 dit d'une manière générale, et pour tous les cas, que les enfants naturels ne sont point héritiers. Et vainement on voudrait opposer que, suivant l'art. 757, le droit de l'enfant naturel est fixé à une quotité de portion héréditaire. De ce qu'il est dit, dans cet article, que le droit de l'enfant naturel est du tiers de la portion héréditaire *qu'il aurait eue* s'il avait été légitime, il ne résulte certainement pas que l'enfant naturel ait, en cette qualité, une portion héréditaire. De ce qu'il aurait eu, s'il avait été légitime, une portion héréditaire, et qu'une quotité de cette portion qu'il aurait eue en qualité d'héritier,

---

(1) Sur l'art. 756, n° 10.

lui est accordée en sa qualité d'enfant naturel, il ne s'ensuit pas qu'il ait cette quotité comme *héréditaire*, à titre *héréditaire*. Comment, d'ailleurs, pourrait-il l'avoir à ce titre, puisque la loi déclare formellement qu'il n'est pas héritier, et qu'il serait évidemment contradictoire que celui qui n'est pas et ne peut être héritier, eût cependant une portion héréditaire ?

C'est donc une erreur de dire, ajoute M. Chabot, que le droit de l'enfant naturel est *proportionnellement le même* que celui de l'enfant légitime. Les droits de l'un et de l'autre diffèrent essentiellement, non pas seulement quant à la quotité, mais quant à *l'essence* et à *la nature*, puisque le droit de l'enfant légitime est celui d'un héritier, et que ce n'est pas comme héritier que l'enfant naturel a son droit, le titre et la qualité d'héritier lui étant expressément refusés par la loi. Dès lors il est évident que, si la loi a fixé la portion de l'enfant naturel à une quotité de la portion héréditaire qu'il aurait eue, s'il avait été légitime, ce n'a été, ni pour assimiler ces deux portions, ni pour leur donner la même nature, mais uniquement pour déterminer, *par un point de comparaison*, la quotité de biens, qui devrait être délivrée par les héritiers légitimes à l'enfant naturel.

Il est impossible de réfuter plus victorieusement le premier motif employé par l'arrêt de 1826.

Le second motif nous paraît encore moins solide. Il est pris de ce que l'action nécessaire pour faire fixer la quotité due à l'enfant naturel et opérer pour

cela la division des biens héréditaires, est réglée par
le chap. 6, tit. 1er, liv. 3 du Code civil, lequel comprend au nombre de ses dispositions le droit d'écarter
du partage tout cessionnaire qui ne serait pas successible (art. 841); d'où la Cour de Cassation conclut
que ce droit fait partie de ceux auxquels participent
les enfants naturels. Cette conséquence, qu'on nous
permette de le dire, ne nous semble pas extrêmement
logique. En effet, le chap. 6, tit. 1er, liv. 3, comprend aussi beaucoup d'autres droits qui n'appartiennent qu'aux héritiers et auxquels ne participent
point les enfants naturels, tel que le droit de retenir
les dons ou legs jusqu'à concurrence de la quotité
disponible, art. 843, 844 et 845. En un mot, le
chap. 6 n'est relatif qu'au partage et aux rapports
entre *héritiers*, tandis que la *nature* et *l'étendue* des
droits des enfants naturels sont *entièrement* réglés
dans le chap. 4 où ne se trouve point l'art. 841
relatif au retrait successoral. Leur accorder le droit
exorbitant créé par cet article qui leur est étranger,
ce serait évidemment ajouter aux droits restreints
qui leur sont fixés par le chap. 4 qui leur est spécial,
puisqu'il n'a été fait que pour eux.

Le second arrêt de la Cour de Cassation du
15 mars 1830-1831, n'est pas à beaucoup près aussi
formel sur la question que celui du 8 juin 1826. Il
est facile de s'en convaincre.

4 Décembre 1802, acte public passé à Paris, par
lequel le sieur *Leblond*, propriétaire d'une maison et

d'une plantation sises à la Guyane, se reconnaît père
de deux enfants de couleur, *Jean-Baptiste*, présent
à Paris, et *Flavin*, présent à Cayenne. Il déclare
que la mère de ces deux enfants est la négresse
Adélaïde; voulant que ces deux enfants naturels
viennent à sa succession en la meilleure forme que
de droit.

15 août 1825, décès du sieur Leblond, laissant
pour successibles une sœur et divers neveux et nièces.

Flavin, qui était à la Guyane, s'est mis en possession des immeubles provenant de son père naturel.

Les successibles de France ont cédé leurs droits
à un sieur *Verneau*. En conséquence, Verneau est
allé à Cayenne, et a intenté action contre Flavin ou
ses ayant-droit.

Flavin veut l'écarter du partage en le remboursant, aux termes de l'art. 841 du Code civil. Verneau résiste, prétendant qu'il n'est pas cohéritier, *en
ce que, étant homme de couleur*, il a été incapable de
reconnaissance, suivant les lois et réglements de la
colonie.

Toute la difficulté a roulé sur cette question de
savoir si Flavin, comme homme de couleur, a pu
valablement être reconnu. La question du retrait
n'a été nullement discutée ni par le cessionnaire des
héritiers du sang, ni par M. le Procureur-Général
Dupin, qui a porté la parole dans cette cause.

La Cour suprème, nantie du pourvoi formé contre l'arrêt de la Cour royale de Cayenne, qui avait donné gain de cause à l'enfant naturel, ne s'est occupée elle-même que de cette première question de validité de la reconnaissance. Elle l'a résolue en faveur de l'enfant, parce que la reconnaissance avait eu lieu à Paris et sous l'empire du Code civil. Puis l'arrêt se termine ainsi :

« Et qu'en jugeant qu'il (l'enfant reconnu) était apte, en cette qualité, à se prévaloir des dispositions de l'art. 841 du Code civil relatif au retrait successoral, l'arrêt attaqué n'a fait qu'une juste application de cet article, sans violer, d'ailleurs, le statut colonial, devenu inapplicable à une reconnaissance qui avait eu lieu en France. »

On le voit donc, ce n'a été que d'une manière tout-à-fait accessoire, et comme chose non contestée par les intéressés, que cet arrêt a admis l'enfant naturel reconnu au bénéfice du retrait successoral. Il ne peut donc pas être cité sur la question. Au surplus, il faut avoir soin de remarquer que, tant cet arrêt que celui de 1826, ne sont que des arrêts de *rejet*.

428. — Nous ne nous dissimulons point toute la gravité du motif pris de ce que le principal objet de l'art. 841, ainsi que des lois *per diversas ab Anastasio*, a été, comme l'a dit M. Chabot dans son exposé au Tribunat (1), qu'il est de l'intérêt des fa-

(1) Séance du 26 germinal an 2.

milles qu'on n'admette à pénétrer dans leurs secrets,
et qu'on n'associe point à leurs affaires des
étrangers que la cupidité ou l'envie de nuire ont
pu seules les déterminer à devenir cessionnaires,
et que les lois romaines dépeignaient si énergiquement par ces mots : *alienis fortunis inhiantes.*
Or, ce danger n'est pas à craindre de la part
de l'enfant naturel qui, pour se faire délivrer la portion que la loi lui attribue, a le droit, en sa seule
qualité, de prendre connaissance de tous les secrets
de la famille, de toutes les affaires de la succession,
tout comme les véritables héritiers.

429. — Nous répondons que ces raisons ne peuvent avoir de valeur que pour le cas où l'enfant naturel étant devenu cessionnaire d'un cohéritier, un
autre cohéritier voudrait exercer contre lui le retrait
successoral. Nous reconnaissons que ce retrait ne
pourrait être admis, par le motif même que nous
venons de rappeler. L'enfant naturel n'a pas, en effet, en lui, cette cause de répulsion qui doit faire
exclure un étranger proprement dit. Pouvant déjà
pénétrer par lui-même dans les secrets de la famille,
assister à tout partage, comptes et liquidation, ce droit
qu'on ne saurait lui contester, ne reçoit pas plus d'é-
tendue par sa qualité accessoire de cessionnaire qui
ne fait qu'augmenter sa quotité.

Mais c'est dans un motif puisé dans un ordre plus
élevé, que nous trouvons contre lui la négation du

droit d'exercer de son chef le retrait successoral. Ce droit est *exorbitant du Droit commun*, d'après M. Toullier lui-même. Ce droit est un véritable privilége attaché à la qualité *d'héritier*. Ce n'est qu'à l'héritier, c'est-à-dire, au membre *légitime* de la famille, que la loi l'a concédé. Il ne peut donc appartenir à l'enfant *naturel* qui n'est pas héritier, à moins qu'on ne veuille confondre les principes pourtant si différents qui les régissent l'un et l'autre. Une profonde ligne de démarcation les sépare. Il y aurait un grand danger à l'effacer. C'est pour n'avoir pas vu la question sous ce rapport moral et de haute légalité qu'on lui a donné une solution contraire à l'esprit autant qu'à la lettre de l'art. 841 du Code civil.

430. — On objectera peut-être encore que la Cour de Cassation a cependant jugé, le 3 mai 1830 (1), que l'enfant simple légitimaire dans l'ancien Droit, auquel nous assimilons nous-même l'enfant naturel reconnu, a le droit d'exercer le retrait successoral, conformément à l'art. 841 du Code civil. Il faut connaître l'espèce de cet arrêt pour pouvoir l'apprécier.

Deux enfants étaient provenus du mariage de *Jean Thomas*; Barthélemy et Jean-Ursule. Barthé-

(1) Sirey, tom. 30, 1, 165.

lemy fut institué par son père héritier universel. Sa
sœur fut donc réduite à une légitime de droit.

Avant qu'il eût été procédé à aucune liquidation et
partage entre le frère et la sœur, Barthélemy Thomas
vint à mourir, et, en 1821, Louis-Prosper Thomas,
étranger à la famille, qu'il avait institué héritier,
céda tous les effets de son legs universel à Marie-
Rose Thomas, autre étrangère, moyennant une
somme déterminée.

Jeanne-Ursule Thomas, devenue femme Larguier,
voulut alors se faire subroger aux effets de cette
cession par l'exercice du retrait successoral.

On lui répondit : 1º que n'étant que simple légitimaire, elle n'avait pas droit au retrait; 2º que la
cession comprenant non-seulement les biens de Jean-
Thomas père, mais encore ceux qui pouvaient appartenir personnellement à Barthélemy, et tous ces
droits ayant été cédés pour un seul et même prix, le
retrait ne pouvait pas plus se diviser que les droits
eux-mêmes.

C'est par le second motif que l'action en subrogation fut rejetée par arrêt de la Cour royale de
Nîmes, du 3 mai 1827.

Sur le pourvoi, la Cour suprême cassa cet arrêt
par les motifs suivants :

« Vu l'art. 841 du Code civil, considérant que la
légitime en corps héréditaire, qui est un droit sur
l'universalité des biens, ne peut en être séparée
qu'au moyen d'un partage, ou d'un acte qui en

tienne lieu, et que le légitimaire ne saurait être privé du droit que la loi lui donne d'écarter du partage le cessionnaire étranger, parce qu'on aurait compris dans la cession des biens indivis sur lesquels il exerce son droit, des biens dépendants d'une autre succession ;

» Considérant que la Cour royale de Nîmes a reconnu en fait : 1º que les demandeurs avaient, du chef de leur mère, un droit de légitime indivis dans la succession de *Jean Thomas*, père de *Barthélemy Thomas*, son fils, qui a été cédé à la défenderesse, et que cette Cour n'a rejeté la demande en subrogation, que parce que *Barthélemy* ayant pu laisser des biens autres que ceux qui provenaient de son père, et ces derniers n'ayant pas eu de prix distinct dans la cession, il était impossible, soit de reconnaître la portion du père qui représente les biens de *Jean Thomas*, soit de diviser le contrat ; et que, en jugeant ainsi, ladite Cour a violé l'article ci-dessus transcrit ; sans qu'il soit besoin d'examiner les autres moyens de cassation, casse, etc. »

On le voit encore ; la question qui a prédominé dans cet arrêt était celle de savoir si l'on pouvait diviser la cession, consentie *uniquo prætio*, et procéder par ventilation. La Cour de Nîmes qui ne s'était préoccupée que de cette difficulté, s'était prononcée pour la négative, et voilà pourquoi son arrêt a été cassé ; quant à la question d'admissibilité du retrait, elle a passé pour ainsi dire inaperçue, sans qu'on se soit donné la peine de la discuter.

En second lieu, quand bien même la Cour royale et la Cour de Cassation auraient eu l'intention de juger cette question en Droit, en faveur de l'enfant légitimaire, nous approuverions sans décision, à cause *de la circonstance particulière* où les parties se trouvaient. En effet, deux enfants seuls existaient. L'un d'eux, héritier universel, ou son représentant, cède tous ses droits à *un étranger*. Plutôt que de souffrir que cet étranger devienne le seul et unique représentant du père de famille et le maître de sa succession, les deux Cours lui préfèrent le légitimaire, parce qu'avant tout il est l'enfant du défunt. Ce n'est donc pas contre l'héritier du sang que la question est jugée ; mais, répétons-le, contre un étranger, et bien plus contre lui, et parce que c'est lui, qu'en faveur du légitimaire et à cause de sa qualité.

En troisième lieu, enfin, nous comprendrons encore que la Cour suprême ait voulu juger la question en faveur du légitimaire, sans qu'on puisse rien en conclure pour l'enfant naturel reconnu.

En effet, dans l'ancienne Jurisprudence, il fallait être et se porter *héritier* pour pouvoir demander la légitime ; à tel point que cette portion des biens du père était refusée à l'enfant s'il renonçait à la succession de ce dernier. C'est ce qu'a très savamment établi *Lebrun* dans son Traité des Successions (1). Il cite à l'appui de son opinion plusieurs lois romaines, Guy-Coquille, Dumoulin, Ricard et une foule d'autres auteurs. M. le président Espiard, son annotateur souvent critique, partage entièrement cet avis dans une longue dissertation placée à la suite du n° 27.

Tandis que, d'après nos nouvelles lois, l'enfant naturel reconnu n'est point et ne peut être *héritier*. Si nous l'avons assimilé au légitimaire, c'est uniquement pour la formation de sa lotie ; mais, il n'existe entre eux aucune autre analogie. La condition du légitimaire était bien supérieure à la sienne sous un autre rapport, puisqu'il était saisi de plein droit de sa quote-part des biens successifs, alors que, d'après l'art. 724 du Code civil, l'enfant naturel doit se faire envoyer en possession par justice de la portion qui lui est attribuée.

Ainsi s'explique parfaitement l'arrêt du 3 mai 1830.

431. — Maintenant, supposons que cette question, que nous venons de traiter trop longuement peut-être, mais avec une profonde conviction, doive être résolue contre notre sentiment ; elle donne naissance à beaucoup d'autres ; nous allons examiner les principales.

432. — L'enfant naturel reconnu qui, en vertu

---

(1) Liv. 2, chap. 3, section 1, n° 9.

de l'art. 841 du Code civil, a exercé le retrait successoral sur le cessionnaire étranger d'une part dans
l'hérédité, peut-il être contraint par les autres cohéritiers à leur communiquer le bénéfice de ce retrait?

M. Merlin (1) se prononce pour l'affirmative. Il
se fonde : 1° sur la construction même de l'article
qui commence par appeler *tous les cohéritiers* en
masse et n'appelle individuellement chacun d'eux
que par les termes subséquents, *soit par un seul*, ce
qui prouve que le Législateur a voulu que le retrait
successoral appartînt à tous les héritiers en commun ; 2° sur ce qu'il y aurait de l'immoralité à faire
du bénéfice de ce droit, le prix de la diligence, en
l'abandonnant au premier occupant, au préjudice des
autres cohéritiers qui peuvent être absents du lieu
de l'ouverture de la succession ; 3° sur ce que les
rapports des cohéritiers entre eux sont ceux des véritables sociétaires. Or, il est de principe que les
associés doivent se communiquer respectivement tous
les bénéfices qu'ils ont faits chacun en leur qualité.
La loi romaine (2) recommande au Juge de ne pas
laisser au profit individuel de l'un des cohéritiers ce
qui lui est advenu personnellement de la succession,

---

(1) Questions de Droit, *verbis* Retrait successoral.
(2) *Leg.* 49, *ff. familiæ*, s'exprime ainsi : *Prospicere debet judex ut
quod unus ex hæredibus, ex re hæreditaria perçepit, stipulatusve est,
non ad ejus solius lucrum pertineat.*

ou le traité qu'il a fait sur quelque objet qui la con-
cernait.

M. Toullier (1) a embrassé la négative. Il dit que
le principe très juste et très vrai qui veut qu'un cohéritier fait une affaire commune lorsqu'il traite sur
une chose qui concerne la succession, ne s'applique
qu'au cas où il a *traité* avec des étrangers ; que l'héritier qui a *remboursé* l'étranger cessionnaire n'a pas
traité avec lui ; que le but de la loi est rempli par ce
remboursement, au moyen duquel le remboursant
est subrogé dans les droits du cessionnaire, qui
l'était lui-même dans ceux du cohéritier cédant.
Celui qui a effectué le remboursement se trouve donc
dans le même cas que s'il avait acquis directement
de son cohéritier. L'art. 841 dit bien que les cohéritiers peuvent écarter l'étranger en le remboursant ;
mais il ne dit pas que, lorsque l'étranger aura été
écarté par un seul, les autres pourront, après l'affaire
finie, venir y participer, en offrant leur quote-part
du remboursement. Ces raisons, dit M. Toullier en
finissant, nous paraissent devoir l'emporter.

Nous ajouterons nous-même que, si le cessionnaire
avait acheté directement la part héréditaire de son
cohéritier, on ne pourrait pas le forcer de la remettre en commun, et qu'on ne doit pas avoir ce droit
lorsqu'il a acheté la part du cédant en écartant un
étranger.

(1) Tom. 4, n° 4'8.

M. Chabot, sur cet article, n° 16, partage l'opinion de M. Toullier. Mais il ajoute que, lorsque les héritiers ont formé séparément leurs demandes en subrogation, la préférence n'appartient pas à celui qui a formé la première demande. Tant que la subrogation n'est pas consommée par le remboursement du prix de la cession, le droit qui appartient à tous les héritiers, subsiste toujours (1).

M. Duranton (2) et le Répertoire du Notariat (3) professent la même doctrine. Elle a été consacrée par la Jurisprudence. *Vid.* les arrêts de la Cour de Riom, du 21 janvier 1809, de la Cour de Montpellier, du 7 juillet 1824 (4), et de la Cour de Cassation du 28 juin 1836.

Ainsi l'opinion de M. Merlin qui nous avait d'abord séduit, nous en convenons, ne peut plus être suivie. Elle avait été repoussée par un arrêt qu'il rapporte lui-même, rendu par la Cour supérieure de Justice de Bruxelles, le 10 novembre 1820.

433. — Mais si, au lieu de céder à prix d'argent ses droits successifs à un étranger, le cohéritier lui en fait *donation*, le retrait successoral pourra-t-il être exercé contre le cessionnaire?

---

(1) Mais la subrogation est également consommée par des offres réelles suivies d'une consignation, puisqu'elles tiennent lieu de paiement. Art. 1257 du Code civil.
(2) Tom. 7, n° 199.
(3) *Verbis* Retrait successoral, n° 18.
(4) Sirey, **13**, 2, 324, — **25**, 2, 313.

Le cessionnaire gratuit, dit M. Toullier (1), ne pouvant être *remboursé*, ne peut être exclu du partage ; ce qui est conforme aux lois *per diversas et ab Anastasio*.

Tel est aussi le sentiment de M. Vazeille, Traité des Successions, sur l'art. 841, nº 3. La Cour de Lyon, par un arrêt du 7 juin 1824, et la Cour de Toulouse, par un arrêt du 7 mai 1840, ont adopté cette opinion (2).

Cette doctrine offre pourtant un moyen d'éluder la loi ; car les cessionnaires peuvent déguiser leur acquisition sous l'apparence d'un titre gratuit. Il ne resterait, dans ce cas, aux cohéritiers, que le droit de chercher à prouver cette fraude. La preuve des faits articulés dans cet objet serait parfaitement admissible ; parce que la fraude fait exception à toutes les règles. — Art. 1348 et 1353 du Code civil.

434. — Mais, d'après les mêmes auteurs, si le cessionnaire gratuit qui tient lieu d'héritier, vendait son droit, l'acquéreur pourrait être écarté ; cela se conçoit parfaitement.

435. — La Cour de Grenoble a aussi jugé, le 6 juin 1826, que le retrait ne peut non plus être exercé contre le cessionnaire qui est devenu successible avant le partage, entre la cession et l'action en

(1) Tom. 4, nº 446.
(2) *Journal du Palais* tom. 2, de 1840, pag. 89.

retrait. La Cour de Cassation a consacré le même principe *à contrario*, par arrêt du 4 mai 1829 (1).

Mais si le cohéritier qui a cédé ses droits successifs, se les fait ensuite rétrocéder, il ne peut être soumis au retrait, s'il n'a point été exercé avant la rétrocession qui lui a été faite. C'est ce qu'a jugé la Cour d'Orléans, le 29 février 1832 (2). C'est aussi l'opinion de M. Merlin (3). La cession n'accorde aux autres héritiers, dit-il, qu'une faculté, et non un droit de se faire subroger. Or, une faculté ne peut devenir un droit que par l'exercice qu'on en fait.

436. — Inutile de dire qu'il faut qu'il y ait eu cession du droit *à la succession*, c'est-à-dire du droit à des objets incertains et indéterminés, en un mot cession d'un droit général ; car le retrait ne serait pas admis contre la cession d'un objet spécial, particulier et déterminé. Cela s'évince clairement des termes de l'art. 841. C'est aussi dans ce sens que la Jurisprudence s'est prononcée. Voyez, entre autres arrêts, ceux de la Cour suprême, des 9 septembre 1809 et 27 juin 1832, et celui de la Cour royale de Toulouse, du 16 janvier 1835.

437. — S'il y avait échange, au lieu de cession

(1) Même Recueil, tom. 22, pag. 963.
(2) Ibid. à la note.
(3) Répertoire, *verbis* Droits successifs, n° 14.

des droits successifs à prix d'argent, le retrait serait admis. Le cohéritier ne serait tenu de rembourser au cessionnaire que le prix de l'immeuble par lui donné en contr'échange. La raison en est, a dit la Cour de Cassation, dans un arrêt du 19 octobre 1814 (1), que l'effet de l'échange est comme celui de la vente à prix d'argent, de substituer un étranger au successible.

438. — De ce que les enfants naturels reconnus ont une réserve légale sur les biens de leurs père et mère, s'ensuit-il que ces derniers ont aussi une réserve légale sur les biens de la succession de leurs enfants naturels ?

M. Grenier (2) ne fait aucune difficulté pour l'affirmative ; il dit qu'il doit y avoir réciprocité entre les père et mère et les enfants. Il ajoute que l'art. 765, attribuant aux père et mère de l'enfant naturel le droit de lui succéder dans toute la latitude possible, on doit en tirer la conséquence qu'ils doivent avoir un droit de réserve sur les biens de leur enfant naturel, sans restriction, comme ils l'auraient sur les biens de cet enfant, s'il était légitime. Telle est aussi l'opinion de M. Loiseau, pag. 692 ; de Vazeille, des *Successions*, art. 865, n° 5 ; de Merlin, Répertoire, *verb. Réserve*, section 4, n° 20.

Cependant *M. Chabot (de l'Allier)*, tom. 2, pag.

(1) Sirey, 15, 1, 112.
(2) Traité des Donations et Testaments, 3ᵉ édit., pag. 482.

331, professe une opinion contraire, et il dit que les motifs de ceux qui ont embrassé comme lui cette opinion, lui paraissent incontestables. C'est aussi dans ce sens que la Cour royale de *Nimes* a rendu un arrêt, le 11 juillet 1827 (1), sur le motif que l'art. 765 n'accorde aux père et mère de l'enfant naturel aucune réserve. Elle leur est également refusée par M. Malpel (2) qui ne peut admettre la réciprocité sur laquelle se fonde M. Grenier. Nous pensons avec lui et avec M. Delvincourt, tom. 2, pag. 273, que si le Législateur a accordé, même au préjudice des tiers, un droit de réserve à de malheureux enfants, auxquels on ne peut imputer le vice de leur naissance, les mêmes motifs n'existent pas en faveur de ceux qui, méprisant en quelque sorte le vœu de la société, n'ont pas voulu donner à leurs enfants l'honorable titre d'enfants légitimes, et acquérir pour eux-mêmes toutes les prérogatives que la loi y attache ; que la loi n'ayant pas fixé la réserve qui serait due au père ou à la mère de l'enfant naturel, il faudrait les traiter à l'égal des père et mère légitimes, et plus favorablement que l'enfant naturel, ce qui serait d'une immoralité révoltante.

Cependant la Cour royale de Bordeaux a jugé dans un sens opposé, le 20 mars 1837 (3), en se fon-

(1) Sirey, tom. 28, 2e part. pag. 55.
(2) Traité élémentaire des Successions, pag. 306 et suiv.
(3) *Gazette des Tribunaux* du 19 avril même année. — *Journal du Palais*, 2e vol. de 1837, pag. 610. — La même Cour avait jugé dans le même sens, le 24 avril 1834. — Sirey, tom. 34, 2, 461, et tom. 37, 2, 483.

dant sur l'art. 765 du Code civil, combiné avec les art. 915 et 757. Mais le droit de réciprocité que cette Cour a établi, ne nous paraît nullement résulter, pour la réserve des ascendants, du droit de succéder à leurs enfants naturels reconnus, décédés *ab intestat*. D'ailleurs l'art. 915 est au titre des successions régulières ou légitimes, et rien n'autorise à étendre sa disposition aux successions irrégulières. Autrement, et en vertu du prétendu droit de réciprocité, il faudrait que la réserve des ascendants subît la même réduction que celle de leurs enfants naturels, et rien, dans la loi, n'en établit les différentes quotités hypothétiques.

Notre opinion a été consacrée par un arrêt de la Cour royale de Douai, du 5 décembre 1840 (1), en la cause de la veuve *Reynier* et de la femme *Sergent*. On lit, dans cet arrêt, ce motif remarquable qui nous avait nous-même déterminé :

« Que l'analogie de position que l'on prétend établir entre l'enfant et le père naturel n'est justifiée ni en droit ni en fait ; en droit, parce qu'il n'existe au profit du père naturel aucun texte qui fixe, même implicitement, comme à l'égard de l'enfant naturel, un minimum pour la réduction de ses droits (art. 756, 758 et 761) ; en raison, parce que la naissance de l'enfant ne pouvait lui être reprochée, tandis qu'il

(1) *Journal du Palais,* tom. 1er, de 1841, pag. 167. — Sirey, tom. 41, 2, 125.

importait aux mœurs publiques d'éviter que le nombre des paternités naturelles ne s'augmentât, et que
le désordre ne trouvât un aliment dans le bénéfice
même que cette paternité lui pourrait offrir. »

M. Merlin, si savant et surtout si judicieux, nous
étonne dans la proposition absolue qu'il établit contre notre opinion. Il ne doute pas, non-seulement
que les père et mère de l'enfant naturel aient un
droit de réserve sur les biens de ce dernier, mais
encore que cette réserve doit leur être accordée *de
la même manière* qu'elle l'est aux père et mère légitimes sur les biens de leurs enfants : 1º à cause du
droit de réciprocité ; 2º à cause du droit de successibilité que leur assure l'art. 765.

Nous répondons d'abord que ces deux droits n'ont
rien de commun entre eux ni par leur origine, ni
par leurs résultats ; car, en vertu de l'art. 765, les
père et mère de l'enfant naturel reconnu lui succèdent pour la *totalité*, s'il meurt sans postérité et sans
dispositions ; tandis que, par le droit de réciprocité,
ils ne peuvent prendre à titre de réserve légale que
la quotité *proportionnelle* qu'il prendrait lui-même
sur leurs biens, s'il leur survivait ; autrement, ce
serait évidemment franchir les limites de la réciprocité qui signifie égalité parfaite de position et de
droit.

Mais ensuite, que ferez-vous produire à cette réciprocité? Des droits égaux? Impossible. L'art. 757
nous dit bien que la réserve légale de l'enfant natu-

rel sur les biens de ses père et mère sera de telle ou telle quotité, selon qu'ils laisseront ou non des enfants et suivant leur nombre, selon qu'ils laisseront ou non des ascendants ou des frères et sœurs, selon enfin qu'ils laisseront ou non des parents au degré successible. La loi a-t-elle établi les mêmes bases et déterminé les mêmes hypothèses pour la fixation de la réserve des père et mère de l'enfant naturel? Non, sans doute.

Prenons le cas le plus favorable. Supposons que les père et mère légitimes n'ayant qu'un enfant, leur réserve sera de la moitié. Elle sera de pareille quotité, suivant vous, sur les biens de leur enfant naturel reconnu. Mais pour que la part de cet enfant naturel soit égale, il faut que ses père et mère décèdent non-seulement sans postérité légitime, mais encore sans ascendants, mais encore sans frères ni sœurs. Il faut enfin qu'ils meurent sans dispositions; car s'ils donnent la quotité disponible qui est de la moitié, il ne restera que le quart pour la réserve de cet enfant. Où sont donc cette égalité de position, cette égalité de droit, en un mot, cette réciprocité qui sont le principal argument du système que nous combattons?

Ce simple aperçu dont nous pourrions pousser plus loin les conséquences, prouve de plus en plus que l'opinion de M. Merlin sur cette question n'a pas été réfléchie comme on aurait été en droit de le désirer de la part d'un esprit aussi supérieur.

M. Merlin s'appuie en outre sur ce que l'art. 765 attribuant aux père et mère de l'enfant naturel le droit de lui succéder dans toute la latitude possible, il en tire la conséquence que ces père et mère doivent avoir un droit de réserve sur les biens de leur enfant naturel sans restriction, comme ils l'auraient sur les biens de cet enfant, s'il était légitime.

Mais la Cour de Douai nous semble avoir victorieusement répondu à cet argument, en disant, ce qui est très vrai, que l'art. 765 n'a trait qu'au cas de décès *ab intestat;* tandis qu'il est question ici d'une réserve pour le cas de dispositions faites par l'enfant naturel.

CHAPITRE IX.

—

Autres règles sur les aliments dus aux enfants adultérins ou incestueux.

—

SOMMAIRE.

439. — Les enfants adultérins ou incestueux n'ont aucun droit aux biens de leurs père ou mère qui les ont reconnus. Ainsi le déclare l'art. 762 du Code civil. Mais s'ils sont exclus de toute succession irrégulière, ils ont droit à des aliments. Car, enfin, comme nous l'avons dit, et comme l'avait bien mieux dit avant nous M. Toullier (1), ces enfants n'en sont pas moins des hommes, et tout homme a droit de recevoir au moins des aliments de ceux qui lui ont donné la vie.

La seconde disposition de l'art. 762 qui accorde des aliments aux enfants adultérins ou incestueux, est donc fondée sur le droit naturel, tout comme la disposition de l'art. 203, créée pour les enfants légitimes.

440. — Ainsi on doit décider que les aliments peuvent être réclamés par les enfants adultérins ou incestueux, non-seulement après la mort de leurs père ou mère qui les ont reconnus, mais encore con-

---

(1) Tom. 2, pag. 248 et 249.

tre eux et de leur vivant. Il sont et doivent être placés à cet égard sur la même ligne que les enfants
légitimes ; parce qu'il faut que les uns et les autres
vivent, et que la charge de les nourrir soit supportée par ceux qui en ont naturellement contracté l'obligation en leur donnant le jour (1).

441. — Mais ces aliments peuvent-ils, doivent-ils
être fournis dans la maison de celui qui les doit, ou
sont-ils payables par lui à l'enfant adultérin ou incestueux, hors cette maison ?

L'art. 210 porte que, si la personne qui doit
fournir les aliments justifie qu'elle ne peut payer la
pension alimentaire, le Tribunal pourra, en connaissance de cause, ordonner qu'elle recevra dans sa
demeure, qu'elle nourrira et entretiendra celui
auquel elle devra des aliments.

Et l'art. 211 ajoute que le Tribunal prononcera
également si le père ou la mère qui offrira de recevoir, nourrir et entretenir dans sa demeure l'enfant
à qui il devra des aliments, devra, dans ce cas, être
dispensé de payer la pension alimentaire.

Mais ces dispositions ne sont relatives qu'aux
enfants issus d'un légitime mariage. Elles n'ont point
été répétées pour les enfants adultérins ou incestueux. Est-ce sans dessein ? Nous ne le pensons
point.

(1) Tel aussi l'avis de M. Chabot (de l'Allier), Traité du . . . .
tom. 2, pag. 310.

Nous croyons que l'on doit distinguer. Si les père ou mère de l'enfant naturel ou incestueux ont des enfants légitimes, nous n'hésitons pas à décider que non-seulement ils ne sont pas obligés, mais qu'il leur est interdit de fournir, dans leur propre maison, les aliments qu'ils doivent. La morale réprouve le scandale qui résulterait de la cohabitation de l'enfant du crime avec les enfants provenus d'une union légitime. On sent mieux qu'on ne saurait exprimer, tout ce que le spectacle d'une famille ainsi composée présenterait de révoltant.

Nous prononcerions de même, en l'absence des enfants légitimes, mais dans le cas où le conjoint du père ou de la mère de l'enfant adultérin ou incestueux, vivrait encore, parce que l'asile conjugal ne doit pas être souillé par la présence du fruit du vice et de la perversité.

Mais notre opinion serait différente si le père ou la mère de l'enfant adultérin ou incestueux n'avait point de famille légitime, et si son conjoint avait cessé de vivre. La cohabitation n'aurait alors rien d'offensant pour la morale, puisque l'enfant a d'ailleurs le droit de porter le nom de son père ou de sa mère qui l'a authentiquement reconnu.

Si les Législateurs ont gardé le silence à ce sujet, c'est sans doute pour laisser les Tribunaux libres de décider, selon les diverses hypothèses dans lesquelles nous venons de raisonner.

442. — Nous n'avons pas besoin de dire, au surplus, que les aliments ne consistent pas uniquement dans la simple nourriture ; mais qu'ils comprennent également toutes les choses nécessaires à la vie, telles que l'habitation, les vêtements, les médicaments, etc. C'est aussi le sentiment de *M. Chabot* (1). Cela résulte d'ailleurs de la règle tracée pour les aliments en général par les art. 210 et 211 précités. *Legatis alimentis, cibaria et vestitus, et habitatio debebitur, quia sine his ali corpus non potest* (2).

443. — Comme les aliments sont indispensables pour le soutien de la vie, il n'est pas plus permis à l'enfant adultérin ou incestueux, qu'à tous autres d'y renoncer. C'est encore ce que décide la loi romaine par ces mots : *In consule pretœre, ne pia eludatur providentia testatoris, qui hominis vitœ prospicere voluit* (3). L'art. 1004 du Code de Procédure civile défend de compromettre sur les dons et legs d'aliments. L'art. 581 les déclare insaisissables. Et quoique le Code civil, au titre des Transactions, n'en parle point, nous pensons qu'ils ne peuvent devenir l'objet d'une renonciation. Bien que *M. Chabot* ne s'appuie d'aucune autorité, son opinion est con-

---

(1) *Tom.* 2, *pag.* 314. — *Mornac, dans ses arrêts, art.* 47. — *Raviat, question* 100, *n°* 16. — *Le nouveau Salviat, tom.* 1er, *v° Aliments.*

(2) *Leg.* 6, *au Dig. des Aliments, vel Cibar. legat.*

(3) *Leg.* 8, *au Dig., de Transactionib., et loi* 8, *eod. tit.*

forme à la nôtre. Il va même jusqu'à décider que l'enfant adultérin ou incestueux ne peut renoncer aux aliments qui seraient nécessaires pour sa subsistance, *en tout ni en partie* ; qu'il pourrait se faire restituer contre une transaction dans laquelle les aliments auraient été réglés à une quotité qui serait réellement insuffisante pour ses besoins, parce qu'il faut qu'il ait de quoi vivre (1). Mais aussi il ne pourrait point se faire restituer contre une transaction, par cela seul que les aliments n'y auraient pas été fixés à une quotité assez considérable, eu égard aux facultés de ses père et mère, au nombre et à la quantité de ses héritiers, pourvu que la quotité fixée dans l'acte suffise à ses besoins (2).

444. — *M. Chabot* dit, à la page 319, qu'il suffit que l'enfant ait reçu des aliments, ou de son père, ou de sa mère, même de toute autre personne, ou qu'il puisse s'en procurer par son industrie personnelle pour qu'il ne puisse plus en réclamer contre

(1) Tom. 2, pag. 317.

(2) La défense d'aliéner les aliments n'est pas fondée seulement sur le Droit civil ; elle dérive encore du Droit naturel. M. De Jouy, dans son *Hermite de la Guyane*, tom. 1er, pag. 84, 3e édit., raconte que se trouvant chez les *Caraïbes*, dans le pays des *Zangaïs*, au bord de l'*Orénoque*, il fut témoin de la scène suivante : Un des parents de l'ancien de la tribu avait acheté d'un Zangaïs sa pirogue, ses palmiers et ses nattes ; il réclamait encore ses armes et sa cabanne, que celui-ci lui avait également vendues. Le grand chef annula cette partie du marché, et motiva son arrêt sur ce qu'un homme avait bien le droit de disposer de son superflu, mais ne pouvait, même volontairement, *se priver du nécessaire.*

qui ce soit ; car la demande d'aliments ne pouvant être fondée que sur le besoin, elle ne peut être recevable de la part de celui qui a déjà des ressources suffisantes pour tous ses besoins.

Et cependant, à la pag. 321, *M. Chabot* dit que, en règle générale, il faut décider que l'enfant adultérin ou incestueux a acquis un droit irrévocable sur ce qui lui a été assuré pour aliments dans un acte qui ne contient ni restriction, ni limitation, pour un cas ou un temps quelconque, et qu'il n'y a pas motif suffisant de priver l'enfant d'une partie de ce qui lui a été assuré, parce qu'il aurait amélioré son sort par son travail ou par son industrie.

Il ne serait guère possible d'expliquer cette contradiction qu'en supposant que *M. Chabot* a voulu faire une distinction entre les aliments accordés par la loi à l'enfant adultérin ou incestueux, et les aliments fixés à cet enfant par ses père ou mère.

Mais nous pensons que cette distinction ne saurait être admise ; parce que les aliments promis à l'enfant adultérin ou incestueux, par l'art. 762, sont une dette de la loi grevant les biens des père ou mère ; que les héritiers légitimes ne peuvent prendre ces biens qu'avec l'affectation de cette charge qui ne peut être diminuée, quelle que puisse devenir la condition de l'enfant. *M. Chabot* finit par en convenir. Il n'admet d'exception qu'en faveur des père ou mère seuls, et pour le cas où leur fortune aurait éprouvé des pertes qui leur rendissent onéreuse la prestation promise. Cela est d'autant plus juste, que la quotité des aliments est principalement fixée sur l'importance et la valeur des biens de celui qui les doit.

445. — Ceci nous conduit à examiner la question de savoir si l'enfant adultérin ou incestueux a droit de demander des aliments sur les biens de son aïeul ou aïeule?

Nous répondrons, comme nous l'avons fait précédemment pour les enfants naturels, que, si les aïeul ou aïeule des père ou mère de l'enfant adultériu ou incestueux sont décédés avant ces derniers, nul doute que cet enfant a droit de demander des aliments sur leurs biens ; parce que ces biens n'appartiennent plus aux aïeul ou aïeule, mais bien à leur fils dont ils composent la succession : or, les détenteurs de cette succession, quoique échue et non appréhendée de fait, sont débiteurs des aliments, puisqu'ils représentent celui qui les doit. Il en serait tout différemment dans le cas contraire à celui que nous venons de poser.

446. — L'art. 764 ajoute que lorsque le père ou la mère de l'enfant adultérin ou incestueux, lui auront fait apprendre un art mécanique, ou lorsque l'un d'eux lui aura assuré des aliments de son vivant, l'enfant ne pourra élever aucune réclamation contre leurs successions.

Jusqu'à présent personne n'a pris la peine de consulter l'intention des Législateurs à l'occasion de cet article. Tous s'en sont tenus à sa lettre et ont pensé qu'il était applicable à tous les enfants adultérins ou incestueux, sans distinction d'origine. La raison, les convenances sociales, la Justice même considérée sous le rapport de ces convenances, nous disent pourtant que l'on ne doit pas traiter également tous les enfants adultérins ou incestueux.

En effet, l'enfant adultérin ou incestueux a le droit, comme l'enfant naturel simple, de porter le nom du père ou de la mère qui l'a reconnu. Or, supposons qu'un pair de France ait un enfant adultérin, lui sera-t-il permis de traiter cet enfant comme celui d'un savetier ? Le père sera-t-il quitte envers lui en lui faisant apprendre un art mécanique ? Souffrira-t-on même qu'il le lui fasse apprendre, lorsque le nom qu'il portera, et sous lequel il sera connu dans le monde, rappellera constamment la noblesse du rang de son père ? Nous ne pouvons nous déterminer à le croire. Lorsque l'art. 764 parle d'un art mécanique, il n'a évidemment en vue que les personnes appartenant à la classe des artisans ; et lorsqu'il parle des aliments fixés par le père de son vivant, il comprend à la fois, et ces personnes et celles qui sont nées dans une condition plus relevée. En sorte que nous n'hésitons pas à penser que l'enfant adultérin ou incestueux d'un individu considérable ou noble aurait le droit de demander à son père ou après sa mort, à ses successeurs, des aliments, en rapport avec son rang et sa fortune, et que sa ré-

clamation ne pourrait être repoussée par la circonstance que son père lui aurait fait apprendre un art
mécanique.

M. Chabot ne parle que des aliments et de leur
quotité ; il convient que l'intention du Législateur n'a
pas été que les enfants adultérins ou incestueux,
soient toujours réduits à ce qui est strictement nécessaire pour qu'ils puissent vivre, mais qu'il a voulu
au contraire que la quotité des aliments soit plus ou
moins considérable, suivant que les père et mère
auront plus ou moins de fortune ; que, par les mêmes motifs, la fortune que laissent les père et mère
au moment de leur décès, doit être également prise
en considération, pour déterminer la quotité des aliments que doivent fournir les héritiers légitimes,
tom. 2, pag. 314 et 315 de la 5e édition.

Il est bien compris pourtant qu'il ne saurait en
être ainsi dans le cas où l'enfant aurait transigé sur
la quotité d'aliments à lui fixée et qui serait suffisante
pour ses besoins, comme nous l'avons dit plus
haut.

La raison et la Justice nous disent encore que si
l'enfant ne peut plus exercer l'art mécanique qu'on
lui aura fait apprendre, soit pour cause de maladie ou
d'infirmité, soit par tout autre motif indépendant de
sa volonté, il a le droit de se faire fixer des aliments d'après les bases qui viennent d'être indiquées.

CHAPITRE X.

De la succession aux enfants naturels décédés sans postérité.

SOMMAIRE.

447. — *Introduction.* — *Enfants légitimes de l'enfant naturel, en concours avec ses père et mère.*

448. — *Analogie entre la dévolution établie par l'art. 765 et le retour légal établi par l'art. 747.*

449. — *Points de dissemblance entre ces deux droits.*

450. — *Point de ressemblance. Qu'est-ce que la postérité d'un enfant naturel reconnu? Les enfants naturels de l'enfant naturel sont-ils compris dans ce que la loi appelle sa postérité?*

451. — *L'affirmative est soutenue par MM. Rolland-de-Villargues et Toullier.*

452. — *Opinion contraire de M. Siméon, orateur du Tribunat.* — *Silence gardé par MM. Treillard et Chabot, au Corps législatif et au Tribunat sur la signification du mot* postérité.

453. — *Opinion postérieurement émise par M. Chabot, contraire à celle de M. Siméon.*

454. — *A qui appartient la succession de l'enfant naturel qui a survécu à ses père et mère? Distinction à faire.*

455. — *Les descendants des frères ou sœurs légitimes peuvent-ils les représenter?*

456. — *Les descendants naturels de l'enfant naturel ne doivent-ils pas recueillir sa succession à l'exclusion du conjoint survivant et du fisc?*

447. — Après avoir rappelé les droits que les enfants naturels reconnus ont sur les biens de leurs père et mère, il était dans l'ordre des idées que la loi parlât de la succession de ces enfants décédés ; qu'elle désignât les personnes qu'elle appelle à la recueillir.

Au premier rang et à l'exclusion même des père et mère, devaient être placés les enfants légitimes des enfants naturels.

On devait ensuite se demander si les enfants naturels que le bâtard peut avoir reconnus, ne devaient pas venir en concours avec les enfants légitimes, et, à leur défaut, recueillir à eux seuls toute la succession de leurs père et mère au détriment de leurs aïeuls.

Il fallait dire encore de quelle manière les père et mère de l'enfant naturel reconnu devaient recueillir sa succession ; s'il ne fallait pas distinguer les biens qu'il en avait reçus, de ceux qui lui étaient propres, et régler le mode de leur distribution.

Enfin on avait à savoir si, à défaut de parents au degré successible, et d'enfants naturels, les biens de la succession du bâtard ne devaient pas appartenir à son conjoint survivant, à l'exclusion du fisc ou de l'Etat.

Tous ces points feront le sujet du présent chapitre et du suivant.

448.—Et d'abord nous n'avons pas à insister longtemps pour faire sentir que si l'enfant naturel laisse des enfants légitimes, ils doivent seuls recueillir son entière succession. S'il laisse en même temps des enfants naturels reconnus, ceux-ci concourent avec eux dans la mesure des droits qui leur sont accordés par l'art. 757. Cela est incontestable.

449. — Il n'en est pas en successions irrégulières comme en successions légitimes.

Lorsqu'il s'agit de ces derniers, si l'enfant décédé laisse à la fois des frères et sœurs ou leurs descendants, et ses père et mère, ceux-ci recueillent la moitié de sa succession ; l'autre moitié appartient à ses frères et sœurs ou à leurs descendants ; si le père ou la mère seulement lui a survécu, ils sont appelés à recueillir les trois quarts. — Art. 748, 749 et 751 du Code civil.

Mais il n'en est pas ainsi dans les successions irrégulières. Si l'enfant naturel reconnu laisse en mourant des enfants légitimes d'un côté, et ses père et mère de l'autre, ceux-ci n'ont rien à prétendre dans sa succession ; parce que, ainsi qu'on l'a déjà vu, ils

ne sont point héritiers. Il n'y a point pour eux de réserve légale. Lorsqu'ils sont appelés, ce n'est point à
titre de *succession*, mais à titre de *dévolution*, comme
s'en explique, non sans dessein, l'art. 765 du Code
civil. La raison en est, comme dit M. Chabot, que
les père et mère d'un enfant naturel ne deviennent pas
ses parents légitimes, en le reconnaissant ; qu'il n'y
a de parenté légitime qu'entre les individus qui
sont issus de mariages contractés conformément à la
loi, ou entre les père et mère et leurs enfants légitimes.

Ce n'est que lorsque l'enfant naturel décède sans
postérité, que sa succession est dévolue, suivant cet
article, à celui de ses père et mère qui l'a reconnu,
ou par moitié à tous les deux, s'il a été reconnu
par l'un et par l'autre.

Il nous semble qu'il n'y a pas deux manières d'envisager leur position.

450. — On vient de voir que l'art. 765 du Code
civil dispose que la succession de l'enfant naturel décédé *sans postérité* est dévolue au père ou à la mère
qui l'a reconnu ; ou par moitié à tous les deux, s'il a
été reconnu par l'un et par l'autre.

La question est donc de savoir si ces mots, *sans
postérité*, s'appliquent aux descendants naturels de
l'enfant naturel décédé, comme à ses descendants légitimes, en sorte que, s'il a laissé lui-même des en-

fants naturels reconnus, son père, ni sa mère, n'ait rien à prétendre sur sa succession ?

Cette question semble avoir quelque analogie avec celle que nous avons déjà examinée, et qui consistait à savoir si l'enfant naturel reconnu peut faire obstacle à l'exercice du *retour légal* établi par l'art. 747 du même Code, en faveur des ascendants pour les choses par eux données à leurs enfants ou descendants décédés *sans postérité*.

451. — Mais deux différences se font remarquer entre ces deux espèces.

1º L'art. 747 n'a été fait que pour les *donations consenties* par les ascendants à leurs descendants, et l'art. 765 n'a trait qu'à la dévolution *de la succession* de l'enfant naturel décédé sans postérité, en faveur des père et mère qui l'ont reconnu.

2º Nous avons vu que, dans l'espèce de l'art. 747, l'enfant naturel n'empêche le retour légal que jusqu'à concurrence de la portion que la loi lui attribue en cette qualité ; tandis que, dans le cas de l'art. 765, si la dévolution de la succession de l'enfant naturel en faveur de ses père et mère peut être contrariée par les enfants naturels qu'il laisse lui-même, elle est anéantie pour le tout.

452. — Mais le point de similitude de ces deux questions consiste à savoir si les enfants naturels sont compris dans l'expression générique de *postérité* dont se servent les deux articles précités.

Et particulièrement, si, dans la question que nous voulons actuellement traiter, le mot *postérité* comprend tant la postérité naturelle que la postérité légitime de l'enfant naturel reconnu?

453. — Par ces mots *sans postérité*, dit M. Rolland-de-Villargues (1), il est incontestable que l'on doit entendre les enfants naturels du fils naturel, tout aussi bien que ses enfants légitimes, et qu'il en est de même des descendants des uns et des autres. Ainsi, ajoute-t-il, lorsque le défunt ne laisse pas de postérité, les père ou mère naturels excluent non-seulement les frères naturels, mais aussi les frères légitimes.

M. Toullier (2) dit qu'après avoir réglé les droits des enfants naturels sur les biens de leurs père et mère, le Code règle le droit de succéder aux biens que ces enfants laissent à leur décès. Cette succession est déférée, suivant lui :

1º A leurs enfants et descendants légitimes, sauf les droits des enfants naturels, s'il en existe ;

2º A leurs enfants naturels légalement reconnus, *qui sont préférés au père et à la mère* : c'est ce qui paraît résulter, ajoute M. Toullier, de l'art. 765, qui n'appelle les père et mère qu'à défaut de postérité de l'enfant naturel, sans distinguer entre la postérité légitime et la postérité naturelle.

(1) Répertoire de la Jurisprudence du Notariat, vº *Succession*, nº 193.
(2) Tom 4, nº 269.

454. — Cependant, M. Siméon, orateur du Tribunat, dans la séance du Corps législatif, du 29 germinal an 11 (19 avril 1803), s'exprimait ainsi (1) :

« La succession aux biens des enfants naturels, *s'ils n'ont pas de descendants* LÉGITIMES, est dévolue *aux père et mère* qui les ont reconnus.

» Si les père et mère sont prédécédés, les biens que les enfants naturels en avaient reçus font retour aux enfants légitimes des père et mère.

» Tout le surplus des biens des enfants naturels appartient à leurs frères ou sœurs naturels, ou aux descendants de ceux-ci, s'il en existe.

» *A défaut*, l'enfant naturel n'a point d'héritiers réguliers, sa succession appartient à ses héritiers irréguliers, qui sont, premièrement, *ses enfants naturels*, si, trop fidèle imitateur des vices de son père, il ne s'est perpétué que d'une manière illégitime ; secondement sa femme, et troisièmement l'Etat. »

M. Siméon est le seul orateur qui ait manifesté cette pensée, que la dévolution des biens des enfants naturels en faveur de leurs père et mère n'est empêchée que par la survivance de leurs enfants légitimes.

M. Treillard, Conseiller-d'Etat et orateur du Gouvernement, dans la séance du Corps législatif, du 19

_____

(1) Locré, Législation civile, commerciale et criminelle, tom. 10, pag. 294 et 295.

germinal an 11 (9 avril 1803) (1), se borne à dire
que :

« Les père et mère qui auront reconnu un enfant
» naturel, lui succèderont, s'il n'a pas laissé de pos-
» térité. »

Enfin M. Chabot, dans la séance du Tribunat, du
26 germinal an 11 (16 avril 1803) (2), dit également, sans entrer dans aucune explication, que :

« La succession de l'enfant naturel qui décède
sans postérité, doit appartenir au père ou à la mère
qui l'a reconnu ; ou par moitié à tous les deux, s'il
a été reconnu par l'un et par l'autre. »

455. — Mais plus tard et dans son commentaire sur les successions (3), M. Chabot a soutenu et
fort bien prouvé, selon nous, dans une dissertation assez étendue et fort lumineuse, à laquelle nous renvoyons, que non-seulement la disposition de l'art.
765 est applicable aux descendants naturels, mais
encore qu'elle n'a été faite que pour eux.

Nous pensons donc avec lui que, si l'enfant naturel laisse des enfants naturels reconnus, ils lui succèderont en totalité, à l'exclusion de ses père et
mère.

456. — Mais si les père et mère de l'enfant naturel

---

(1) Ib., pag. 192.
(2) Ib., pag. 249.
(3) Tom. 2, no 3.

décèdent avant lui, et qu'il meure lui-même sans postérité ni dispositions, à qui appartiendront ses biens ?

L'art. 766 divise en deux catérogies la fortune dont il peut se trouver saisi au moment de son décès. Il attribue à ses frères ou sœurs légitimes les biens qu'il avait reçus de ses père et mère, s'ils se retrouvent en nature dans sa succession, ainsi que les actions en reprises, s'il en existe, ou le prix de ces biens aliénés s'il est encore dû. C'est une espèce de retour légal ou de réversion créé en faveur des frères ou sœurs légitimes, soumis aux mêmes chances et aux mêmes conditions que celui établi en faveur des père et mère, par l'art 747. Ils ont l'un et l'autre été conçus dans le même esprit.

Quant aux biens qui appartenaient personnellement à l'enfant naturel, et qu'il tenait soit de son travail, soit de ses économies, soit de la munificence des étrangers, le même art. 766 les fait passer à ses frères et sœurs naturels, ou à leurs descendants. Pour cette sorte de biens, les frères et sœurs légitimes sont exclus d'y participer, parce qu'ils ne pourraient les recueillir qu'en qualité d'héritiers, et que la loi leur dénie cette qualité à l'égard de la succession de leurs frères naturels.

Nous pensons au surplus, contrairement à M. Chabot, que les biens donnés à l'enfant naturel par ses père et mère ne peuvent être repris que par ses frères ou sœurs légitimes, et qu'à leur défaut, ils ne peuvent l'être par leurs descendants. Nous en avons ci-devant donné les raisons dont la principale est que la représentation n'a pas lieu en successions irrégulières.

On remarque que l'art. 766 dit que tous les autres biens passent aux frères et sœurs naturels, *ou à leurs descendants.* La loi ne distingue pas entre les descendants légitimes et les descendants naturels. Le mot *descendant* s'applique donc tant à ceux-ci qu'aux premiers, pourvu qu'ils soient légalement reconnus. Ceci fait beaucoup moins de difficulté que dans le cas prévu par l'art. 759, d'un concours avec des parents légitimes. D'ailleurs, comme le dit M. Chabot, si, dans l'espèce, les descendants naturels des frères ou sœurs naturels étaient exclus, ce ne pourrait être qu'au profit du conjoint survivant, ou du fisc, puisqu'il est supposé que l'enfant naturel de la succession duquel il s'agit, est décédé sans postérité, après ses père et mère, et que les frères ou sœurs légitimes ont pris ce qui leur était attribué par l'art. 766, ou n'ont rien à prendre. D'un autre côté, il est bien juste, sans doute, et il a été dans l'intention du Législateur que tous les descendants, soit légitimes, soit naturels des frères ou sœurs naturels du défunt, soient préférés au conjoint survivant et au fisc.

CHAPITRE XI.

—

Droits du Conjoint survivant et de l'Etat.

—

SOMMAIRE.

457. — Le bâtard qui ne laisse point de parents au degré successible, mais bien des enfants naturels, transmet les biens de sa succession à ses enfants. Telle est la disposition de l'art. 767. Cette disposition n'est que la répétition de celle contenue en l'art. 758.

Mais, quand un enfant naturel reconnu ne laisse à son décès ni enfants, ni père ni mère, ni frères ou sœurs naturels, ni époux, l'Etat succède par droit de déshérence aux biens qui ne proviennent pas des père et mère du défunt, à l'exclusion des frères et sœurs légitimes, parce que, aux termes de l'art. 766 Cod. civ., ceux-ci ne sont pas ses héritiers légaux, et qu'ils ne reprennent que les objets qui lui ont été donnés, s'ils se trouvent dans sa succession. Cour de Grenoble, 13 janvier 1840 (1).

---

(1) *Journal du Palais*, tom. 2 de 1840, pag. 234, et Sirey, tom. 40, 2, 216, id., Fenet, *Travaux préparatoires du Code civil*, tom. 2,

458. — Mais s'il ne laisse ni parents au degré successible, ni enfants naturels reconnus, les biens de sa succession appartiennent à son conjoint *non divorcé* qui lui survit. C'est encore la disposition du même article.

459. — Le divorce ayant été aboli par la loi du 8 mai 1816, la séparation de corps ne peut produire le même effet. Le divorce rompait le lien du mariage, au lieu que la séparation de corps ne fait que le relâcher. Le divorce rendait les époux étrangers l'un à l'autre ; ils ne pouvaient plus se remarier ensemble d'après l'art. 295 du Code ; tandis que, dans le cas de la séparation, les époux peuvent encore se réunir, art. 309.

Ainsi, la séparation de corps ne peut empêcher en faveur du conjoint survivant la transmission prononcée par l'art. 767, à moins qu'il n'existe contre cet époux une des causes d'indignité marquées par l'art. 727 ; car bien que cet article ne parle que des indignes de *succéder*, et que ce ne soit pas précisément en qualité d'héritier que le conjoint survivant, pas plus que l'enfant naturel appréhende les biens du défunt, on sent du reste qu'il serait indigne de les recueillir et d'en profiter, s'il s'était rendu coupable de l'un des faits indiqués dans l'art. 727.

pag. 32 : Maleville, *Analyse du Code civil*, tom. 2, art. 766 ; [Vazeille, *Successions*, art. 766, n° 7, pag. 116 ; M. Duranton, tom. 6, n° 339, est d'une opinion contraire qu'il fonde sur la maxime : *Fiscus post omnes·*

460. — Toutefois, il paraît qu'au Conseil-d'Etat (1)
on donna la préférence à l'opinion de ceux qui sou-
tenaient que la séparation de corps faisait cesser la
succession *undè vir et uxor*, tout comme le divorce.
On se fonda sur ce que le principe de cette succession était comme celui de la succession *ab intestat*
dont parle l'art. 767, la présomption légale d'une
juste affection, présomption qui cesse d'exister dans
le cas d'une séparation de corps entre époux. L'article
fut renvoyé à la section de Législation pour le
rédiger conformément à ce principe.

461. — *M. Maleville*, tom. 2, pag. 246, dit
que ce qui empêcha définitivement d'exécuter ce
qui avait été arrêté par le Conseil-d'Etat, c'est que
depuis on considéra que l'exclusion de la succession,
en cas de séparation de corps, pourrait tomber sur
l'époux qui n'aurait rien à se reprocher, et qui
aurait au contraire à se plaindre.

462. — M. Chabot (2) répond que ce motif n'est
pas très concluant, puisqu'il pourrait s'appliquer
également au cas du divorce. Il répond d'un autre
côté que la considération que la séparation de corps
ne rompt pas le mariage, ne lui paraît pas plus concluante ; car, dit-il, ce n'est pas sur le fait seul du

(1) Séance du 9 nivôse an 11, procès-verbal, pag. 266.
(2) Tom. 2, pag. 349 et 350.

mariage, c'est sur les affections et la volonté présu-
mées du défunt, qu'a été établie la succession entre
conjoints. Or, peut-on présumer, par exemple, que
le mari qui a fait prononcer contre sa femme la
séparation de corps, *pour cause d'adultère*, ait conservé la volonté que cette femme lui succédât? Est-il
d'ailleurs bien moral que cette femme soit admise à
succéder à son mari? Ne s'en est-elle pas rendue
absolument indigne? Les mêmes raisons ne seraient-
elles pas également applicables au mari furieux, qui
aurait tellement maltraité sa femme, qu'elle aurait
été forcée de se séparer de lui?

Cependant *M. Chabot*, malgré ces raisons, ajoute
qu'on ne trouve dans l'article, tel qu'il a été définitivement adopté et inséré dans le Code, que la seule
exception relative au divorce, et que, malgré ce qui
a été dit et arrêté au Conseil-d'État, il ne peut être
permis de suppléer ni d'ajouter au texte, une seconde
exception relative à la séparation de corps.

463. — M. Toullier (1) professe la même opinion, déterminé par le même motif. Ainsi, dit-il, les
époux séparés de corps conservent le droit de succession réciproque, *jusqu'à ce qu'il plaise au Législateur de s'exprimer sur ce point.*

464. — Il nous semble que le Législateur s'est

(1) Tom. 4, pag. 283 et 284.

suffisamment exprimé en n'admettant que la seule
exception du divorce, dans le même temps surtout
que la séparation de corps était également reconnue.
C'est ici le cas de rappeler ce qu'avait dit ailleurs
M. Toullier (1) « que le Conseil-d'Etat n'est point
» Législateur ; qu'il n'a que l'initiative de la loi, ou
» plutôt qu'il n'est chargé que d'en rédiger le projet,
» qui n'a force de loi que lorsque le projet est
» décrété par le corps législatif, et promulgué sui-
» vant les formes constitutionnelles. »

Quant à l'indignité dont avait d'abord parlé
M. Chabot, on ne peut en reconnaître d'autre que
celle dont les causes sont indiquées par la loi
(art. 727) ; nous l'avons déjà dit. Telle est aussi l'o-
pinion de M. Toullier (2).

L'opinion de ceux qui voulaient attribuer à la
séparation de corps le même effet qu'au divorce,
était fondée, comme le dit *M. Chabot*, sur ce que
cette séparation peut avoir eu pour cause l'adultère
de la femme, et qu'il n'est pas à présumer qu'un
mari ainsi offensé, ait conservé assez d'affection pour
son épouse, pour avoir eu l'intention de lui transmettre sa succession.

On peut répondre d'abord que le mari a eu la
faculté de manifester une intention contraire, en
faisant une institution en faveur d'une personne
étrangère.

(1) Tom. 4, pag. 262 et 263, à la note.
(2) Pag. 284.

On peut répondre ensuite que la présomption est toujours en faveur de l'affection du mari pour son épouse, puisque, dans le cas proposé de la séparation de corps motivée sur l'adultère, l'art. 309 permet au mari de reprendre sa femme et de faire cesser, par un généreux pardon, l'effet des condamnations prononcées contre elle par l'art. 308.

465. — Pour que le conjoint survivant recueille la succession du conjoint prédécédé, il faut que sa qualité d'époux existe au moment de l'ouverture de cette succession. Car si leur mariage avait été annulé de son vivant, pour quelque cause que ce puisse être, dès ce moment ils seraient devenus étrangers l'un à l'autre. Il n'y aurait donc plus lieu à la succession réciproque.

Il faut de plus que le mariage ait été contracté de bonne foi de la part de l'époux qui veut succéder à son conjoint ; on conçoit que cette condition n'est exigée que lorsque le mariage a été annulé après la mort de l'époux prédécédé ; c'est ainsi que l'on doit entendre les art. 201 et 202 du Code civil (1). On voit que nous voulons parler du mariage appelé putatif, célébré entre deux individus dont l'un, à l'insu de l'autre, se trouverait ou engagé dans les liens d'une première union ou frappé de mort civile.

Mais aussi nous pensons que la bonne foi du con-

---

(1) *Chabot*, tom. 2, pag. 350 et suiv.

joint survivant, doit toujours être présumée, et que c'est à ceux qui allèguent sa mauvaise foi à la prouver. Nous pensons encore que cette présomption de bonne foi devrait subsister, quoique le mariage eût été attaqué de nullité pendant la vie des deux époux, si la nullité n'a été prononcée qu'après le décès du prémourant (1).

Dans l'ancien Droit français, le mariage putatif produisait les mêmes effets. A défaut de parents successibles, le conjoint de bonne foi succédait au conjoint de mauvaise foi en vertu du titre *undè vir et uxor*, quoique le conjoint de mauvaise foi ne lui succédât pas; c'est ce que nous apprend *Lebrun*, Traité des Successions, liv. 1er, pag. 36. Il en était de même du fils par rapport à son père qui était de mauvaise foi lors de son mariage. C'est ce qu'on voit dans la note de Charles Dumoulin sur l'art. 128 de la Coutume de Paris, nom. 1.

466. — A défaut de conjoint survivant, dit l'art. 768, la succession est acquise à l'Etat.

Un individu qui ne laisse en mourant ni parents au degré successible, ni enfants naturels reconnus, ni conjoint survivant, ni disposition, a pourtant une succession qu'il faut que quelqu'un recueille. Cet individu appartient à la grande famille représentée par le Gouvernement ou le fisc, c'est-à-dire par

---

(1) *Vid.*, l'art. 189 du Code civil, pour la première cause de nullité.

l'Etat. C'est donc l'Etat qui doit lui succéder; car une succession ne peut pas rester perpétuellement vacante; et, puisqu'elle ne tient à aucun lien particulier, il faut nécessairement qu'elle aille se rattacher à la chaîne générale qui compose tous les intérêts sociaux.

467. — Mais qu'est-ce qu'une succession qui n'est appréhendée ni par les héritiers légitimes, ni par les héritiers irréguliers ? Est-ce une succession en déshérence ou une succession vacante ?

Le Code civil ne la définit point. Cette lacune a été remplie par une instruction de la régie du 5 mars 1806 (1) dont voici les principales dispositions :

« Suivant le Code, la succession en déshérence est celle qui est acquise à l'Etat, lorsque le défunt ne laisse ni parents au degré successible, ni enfants naturels, ni conjoint survivant non divorcé.

» Et la succession est réputée vacante, lorsque, après l'expiration des délais pour faire inventaire et pour délibérer, il ne se *présente* personne pour réclamer la succession, qu'il n'y a pas d'héritiers *connus*, ou que les héritiers connus y ont renoncé.

» Il est clair, d'après ces dispositions, que *l'absence* des héritiers ou leur *renonciation*, n'autorise pas les préposés à se présenter au nom de l'Etat,

(1) Sirey, tom. 6, 2ᵉ part., pag. 199.

pour recueillir une succession, puisque, dans ce cas, elle est *vacante* et non pas en *déshérence*, mais qu'il faut, pour agir régulièrement, qu'il soit constaté que l'Etat est *appelé*, parce qu'il n'y a ni héritiers successibles, ni enfants naturels, ni époux survivant non divorcé, comme le Code le porte. *Hors ce cas*, le directeur général recommande expressément aux préposés de ne point requérir en leur nom l'apposition des scellés sur aucune succession délaissée par un Français. Ceux qui contreviendraient à cet ordre, compromettraient leur responsabilité (1). »

468. — Cette distinction bien clairement établie entre les successions en déshérence et les successions vacantes, nous apprend que, en cas d'absence ou de non réclamation des héritiers légitimes ou irréguliers du défunt, l'Etat ne devient propriétaire irrévocable de sa succession, qu'après l'expiration du délai accordé pour la pétition d'hérédité; délai qui ne s'étend pas au-delà de trente années à compter de l'ouverture de la succession, ou de la majorité des successeurs présomptifs, ou de l'époque où ils ont recouvré le libre exercice de leurs droits, puisque, suivant l'art. 2262, toutes les actions tant réelles que personnelles sont prescrites par ce laps de temps (2).

---

(1) *Vid.* Sirey, Loc. cit., sur la marche à suivre par la régie selon que la succession est en déshérence ou vacante. — *Vid.* aussi un arrêt de la cour de Paris du 31 août 1822. — Sirey, tom. 23, 2ᵉ part., pag. 100.

(2) *Vid.* aussi l'art. 1137 qui n'accorde pas un plus long délai pour le cas même d'absence déclarée.

Il doit en être de même de la succession appréhendée par les enfants naturels, respectivement aux héritiers légitimes, tout comme à l'égard du conjoint survivant respectivement aux enfants naturels.

Mais il suffit, pour qu'une succession ne soit pas déclarée vacante, que l'Etat se présente pour la recueillir, à défaut d'héritiers connus, d'enfants naturels et du conjoint survivant. Dans ce cas, il n'y a pas lieu à la nomination d'un curateur jusqu'à l'envoi en possession de l'Etat. La réclamation de l'Etat doit même avoir pour effet de faire révoquer le curateur qui aurait été nommé antérieurement, sauf au Tribunal à confier l'administration provisoire de la succession à tel gérant par lui désigné, jusqu'à ce que l'Etat soit envoyé en possession. C'est ce que la Cour de Cassation a formellement jugé le 17 août 1840 (1), en cassant un arrêt de la Cour d'Amiens, du 25 mai 1838.

469. — Si des héritiers légitimes du défunt, des héritiers irréguliers ou le conjoint survivant étaient étrangers à la France, ils empêcheraient la succession irrégulière, la succession réciproque et la déshérence, depuis l'abolition du droit d'aubaine proclamée par la loi du 10 juillet 1819, ainsi conçue :

(1) *Journal du Palais*, tom. 2 de 1840, pag. 452.

« Art. 1er. Les art. 726 et 912 du Code civil sont abrogés. En conséquence les étrangers auront le droit de succéder, de disposer et de recevoir de la même manière que les Français, dans toute l'étendue du royaume.

» Art. 2. Dans le cas de partage d'une même succession, entre des cohéritiers étrangers et français, ceux-ci prélèveront sur les biens situés en pays étrangers la part dont ils seraient exclus, à quelque titre que ce soit, en vertu des lois et coutumes locales (1). »

470. — Il serait injuste en effet que, parce que les parents du défunt habiles à lui succéder, suivant leur degré, seraient étrangers, ils eussent continué

---

(1) Sirey, tom. 19, 2e part., pag. 204. — *L'Aubain* est un étranger qui n'est pas naturalisé dans le pays où il demeure. *Quasi alibi natur.* — *Aubins*, dit *Loysel*, *sont étrangers, qui sont venus s'habituer dans ce royaume, ou citoyens qui, en étant natifs, s'en sont volontairement rendus étrangers.* Les étrangers étaient autrefois obligés de payer au roi par chacun, au jour de la St-Remy, douze deniers parisis, pour pouvoir demeurer en France, et ce droit s'appelait *chevage*. L'histoire nous fournit un exemple d'un pareil droit qui était en usage chez les Athéniens. Les étrangers qui résidaient à Athènes étaient obligés de payer un tribut par chacun pour leur résidence. — *Ferrière, Dictionnaire de droit au mot* AUBAIN. — Suivant *Bacquet*, pendant l'usurpation, les seigneurs traitaient les Aubains comme des serfs. — *Beaumanoir* que *Baequet* n'a pas connu, atteste cet ancien usage lorsqu'il dit qu'il *a telles terres, où quand un franc homme qui n'est pas gentilhomme de lignage, y va manoir* (c'est-à-dire demeurer) *et y est résidant un an et un jour, il devient homme serf au seigneur, disant qu'il veut être résidant.* L'abolition de la servitude personnelle fit perdre aux seigneurs le droit d'aubaine. — *D'Aguesseau, tom.* 7, *pag.* 498 *de l'édit. de* 1819, *in*-8°. — *Vid.* aussi *Pothier*, tom. 7, pag. 422 de l'édit. de 1818, in-8°.

d'être exclus par le fisc. La maxime *fiscus post omnes* avait commencé de se réintroduire en France, même sous le règne du droit d'aubaine, en faveur des hospices. C'est ce que nous apprend un avis du Conseil-d'Etat, du 14 octobre 1809, approuvé le 3 novembre suivant, ainsi conçu :

« Considérant que les droits de l'Etat sur les successions tombées en déshérence ont été reconnus de tous temps, et que la loi du 1er décembre 1790 et le Code civil n'ont fait que confirmer ce principe incontestable ;

» Que néanmoins les édits et les lettres patentes sus-énoncés (édit du mois de juillet 1566), autre édit du mois d'avril 1656, lettres patentes du 13 septembre 1744, ont établi en faveur des hospices une exception pour les effets apportés par les malades décédés dans cet établissement ;

» Que cet avantage a toujours été considéré comme un léger dedommagement des dépenses occasionnées par les maladies ;

Est d'avis :

« 1º Que les effets mobiliers apportés par les malades décédés dans les hospices, et qui ont été traités *gratuitement*, doivent appartenir auxdits hospices, à l'exclusion des héritiers et du domaine, en cas de deshérence :

» 2º Qu'à l'égard des malades ou personnes valides dont le traitement et l'entretien *ont été acquittés* de quelque manière que ce soit, les héritiers et léga-

taires peuvent exercer leurs droits sur tous les effets
apportés dans les hospices par lesdites personnes
malades ou valides ; et que dans le cas de déshérence
les mêmes effets doivent appartenir aux hospices,
au préjudice du domaine. »

471. — Le droit d'aubaine, d'après *Bacquet*, pro-
venait des servitudes personnelles et autres droits
féodaux auxquels les seigneurs avaient de tout temps
donné le plus d'extension qu'ils avaient pu. Mais
parce que ce droit était considérable, nos rois le réu-
nirent à la couronne. — Voyez l'Ordonnance de
Louis XIV, du 9 novembre 1697.

Ce droit contemporain de l'horrible droit de *nau-
frage*, n'était point connu à Rome sous le grand *An-
tonin*. Cet empereur, aussitôt parvenu au trône, se
hâta d'appeler tous les étrangers à la jouissance des
droits civils. Mais quand l'irruption des peuples du
Nord eut détruit l'empire romain, ce monstre féodal
reparut comme une suite du droit de conquête. On
ne s'attacha plus qu'à repousser loin de soi ceux
qui voulaient apporter de la richesse ou des lumières. On confisqua jusqu'à l'industrie, selon les expressions d'un noble pair (1).

Les Rois de France ayant établi le droit d'aubaine par rapport aux sujets du roi d'Angleterre,

(1) M. le marquis De Pastoret..

Edouard III, par une réciprocité digne de ces temps, défendit aux Français, *sous peine de mort*, de venir habiter l'Angleterre.

L'abolition de ce droit était sollicitée depuis long-temps. On en voit une preuve dans les doléances des députés du Languedoc de 1483. Les Etats-Généraux de cette province, tenus à *Tours* à cette époque, demandèrent que, *toutes manières de gens, de quelque nation qu'ils soient, étant audit pays, puissent disposer de leurs biens, pour parvenir à leurs plus proches parents, suivant la disposition du Droit écrit ; car, par ce moyen, se donnera cause de plus amplement repeupler le pays.* Le roi Charles VII accorda ce que demandaient les Etats.

L'affranchissement des étrangers avait été prononcé par le roi Louis XI, son prédécesseur, d'une manière plus étendue. Mais cet affranchissement était encore imparfait. Il n'existait que partiellement et par des traités passés de puissance à puissance. Le droit d'aubaine n'était mitigé que par le droit appelé *détraction*, qui réduisait au paiement du dixième celui de confiscation totale.

Enfin parut la loi du 18 août 1790 qui abolit le droit d'aubaine, sans exception, sans réciprocité. Cette loi avait été précédée des réflexions suivantes que fit M. Neker en 1789 :

« Ce n'est pas sur la demande du ministère Anglais qu'il faut se presser d'abolir en entier le droit d'aubaine ; c'est plutôt malgré lui qu'il faut le faire. Cette

suppression ne doit pas être considérée comme un
acte de condescendance, mais comme un acte politique... Si ce droit s'établissait chez quelques puissances à l'égard des Français, ce ne serait pas un motif
pour en agir de même avec elles ; car la réciprocité
n'est jamais raisonnable quand elle ne peut exister
qu'à son propre dommage, et le droit d'aubaine est
encore plus nuisible aux nations qui l'exercent,
qu'aux étrangers dont on usurpe ainsi la fortune. »

En 1787, M. le comte De Vergenes disait
aussi :

« L'objet de la loi proposée est d'appeler l'étranger en France, de lui en faire chérir le séjour qui
d'ailleurs a tant d'attraits pour lui, et de le déterminer
à y former des établissements permanents..... Nous
n'avons aucun intérêt à désirer que notre exemple
soit suivi par les puissances étrangères ; bien au contraire, si nous avions quelque vœu à former à cet
égard, ce serait qu'elles voulussent bien multiplier
les gênes que les sujets du Roi éprouvent en fixant
leur demeure dans leurs Etats, et qu'au lieu de
les attirer chez elles par des faveurs, elles les re-
poussassent par des vexations et des exactions. C'est
ici l'un des cas où le défaut de réciprocité de la part
des autres doit tourner essentiellement à avantage. »

Ce ne peut être que l'état de guerre dans lequel
nous avons longtemps vécu, qui avait déterminé les
auteurs du Code civil à n'abolir le droit d'aubaine,
qu'avec la condition de réciprocité (art. 726 et 912).

Quoi qu'il en soit, Louis XVIII, de glorieuse mémoire, a compris le noble langage de son infortuné frère, et par lui le droit d'aubaine, si pernicieux pour notre France, a été de nouveau aboli d'une manière absolue, par la loi précitée du 14 juillet 1819 ; nous en ressentons déjà les heureux effets par les nombreux établissements qui se multiplient sur notre sol, depuis cette loi salutaire.

CHAPITRE XII.

—

Formalités à remplir en matière de Successions irrégulières. — Actions.

—

480. — *Conciliation de ces deux opinions.*

481. — *Conséquences que produit l'accomplisse-ment ou l'oubli des formalités exigées de la part des héritiers irréguliers.*

482. — *Emploi du mobilier. — Cautionnement.*

483. — *Quelle est la nature de l'action à exercer par l'enfant naturel pour se faire délivrer l'une des portions à lui attribuée par l'art. 758, et comment doit lui en être faite la délivrance? Réfutation des opinions de MM. Toullier et Chabot.*

484. — *La délivrance doit se faire aux dépens de la succession.*

485. — *Les successeurs irréguliers qui prennent tous les biens, sont-ils tenus des dettes* ultrà vires?

486. — *Comment doit-on entendre l'art. 772.*

472. — Les art. 369, 370, 371 et 372 prescri-vent au conjoint survivant et à l'administration des domaines, diverses formalités à remplir avant de pouvoir se mettre en possession des biens qui leur sont dévolus par la vocation de la loi ; et l'art. 773 ajoute que les dispositions précédentes sont com-munes aux enfants naturels appelés à défaut de pa-rents.

Cela vient de ce que, suivant l'art. 724, les héri-tiers légitimes sont *saisis* de plein droit des biens,

droits et actions du défunt, sous l'obligation d'acquitter toutes les charges de la succession ; que les enfants naturels, l'époux survivant et l'Etat, doivent se
faire envoyer en possession par Justice dans les formes qui sont prescrites par les articles précités. Or,
dès que les héritiers irréguliers ne sont point saisis,
ils ont donc des formalités à observer pour obtenir
la délivrance de leurs droits.

473. — La première de ces formalités est de faire
apposer les scellés, et de faire inventaire dans les
formes prescrites pour l'acceptation des successions,
sous bénéfice d'inventaire. — Art. 769.

La seconde de demander l'envoi en possession au
Tribunal de première instance dans le ressort duquel
la succession est ouverte. — Art. 770.

La troisième qui n'a trait qu'aux enfants naturels
et à l'époux survivant, de faire emploi du mobilier,
ou de donner caution suffisante pour en assurer la
restitution, au cas où il se présenterait des héritiers
du défunt dans l'intervalle de trois ans. — Art.
771.

474. — Nous devons faire observer relativement
aux enfants naturels, que l'art. 758 ne leur accorde
la totalité des biens de leurs père ou mère, que lorsque ceux-ci ne *laissent* pas de parents au degré successible. S'il est reconnu ou constaté qu'il en existait
à l'époque de la mort du père ou de la mère, peu

importe que ces héritiers ne se présentent point pour
réclamer, soit parce qu'ils sont absents, soit parce
qu'ils ont renoncé ; l'enfant naturel ne peut alors
réclamer que les trois quarts des biens à lui dévolus par l'art. 757 ; la raison en est que, si ces
héritiers sont absents, ils sont présumés vivants,
peuvent revenir, et réduire l'enfant à la quotité fixée
par cet article ; que s'ils ont renoncé, leur renonciation ne pouvant profiter à l'enfant naturel, puisqu'il
n'est pas héritier (1), le quart qui lui appartenait ne
peut pas être appréhendé. La succession est donc
vacante. Il en est de même de la mort de ces héritiers survenue depuis le décès des père ou mère
de l'enfant naturel.

475. — De là résulte la nécessité de faire nommer, dans ce cas, un curateur à la succession vacante, contre lequel l'enfant naturel devra demander
en Justice l'envoi en possession des trois quarts auxquels il a droit ; ce sera contradictoirement avec ce
curateur qu'il devra aussi faire procéder à l'inventaire.

476. — La raison en est que l'art. 758 n'a point
dit que la totalité des biens appartiendra à l'enfant
naturel *lorsqu'il n'y aura point d'héritiers* CONNUS,

---

(1) En effet, suivant l'art. 786, la part du renonçant n'accroît qu'à *ses
cohéritiers*; s'il est seul, elle est dévolue au degré subséquent ; or,
d'après l'art. 756, les enfants naturels ne sont plus *héritiers*.

lorsqu'il ne s'en PRÉSENTERA *point ;* mais il a dit, *lorsque les père ou mère ne* LAISSENT *pas de parents au degré successible.*

477. — Cette observation rend également sensible la nécessité de faire nommer un curateur, lorsque l'enfant naturel réclame la totalité des biens de ses père ou mère, prétendant qu'il n'existe aucun héritier connu ou qu'il ne s'en présente point ;

Tel est sur les deux hypothèses le sentiment de M. Toullier (1).

478. — *M. Chabot,* dans la 5e édit. de son Ouvrage, est d'une opinion contraire (2). Il prétend qu'aussitôt après les délais pour faire inventaire et pour délibérer, s'il ne se *présente* pas d'héritiers légitimes, l'enfant naturel peut, sans faire nommer de curateur à la succession vacante, présenter une requête au Tribunal, pour demander l'envoi en possession ; que, sur cette requête, le Tribunal doit consulter d'abord la notoriété publique, pour savoir s'il n'y a pas d'héritiers connus, et ordonner qu'il sera, conformément à l'art. 770, fait trois publications et affiches ; et que ce n'est qu'après ces publications faites, sans qu'il se soit présenté d'héritiers, sans qu'on ait acquis la connaissance qu'il en existe, que

(1) Tom. 4, pag. 309, 310 et suiv.
(2) Tom. 2, pag. 369.

le Tribunal peut rendre un Jugement d'envoi en possession (1).

479. — *M. Toullier*, en réfutant *M. Chabot*, répond que, si pour qu'une succession fût dévolue aux héritiers irréguliers, c'est-à-dire, aux enfants naturels ou conjoints survivants et à l'Etat, il ne fallait qu'alléguer qu'il n'y a point d'héritiers connus, il n'y aurait presque jamais de succession vacante (2); il ajoute, pag. 312, que la loi exigeant qu'il n'existe pas de parents successibles pour que l'enfant naturel prenne la totalité des biens, cet enfant est obligé de prouver qu'en effet il n'en existe point.

480. — Il nous semble qu'en ramenant ces deux opinions à la condition que nous avons posée dans le n° 364, il est facile de les concilier.

En effet, nous répéterons que, s'il est *constant* que lors du décès des père ou mère de l'enfant naturel, il existait quelque parent au degré successible, il n'y a pas lieu à la succession irrégulière pour la totalité, n'importe que ce parent fût absent à cette époque, ou qu'il se soit absenté depuis. Mais encore une fois,

---

(1) La demande en envoi de possession doit de plus être insérée dans le *Moniteur*; les trois publications doivent être faites de trois mois en trois mois, et le jugement d'envoi en possession ne doit être prononcé qu'un an après la demande, *Circulaire du grandJuge, du 8 juillet* 1804. — Sirey, tom, 6, 2e part. pag. 180.

(2) Pag. 313.

il faut que ce fait soit *constant*, et il serait injuste,
autant que contraire aux règles, de mettre à la charge
de l'enfant naturel la preuve négative de ce fait.
M. Toullier a beau dire (1), « que si l'enfant était
» né en France, d'un légitime mariage, si ses père
» et mère y étaient également nés, on ne peut le sup-
» poser seul parent au degré successible. » Et pourquoi pas? Ne voit-on pas journellement nombre de
familles s'éteindre? Supposons, ce qui se rencontre
assez souvent, que le défunt d'ailleurs non marié, fût
fils unique, et que ses père et mère le fussent également. Faudrait-il que l'enfant naturel remonte à la
cinquième ou sixième génération, et qu'il prouve que
tous les descendants et collatéraux de ses bisaïeuls
ou trisaïeuls sont décédés avant ses père et mère? Il
nous semble qu'il y aurait de la dureté dans une pareille
exigence. D'un autre côté, ces prétendus parents successibles, s'il en existe, trouvent une assez solide garantie dans les formalités exigées par l'art. 770 et
dans la circulaire du 8 juillet 1804. Nous pensons
donc que, si l'on ne prouve pas à l'enfant naturel que,
quand ses père et mère sont morts, il existait des
parents au degré successible, il n'est pas obligé de
faire nommer un curateur. Et qu'après avoir fait opposer les scellés, fait faire l'inventaire, les publications, affiches et insertion, dont nous avons parlé, il

(1) Pag. 317.

a le droit, tous les délais expirés, de se faire envoyer en possession de biens (1).

481. — L'accomplissement des formalités tracées par la loi et surtout l'envoi en possession judiciaire, constituent les héritiers irréguliers en bonne foi, quant-à la restitution de fruits. Une conduite contraire les constituerait en mauvaise foi. Nous renvoyons, pour les divers cas qui peuvent se présenter à ce sujet, à l'excellente discussion de *M. Toullier*, pag. 323 et suiv. du tom. 4 de son Droit civil.

482. — L'art. 771 assujettit l'époux survivant à faire emploi du mobilier, ou à donner caution suffisante pour en assurer la restitution, au cas où il se présenterait des héritiers du défunt, dans l'intervalle de trois ans. Après ce délai, la caution est déchargée. La même obligation est imposée à l'enfant naturel à cause de l'art. 773.

Si la loi n'a fixé la durée du cautionnement qu'à trois ans, c'est parce qu'elle a pensé qu'après cet intervalle, le mobilier s'use et se détériore naturellement; qu'il serait par conséquent injuste de rendre

---

(1) *M. Toullier* convient lui-même de la rigidité de son opinion en s'exprimant ainsi pag. 321:

« Quant à la preuve qu'il n'existe pas de parents successibles, elle peut souvent être difficile; si le défunt était un enfant naturel, la preuve serait facile, en faisant voir que ses père et mère ne sont pas connus, ou qu'ils sont morts, et qu'il n'a pas laissé de descendants; elle serait encore facile, s'il s'agissait de la succession d'un étranger naturrlisé; dans les autres cas, c'est à la prudence des Juges d'apprécier les preuves données par les enfants naturels ou par le conjoint survivant qui demandent l'envoi en possession.

l'enfant naturel et l'époux survivant responsables d'un dépérissement qui ne proviendrait pas de leur fait ; peut-être encore est-ce à cause de la prescription de trois ans établie en fait de meubles par l'art. 2279 du Code civil.

L'art. 771 n'a pas assujetti l'administration des domaines au même emploi, ni au même cautionnement ; parce que la vente du mobilier est nécessitée par l'intérêt du propriétaire, quel qu'il soit en définitive, et que le prix en est assuré dans la caisse de cette administration (1).

483. — Si les biens du défunt ne sont dévolus qu'en partie à l'enfant naturel, dans les termes de l'art. 758, il est clair qu'il doit en demander la délivrance aux héritiers légitimes, puisqu'eux seuls sont saisis de plein droit de la succession. Dans ce cas, il n'a à remplir aucune des formalités prescrites par les art. 769 et 770, ni à fournir la caution exigée par l'art. 771.

Mais quelle est la nature de l'action qui appartient à l'enfant naturel pour obtenir cette délivrance, et comment doit-elle lui être faite ?

MM. Toullier (2) et *Chabot* (3), s'accordent à décider que l'action qui appartient à l'enfant naturel

(1) Circulaire de la régie d'enregistrement et des domaines, du 10 prairial an 6.
(2) Tom. 4, pag. 291.
(3) Tom. 2, pag. 207 de la 5e édit.

n'est pas une action de partage proprement dite, *actio familiæ erciscundæ*, puisqu'il n'est point héritier, puisqu'il n'est pas de la famille. Mais *M. Chabot* soutient qu'il a l'action en partage, qu'on appelle en droit, *actio communi dividendo*, parce qu'il est copropriétaire des biens de la succession.

M. Toullier dit que l'action de l'enfant naturel n'est qu'une action en délivrance ; qu'il a sans doute le droit d'assister à ses frais aux opérations préliminaires du partage, à la levée des scellés, à l'inventaire, à l'estimation des biens et même à leur mise en loties ; de provoquer, de hâter les opérations du partage, mais non de figurer comme copartageant.

M. Chabot conclut au contraire de tous les droits qu'il attribue à l'enfant naturel, qu'après que les lots ont été composés par les experts, ils doivent être tirés au sort, dans l'intérêt de cet enfant, comme dans l'intérêt des héritiers légitimes, et que ces héritiers n'ont pas le droit de désigner celui des lots qu'il leur convient de donner à l'enfant naturel.

De son côté, M. Toullier conclut de son système, qu'après les loties faites par les experts, elles ne doivent pas être tirées au sort ; que l'héritier a le droit de désigner celles qu'il veut donner aux enfants naturels, suivant la maxime *electio debitoris est*, comme il a le droit de les désigner aux légataires à titre universel.

D'après l'opinion que nous avons ci-devant professée, notamment au n° 384 et suiv., nous ne pouvons adopter ni le sentiment de M. Toullier, ni celui de M. Chabot.

En effet, s'il est vrai, comme nous croyons l'avoir prouvé, que le droit, accordé par le Code, à l'enfant naturel, est en tout semblable à l'ancienne légitime (1), il doit lui être délivré par voie *d'attribution*, distraction faite des dettes qui grèvent les biens, et en le faisant porter *ex œquo et bono*, sur les trois qualités d'héritages. Dès lors il n'est pas vrai de dire que l'enfant naturel soit copartageant avec les héritiers légitimes ; il n'est pas vrai de dire non plus, il serait au contraire injuste, que les héritiers légitimes eussent le droit de lui faire ou de lui fixer sa lotie, puisqu'aucun *partage* ne peut être fait avec lui, mais une simple fixation par experts, indépendante et des chances du sort et du caprice des héritiers.

484. — De la nature de ce droit résulte encore cette conséquence, que la délivrance doit se faire en faveur de l'enfant naturel, aux frais et dépens de la succession, ou, ce qui est la même chose, des héritiers légitimes *qui sont débiteurs*, parce que la légitime devait autrefois être expédiée franche et quitte.

(1) Telle est aussi l'opinion de *M. Malpel*, professeur de la Faculté de Droit de Toulouse, dans son *Traité élémentaire des Successions*, pag. 665.

Notre nouvelle Législation est, sous ce rapport, en harmonie avec l'ancienne; car, suivant l'art. 2248 du Code civil, les frais du paiement sont à la charge du débiteur.

485. — Les successeurs irréguliers ne représentent point le défunt. Ils recueillent seulement ses biens. De cette vérité incontestable on doit conclure qu'ils ne sont pas obligés de payer les dettes au-delà des forces du patrimoine, et qu'en l'abandonnant aux créanciers, ceux-ci n'ont le droit d'exercer aucune action contre eux sur les biens qui leur appartiennent personnellement. On conçoit que nous ne parlons que du cas où les successeurs irréguliers prennent la totalité des biens à défaut des héritiers légitimes.

486. — Mais comment doit-on entendre l'art. 772 qui porte que l'époux survivant, l'administration des domaines, ou l'enfant naturel, qui n'auraient pas rempli les formalités, qui leur sont respectivement prescrites, pourront être condamnés aux dommages et intérêts envers les héritiers, s'il s'en représente?

Les formalités indiquées dans les articles précédents, nous font voir que les successeurs irréguliers et l'Etat ne sont en quelque sorte que des dépositaires qui cependant peuvent prescrire les biens contre les héritiers légitimes, lorsque ceux-ci ne se présentent que trente ans utiles après l'ouverture de la succession (1). Il faut donc que ces successeurs irréguliers conservent pendant trente ans cette succession pour la remettre aux héritiers, s'il s'en présente dans cet intervalle. La loi leur accorde pour prix de leurs soins les fruits qu'ils ont perçus, pourvu que leur possession ait été de bonne foi. Elle ne saurait être de bonne foi, si le droit de la prendre n'a pas été accordé en Justice, conformément à l'art. 770 (2).

La succession peut se composer de meubles et d'immeubles. Le moyen de conserver les meubles est d'en faire dresser un inventaire (art. 769). Si les successeurs irréguliers négligent cette formalité, ils sont encore considérés comme possesseurs de mauvaise foi, et passibles non-seulement de la restitution de tous les fruits, mais encore de dommages et intérêts envers les héritiers qui peuvent se présenter (3).

La raison en est que celui qui affecte ainsi l'inaccomplissement des formalités prescrites, est présumé savoir qu'il existe des héritiers légitimes, et que s'il ne veut pas s'exposer à toutes les investigations de la Justice à ce sujet, c'est parce qu'il craint de se voir refuser, par ce motif, l'envoi en possession que la loi l'oblige de lui demander (4).

(1) Circulaire de la régie de l'enregistrement et des domaines, du 10 prairial an 6.
(2) *Chabot*, tom. 2, pag. 387 de la 5e édit.
(3) *Chabot*, 5e édit., tom. 2, pag. 366 et 389.
(4) *Chabot*, tom. 2, pag. 390 de la 5e édit.

Indépendamment de la restitution des fruits perçus ou à percevoir, du paiement des dégradations et des pertes, et autres peines attachées à la possession de mauvaise foi, *M. Chabot* décide, tom. 2, pag. 395, 5e édit., que si les successeurs irréguliers n'ont pas fait faire un bon et fidèle inventaire, ils sont tenus indéfiniment de toutes les dettes et de toutes les charges, par la raison que, n'ayant pas fait constater la valeur des biens, ils ne peuvent jamais établir que cette valeur soit absorbée par les dettes qui sont payées ou qui sont réclamées.

Il nous semble que c'est étendre beaucoup trop la généralité de l'art. 772 relativement aux dommages et intérêts. *M. Chabot* ne fonde sa décision sur aucun texte de loi, ni sur aucune autre autorité. La raison qu'il donne prise de ce que, à défaut d'inventaire, les successeurs ne peuvent jamais établir que la valeur des biens est absorbée par les dettes, n'est pas du tout concluante.

En effet, quant aux immeubles, l'inventaire est à peu près indifférent, par la raison qu'ils ne peuvent être vendus dans les trente ans par les successeurs irréguliers, ou que s'ils le sont, ils peuvent être revendiqués par les héritiers qui se présentent dans cet intervalle. Ainsi le décide M. Chabot, même vol., pag. 387.

Relativement aux meubles et aux créances actives, les héritiers qui se présentent peuvent demander la production d'un état, ou même se faire admettre, selon les circonstances, à l'enquête de commune renoncée, sous leur serment *in litem*, jusqu'à concurrence d'une somme déterminée, ou que le Tribunal peut arbitrer, en prenant en considération la valeur des immeubles et la commune opinion sur l'état d'aisance du défunt à l'époque de l'ouverture de sa succession. Ou bien encore, pour nous rapprocher davantage des termes de la loi, la Justice, toujours en ayant égard aux circonstances, peut condamner le possesseur de mauvaise foi à des *dommages et intérêts*, proportionnés à la valeur présumée des objets reconnus manquant. Mais il nous paraît improposable d'assujettir le successeur irrégulier au paiement indéfini de toutes les dettes. Ce serait l'assimiler à l'héritier légitime, avec lequel pourtant il n'a aucun rapport (1).

(1) Traité élémentaire des Successions *ab intestat* par M. Malpel, pag. 669 et 670.

CHAPITRE ADDITIONNEL.

—

1re ADDITION. —TOME 1er.

—

Page 78, n° 20.

—

Grossesse cachée. — Désaveu.

—

SOMMAIRE.

487. — 1re ADDITION. — *La grossesse cachée ne peut, comme la naissance cachée, autoriser le désaveu de l'enfant. — Opinion de MM. Merlin, Toullier et Duranton. — Arrêts de deux Cours royales.*

488. — *Jugement contraire du Tribunal de la Seine; ses motifs. — Réfutation. — Discours du Tribun Duveyrier.*

489. — *Le fait de la naissance est-il un fait complexe comprenant la conception, la grossesse et l'accouchement? — Nécessité de leur concours. — Passage du discours du Tribun Duveyrier mal compris.*

490. — 2e ADDITION. — *Les enfants que les beaux-frères et belles-sœurs ont eus de leur commerce, peuvent-ils être légitimés par le mariage subséquent que ceux-ci sont autorisés à contracter? — Pourvoi admis contre l'arrêt de*

la Cour royale d'Orléans qui avait jugé la négative.

491. — 3ᵉ ADDITION. — *La suppression d'état ne peut être poursuivie au criminel, qu'après le jugement civil. — Nouveaux arrêts de la Cour de Cassation.*

492. — *Il n'en est pas de même de l'enlèvement ou suppression de la personne de l'enfant. — Arrêts de la Cour de Cassation.*

493. — 4ᵉ ADDITION. — *Le délit d'exposition et de délaissement d'un enfant, peut aussi être poursuivi criminellement, sans qu'au préalable les Tribunaux civils aient prononcé sur la question d'état. — Mais le jugement criminel ne préjuge rien sur cette question. — Arrêt de la Cour de Cassation.*

494. — *Il en est de même du délit de supposition d'enfant. — Arrêt de la Cour de Cassation.*

495. — 5ᵉ ADDITION. — *Enfant naturel. — Représentation. — Principaux motifs du dernier arrêt de la Cour de Cassation qui proscrit la représentation des enfants des frères et sœurs légitimes de l'enfant naturel.*

496. — 6ᵉ ADDITION. — *L'enfant naturel ne peut faire porter sa réserve sur des biens donnés entre vifs avant sa reconnaissance; il ne peut exercer sur ces biens aucun retranchement. — Outre l'opinion de M. Toullier, c'est celle de MM. Grenier, Chabot et Merlin.*

487. — On a vu que, suivant l'art. 313 du Code civil, le mari ne peut désavouer l'enfant, même pour cause d'adultère, à moins que la *naissance* ne lui ait été cachée. De là nous avions conclu, *Loc. cit.* que la *grossesse* célée ne pouvait produire le même effet et devenir une cause de désaveu. Nous nous étions fondé non-seulement sur la disposition littérale de la loi, mais encore sur son intention bien facile à saisir. Nous nous étions borné à invoquer l'opinion de D'Aguesseau et l'arrêt qui l'avait consacrée. Si nous avions pu concevoir le moindre doute sur cette question, nous aurions appuyé notre sentiment sur celui de MM. Merlin, Toullier et Duranton, et sur deux arrêts rendus par les Cours royales de Nîmes et de Grenoble, les 13 juillet 1827 et 28 décembre 1839.

488. — Cependant le Tribunal de la Seine vient de juger, le 22 juillet 1842 (1), qu'il suffit que la femme adultère ait caché son état de grossesse à son mari, pour qu'il y ait lieu à désaveu, bien que la naissance ait été de notoriété publique ; c'était en la cause du baron Robert de N..... contre son épouse (2).

Le Tribunal de la Seine a dit que la condition du recel de la naissance n'est autre chose que la reconnaissance tacite d'une position honteuse et coupable, par les précautions prises pour la dissimuler ; jusque-là, c'est très bien.

Mais le Tribunal de la Seine a tiré de cette vérité légale, incontestable et incontestée, la conséquence ultérieure, que le mot *naissance* ne doit pas être pris ici dans son acception littérale et restrictive, mais qu'il est employé comme *le résumé de diverses circonstances d'un fait complexe, à savoir le fait de l'existence de l'enfant comprenant la conception, la grossesse et l'accouchement.* C'est dans ce sens, a-t-il ajouté, que s'exprime le rapport du Tribun Duveyrier au Corps législatif, lorsqu'il motive le cas de désaveu sur ce que, suivant ses propres expressions, la femme adultère a caché à son mari sa grossesse, son accouchement, la naissance de son enfant.

---

(1) Bulletin judiciaire de *la Presse* du 26 id.
(2) Le mari qui s'était battu en duel avec l'amant de sa femme, et qui avait par lui été blessé, avait poursuivi et fait condamner cette dernière pour cause d'adultère, à dix-huit mois d'emprisonnement, puis il avait formé son action en désaveu.

Nous ne pouvons adopter cette décision qui nous paraît contraire et aux principes anciens et modernes, et aux règles de la saine logique.

Et d'abord, ne nous laissons pas trop préoccuper, comme semble l'avoir fait le Tribunal de la Seine, par la circonstance de l'adultère de la femme. Disons et répétons sans cesse que la femme peut être adultère et son enfant légitime. C'est ce qui faisait dire à Napoléon, alors premier Consul, dans la séance du Conseil-d'Etat, du 14 brumaire an 10 : « Lorsqu'il y a adultère, il y a cause de divorce ; mais il ne s'ensuit pas nécessairement que l'enfant soit le » fruit de l'adultère : dans le doute, la faveur est » pour l'enfant ; il doit appartenir au mari (1). »

On oppose les paroles de M. Duveyrier. Nous les consulterons dans un moment. Et nous aussi nous invoquons les paroles du même orateur à la fin de son discours. Voici comment il s'exprime :

« Le Code n'admet donc l'exception de l'impossibilité morale fondée sur l'adultère, que sous trois conditions formelles :

» Il faut que l'adultère soit constant, et il ne peut l'être que par un jugement public ;

» Il faut que la femme ait caché à son mari la *naissance* de l'enfant adultérin ;

---

(1) *Locré, esprit du Code civil, tom. 4, pag. 29. Cùm possit et illa (uxor) adultera esse, et impuber defunctum patrem habuisse. — Leg. 11. § 9, dig. ad leg. jul. de adult.*

» Et ces deux conditions remplies, il faut encore que le mari présente la preuve des faits propres à justifier qu'un autre est le père de l'enfant (1). »

On le voit, M. Duveyrier exige, comme la loi, que la naissance et non pas seulement la grossesse, ait été cachée au mari, pour qu'il puisse, en cas d'adultère de la femme, former le désaveu contre l'enfant.

489. — Veut-on, à l'aide d'une abstraction que rien pourtant n'autorise, que le fait de la *naissance* soit un fait complexe comprenant la conception, la grossesse et l'accouchement? Mais alors et en bonne logique, il faut que ces trois éléments concourent ensemble, qu'ils soient TOUS prouvés avoir été cachés par la femme à son mari, pour que l'on puisse dire que la naissance *qui les résume tous*, ait été célée. Si l'un des trois manque, plus d'action en désaveu.

Le Tribun Duveyrier n'a pas dit, ni voulu dire autre chose dans le passage invoqué de son discours. Nous le copions encore dans *Locré* (2).

« Si la femme adultère a caché à son mari *sa grossesse, son accouchement, la naissance de l'enfant*, le sentiment qui lui a dicté ce mystère et imposé les soins et l'embarras qu'il exige, est d'une telle prépondérance, qu'il serait injuste de ne pas l'appeler en témoignage sur la question de la véritable paternité. »

(1) Locré, ibid. pag. 33.
(2) Ibid. pag. 32.

On le voit encore, M. Duveyrier n'a pas cru, comme le Tribunal de la Seine, que la *naissance* fût un fait complexe comprenant la conception, la grossesse et l'accouchement, puisqu'il veut, pour le cas de l'adultère de la femme, que non-seulement la naissance, mais encore la grossesse et l'accouchement aient été cachés au mari, pour qu'il puisse désavouer l'enfant. Il va bien plus loin que nous, bien plus loin même que la loi. Au surplus, il n'est pas exact de dire que la naissance *comprend* la conception, la grossesse et l'accouchement. Elle ne fait que les suivre. Elle en est le résultat nécessaire. Parler autrement, c'est placer l'effet dans la cause, tandis qu'il n'en est que le produit.

Si donc l'accouchement a eu lieu dans le domicile conjugal, ou hors de ce domicile, mais sans intention manifeste de le cacher, et si l'enfant a été inscrit sur le registre de l'Etat civil sous le nom du mari, peu importe qu'il y ait eu recèlement de la grossesse. Cette circonstance ne saurait légalement autoriser l'action en désaveu, même dans le cas de l'adultère prouvé de la mère.

2ᵉ *Addition.* — *Tom. 2, pages* 84 *et* 85, *n°* 225.

LÉGITIMATION. — ENFANTS DE BEAUX-FRÈRES ET BELLES-SŒURS.

490. — Le pourvoi contre l'arrêt de la Cour royale d'Orléans a été admis sur les conclusions de M. le

Procureur-Général Dupin, par arrêt de la Chambre des requêtes de la Cour suprême du 26 mars 1835. Mais l'affaire n'est pas venue à la Chambre civile, parce qu'il y a eu désistement des demandeurs en Cassation, determiné sans doute par un arrangement intervenu entre les parties. — Voyez *les réquisitoires et plaidoyers de M. Dupin, tom.* 3, *pag.* 70. Il est vraisemblable que, si la Chambre civile avait été appelée à statuer sur cette question, elle aurait cassé l'arrêt de la Cour royale d'Orléans.

3e *Addition.* — *Tom.* 1er, *pag.* 366, *n*º 149.

SUPPRESSION D'ÉTAT. — COMPÉTENCE. — SUPPRESSION OU ENLÈVEMENT D'ENFANT.

491. — La Cour de Cassation a encore jugé, les 24 juillet 1823, et 21 juillet 1831 (1), que l'action criminelle contre un délit de suppression d'état ne peut commencer qu'après le jugement définitif sur la question d'état rendu par les Tribunaux civils, conformément à l'art. 327 du Code civil. Dans le premier de ces arrêts, il s'agissait d'une femme qui avait fait inscrire sur les registres de l'Etat civil un enfant dont elle n'était pas accouchée.

492. — Mais il ne faut pas confondre la suppression de *l'état civil* d'un enfant avec l'enlèvement ou

(1) Sirey, 24, 1, 435, et 32, 1, 107 et 108.

suppression *de la personne* d'un enfant. Ce dernier
fait constitue un crime qui peut et doit être poursuivi par le Ministère public sans qu'il y ait nécessité qu'il y soit statué préalablement par les Tribunaux civils. Il diffère essentiellement de la suppression d'état par ses effets comme par sa nature.
C'est ce qu'a jugé la Cour suprême, par arrêt des 26
septembre et 12 décembre 1823 (1) (2).

4e *Addition*. — *Tom*. 1er, *pag*. 378 in fine, n° 152
et suiv.

EXPOSITION D'ENFANT. — DÉLAISSEMENT. — SUPPOSITION D'ENFANT.

493. — Cependant la Cour suprême a jugé par
l'arrêt précité du 21 juillet 1831, que l'art. 327 du
Code civil, ne peut être opposé à l'action criminelle
intentée pour le délit d'exposition et de délaissement
d'un enfant, prévu par l'art. 352 du Code pénal (3),

---

(1) Sirey, 24, 1, 108 et 181.
(2) L'art. 345 du Code pénal, qui punit le crime de suppression d'enfant, s'applique à la suppression d'un enfant mort, *mais qui a eu vie*.
Arrêt de la Cour de Cassation, du 20 septembre 1838. — Sirey, t. 38,
1, 909. Dans cette espèce, une mère avait été déclarée coupable d'avoir
homicidé son enfant nouveau-né. La Cour d'assises avait conclu que la
suppression de cet enfant était le fait de l'infanticide, et que, par suite,
la suppression de son cadavre ne pouvait être punie, la loi ne réprimant
pas la suppression d'un enfant mort, suivant un arrêt de la même Cour,
du 1er août 1836. — Sirey, tom. 36, 1, 545. Mais son arrêt a été cassé
par le motif que l'enfant ayant eu vie, il y avait eu, par sa mort, suppression de sa personne.
(3) Ce délit est puni par cet article d'un emprisonnement de trois
mois à un an d'emprisonnement et d'une amende de 16 à 100 fr. lorsque

mais alors il faut dire que si, dans la poursuite de ce délit, l'enfant vient à découvrir ses père et mère légitimes, il ne pourra se servir du jugement rendu au criminel, dans l'instance civile qu'il formera sur la question d'état. Car, enfin, l'exposition d'enfant rentre dans la suppression d'état dont la poursuite ne peut commencer, en général, qu'après le jugement civil de la question d'état. Ce serait donc méconnaître l'esprit de l'art. 327 du Code civil, que de vouloir que le jugement criminel pût préjuger l'état de l'enfant. On conçoit très bien que l'intérêt de la société soit de faire punir le fait matériel d'exposition et de délaissement, parce que ce fait peut gravement compromettre la vie de l'enfant. Mais ce fait une fois puni, les Tribunaux civils sont seuls compétents pour rechercher, apprécier et juger l'état ainsi compromis de cet enfant.

Dans l'espèce de cet arrêt, *Joséphine-Françoise Beraud*, épouse de *Claude Bernard*, avait successivement fait exposer deux enfants nouveaux nés, à elle appartenant, au tour de l'hospice de la Charité de Lyon, sans les avoir présentés à l'Officier de l'Etat civil, et sans aucune indication qui leur permît jamais de réclamer leur état. Elle donnait pour excuse

---

l'exposition a eu lieu, comme dans l'espèce de cet arrêt, dans un lieu non solitaire. Et d'après l'art. 349, si l'exposition a eu lieu dans un lieu solitaire, ce délit est puni de six mois à deux ans d'emprisonnement et d'une amende de 16 fr. à 200 fr. La peine est plus grave dans ce cas, si l'enfant, par suite de cette exposition, est demeuré mutilé ou estropié, ou s'il a reçu la mort. *Vid.* art. 351 du Code pénal.

de sa conduite que ces enfants étaient les fruits de son adultère. Il y avait là matière à désaveu que les Tribunaux criminels ou correctionnels n'étaient point appelés à juger ni à préjuger.

Il faut bien remarquer que, tout en reconnaissant que le fait commis par la femme Bernard, pouvait constituer le crime de suppression d'état dont parle l'art. 327 du Code civil, la Cour de Cassation n'a pas sursis aux poursuites jusqu'après le jugement civil, et a ordonné que cette femme serait traduite pour le délit d'exposition d'enfant. Cela prouve de plus en plus que la Cour suprême a pensé qu'il n'y avait à poursuivre et punir que le délit *public* d'exposition, et que les Tribunaux civils avaient seuls le pouvoir de statuer sur la question d'état sans qu'ils pussent être liés par l'instruction ni le jugement criminels.

494. — On doit également décider que l'art. 327 du Code civil ne s'étend pas au cas de simple supposition d'un enfant à une femme qui ne sera pas accouchée.

Dominique Marcellin avait faussement déclaré à l'Officier de l'Etat civil, la naissance, puis le lendemain, le décès d'un enfant dont il affirmait que sa femme, *Rose Mauduech*, était accouchée. Il fut établi que *Marcellin* avait frauduleusement fait cette double et mensongère déclaration, dans le but de faire révoquer, pour cause de survenance d'enfant, une donation qu'il avait précédemment consentie. Par arrêt du 19 février 1831 (1), la Cour de Cassation a jugé que le fait dont *Marcellin* s'était rendu coupable ne constituait rien qui ressemblât à la *suppression d'état,* dont l'art. 327 du Code civil réserve le jugement préalable aux Tribunaux civils, mais bien le crime de *supposition d'enfant* prévu et puni par l'art. 345 du Code pénal. Loin d'avoir, en effet, supprimé l'état ou la personne d'un enfant, le coupable avait donné un état à un enfant qui n'avait jamais existé, et il avait commis ce délit dans l'intention bien manifeste de nuire à autrui.

Nous avons senti le besoin de citer tous ces arrêts, pour faire cesser la divergence d'opinion des auteurs et faire disparaître leur incertitude au sujet de l'interprétation de l'art. 327 du Code civil. Il y avait à ne pas confondre avec la suppression d'état, la *suppression de la personne de l'enfant, l'exposition* et la *supposition,* divers cas qui ont des conséquences différentes par rapport à la compétence des Tribunaux.

5e *Addition.* — *Tome 3, page* 10, *n*º 376.

ENFANT NATUREL. — REPRÉSENTATION.

495. — Il est impossible de conserver le moindre doute sur cette question, à la lecture des deux principaux motifs sur lesquels la Cour suprême a fondé son dernier arrêt du 28 mars 1833. Elle a dit :

(1) Sirey, tom. 31, 1, 96 et 97.

1° Dans les successions irrégulières, le Législateur a toujours taxativement contemplé les seuls frères et sœurs du père naturel. — Dans le cas unique de l'art. 766, où, en fixant la succession à l'enfant naturel dans les biens autres que ceux que le même enfant aurait reçus de ses père et mère, et en voulant déférer cette même succession non-seulement à ses frères et sœurs naturels, mais encore *à leurs descendants*, le Législateur a pris soin de les y appeler en termes formels, ce qu'il n'a pas fait à l'égard des cas prévus par l'art. 757;

2° La lettre de la loi est conforme à son esprit. Plus la consanguinité s'éloigne, moins l'injure est grave. Le Législateur a donc pu, il a même dû borner la liberté souveraine de tester du père naturel avec plus de rigueur, à l'égard de ses frères et sœurs, qu'à l'égard de ses neveux et nièces. Les lois romaines refusaient, ainsi que le Code civil, toute réserve aux frères et sœurs du défunt. Elles ne le leur accordaient que *si scripti hœredes infamiœ, vel turpitudinis, vel levis notœ muentâ adspergantur* (1). Mais dans ce même cas, il n'était rien accordé aux enfants des frères et sœurs du même défunt. *Fratres vel sororis filii* (2).

Ces motifs répondent suffisamment à l'argumentation de M. Toullier et détruisent à jamais l'espoir

---

(1) *Leg.* 27, *Cod. de inoff. test.*
(2) *Leg.* 21, *eod. tit.*

qu'il avait conçu que, si la question se représentait à la Cour de Cassation, elle la déciderait autrement que dans l'arrêt du 6 avril 1813 (1). Elle s'est représentée deux fois encore, et deux fois elle a été jugée comme la première. Ainsi l'on peut dire aujourd'hui que c'est un point constant de Jurisprudence, puisqu'il existe trois arrêts unanimes de la Cour suprême sur cette question, indépendamment de ceux rendus par les Cours royales. Que M. Toullier ait trouvé étonnant que l'arrêt de 1813 se soit fondé sur ce que la représentation n'est pas admise en succession irrégulière, quand il s'agit d'enfants naturels, nous le concevons sans peine. Il a fort bien prouvé, par l'art. 766, que ce motif était peu solide, puisque, d'après cet article, non-seulement les frères et sœurs du bâtard, mais encore les descendants de frères ou sœurs lui succèdent. Mais le motif sérieux de ce premier arrêt a été pris de ce que la loi a établi séparément un ordre pour les successions ordinaires, et un ordre pour les successions irrégulières. Le motif sérieux de l'arrêt de 1833 a été que, si la représentation a lieu en faveur des enfants des frères et sœurs du bâtard, c'est parce que la loi l'a formellement déclaré (art. 766), tandis que dans l'art. 757 elle s'est arrêtée au premier degré, les frères et sœurs légitimes, et n'a voulu rien accorder

(1) *Tom. 4, pag.* 257. M. Duranton a tenu le même langage dans son *Droit français*, tom. 6, n° 288.

à leurs descendants. Sa pensée est claire et manifeste; il n'est pas permis de la méconnaître dans ce rapprochement.

6ᵉ *Addition.* — *Tome 2, pag.* 426 *à* 430, nᵒ 348.

ENFANT NATUREL. — RAPPORT. — RÉSERVE. — RETRANCHEMENT.

496. — M. Toullier n'est pas le seul auteur qui ait pensé, comme nous, que l'enfant naturel n'a pas le droit de demander que sa réserve porte sur les biens donnés avant sa reconnaissance. M. Chabot professe la même opinion (1). « Il n'y a personne qui prétende, dit-il, que l'enfant naturel peut exercer un droit de réserve sur les biens qui avaient été donnés par acte entre vifs, *avant qu'il fût légalement reconnu.* M. Grenier, M. Merlin et tous les auteurs qui partagent leur opinion, ont dit au contraire formellement que l'enfant naturel n'acquiert des droits, *à l'égard des tiers,* que par sa reconnaissance, et qu'ainsi son droit, à l'égard des tiers, ne peut s'appliquer aux biens dont ils étaient déjà propriétaires incommutables, avant qu'il fût reconnu. C'est ainsi que l'enfant adopté, quoiqu'il ait les mêmes droits que l'enfant né en mariage, ne pourrait cependant exercer la réserve sur les biens dont l'adoptant avait disposé entre vifs, avant l'acte d'adoption. »

(1) *Tom.* 2, *pag.* 98.

M. Chabot s'est ainsi exprimé, par exception au principe qu'il établit avec sa logique ordinaire, que l'enfant naturel a droit de faire porter sa réserve tant sur les biens donnés entre vifs, que sur ceux donnés par testament. Il répond ainsi victorieusement à ceux qui craignaient de voir révoquer une donation par une reconnaissance postérieure, quelquefois frauduleuse, d'un enfant naturel.

M. Grenier, cité par M. Chabot, dit également que : « Il faut cependant remarquer que l'enfant naturel qui aurait seulement été reconnu après la donation, ne pourrait pas en demander *le retranchement* pour un droit de réserve. La raison en est que, dans la règle, l'enfant naturel n'acquiert un droit à l'égard des tiers que par sa reconnaissance. Cette conséquence se tire de l'art. 337 du Code civil, où il est dit que la reconnaissance faite pendant le mariage par l'un des époux, au profit d'un enfant naturel qu'il aurait eu, avant son mariage, d'un autre que de son époux, ne pourra nuire, ni à celui-ci, ni aux enfants nés de ce mariage (1). »

Cette opinion de M. Grenier est la copie *littérale* de celle de M. Merlin (2).

497. — Cependant M. Duranton ne partage point l'opinion des imposantes autorités que nous venons

---

(1) *Traité des Donations et des Testaments, tom.* 2, *pag.* 467, *n°* 665.

(2) Répert. tom. 15, verb. *Réserve*, pag. 232, n° 9, 5ᵉ édition.

de rappeler (1). Il ne s'attache à réfuter que celle de
M. Toullier. « L'enfant naturel, dit-il, n'est pas tel
par rapport à l'individu qui l'a reconnu seulement ;
depuis sa reconnaissance, il est son enfant depuis la
conception, et il l'est avec tous les effets, toutes les
conséquences qui sont attachés à cette qualité, sauf
aux tiers à contester la sincérité de la reconnaissance, s'ils croient en avoir le droit. Et dire qu'ils
étaient propriétaires incommutables des biens qui
leur avaient été donnés avant la reconnaissance,
pour en conclure que l'enfant naturel n'y a aucun
droit, c'est uniquement une pétition de principe, ou
plutôt c'est une erreur ; car la reconnaissance est
simplement déclarative du fait de paternité, et nullement attributive de la qualité d'enfant, qui est
l'œuvre de la nature seule ; et les effets attachés à
cette qualité sont indivisibles. Ils ne se divisent point
par les époques. »

Que la reconnaissance soit simplement déclarative
de la paternité ; qu'elle ne soit point attributive de la
qualité d'enfant ; tout cela est incontestable. Mais en
conclure que, vis-à-vis des tiers, donataires entre vifs,
la reconnaissance a un effet rétroactif, c'est ce que nous
ne pouvons admettre, c'est ce que repoussent, et M. Merlin, et M. Toullier, et M. Chabot, et M. Grenier.

Nous avouons ensuite que nous ne comprenons
pas trop, toujours à l'égard des tiers, cette indivisi-

(1) Tom. 6, pag. 360, n° 311, à la note.

bilité que M. Duranton attache aux effets de la reconnaissance. C'est sans doute la faute de notre in-
telligence trop bornée.

498. — Mais ce qui nous paraît plus sérieux que
le raisonnement de M. Duranton, c'est un arrêt rendu
dans son sens, par la Cour royale de Toulouse, le 15
mars 1834, entre *De Labeaumelle* et *Fauré*. Cet arrêt a jugé, en effet, que les enfants naturels recon-
connus ont droit de demander la réduction des donations entre vifs, par suite desquelles ils se trouveraient privés de la portion de biens que la loi leur
attribue, alors même que les donations seraient *antérieures* à la reconnaissance (1).

La Cour a principalement considéré : « Que quelle
que soit la diversité des opinions des auteurs sur ce
point, il est néanmoins certain, d'après les textes ci-
dessus indiqués (art. 756, 757, 760 et 913 du Code
civil), qu'il serait impossible de garantir aux enfants
naturels reconnus les droits qu'ils leur attribuent,
s'ils n'avaient pas pour leur fixation, et comme les
enfants légitimes, le droit de discuter les titres qui, *à
quelque époque que ce soit*, ont porté quelque atteinte
au patrimoine de leurs auteurs, MAIS QUE CE DROIT
EST FORMELLEMENT CONSACRÉ EN LEUR FAVEUR PAR UN
ARRÊT DU 28 JUIN 1831. »

Nous observerons d'abord que, dans l'espèce qu'elle

(1) Sirey, tom. 34, 2, 537.

avait à juger, la Cour royale de Toulouse n'avait point à s'occuper de la question que nous examinons en ce moment. En effet, la dame *Fauré*, fille naturelle reconnue du sieur *De Labeaumelle*, critiquait comme simulée, et renfermant une libéralité déguisée, une quittance de 40.000 fr. portée dans le contrat de mariage de la veuve De Labeaumelle. Ce contrat, du 2 avril 1799, était bien antérieur à la reconnaissance de la fille naturelle, qui n'était que du 7 du même mois, mais le mariage n'avait été célébré que postérieurement à cette reconnaissance ; d'où la Cour a inféré que les droits de la veuve n'avaient été irrévocablement acquis qu'à partir du jour de la célébration de son mariage. Ce n'est donc qu'hypothétiquement que l'arrêt a discuté la question de la capacité de l'enfant naturel pour attaquer, dans l'intérêt de sa réserve, une donation antérieure à sa reconnaissance.

Un seul motif a été donné par la Cour de Toulouse pour justifier ce droit, c'est que, s'il n'existait pas, il serait impossible de garantir aux enfants naturels reconnus, ceux que la loi leur attribue, s'ils n'avaient pas pour leur fixation, *et comme les enfants légitimes*, le droit de discuter les titres, qui, à quelque époque que ce soit, ont porté quelque atteinte *au patrimoine de leurs auteurs.*

En assimilant les enfants naturels aux enfants légitimes, en voulant les honorer d'un égal privilége, la Cour royale de Toulouse y a-t-elle bien songé !

Est-ce que, à l'instar de l'enfant légitime, l'enfant naturel peut faire rétroagir son droit à l'époque de sa naissance, même à l'époque de sa conception? Qu'est-ce d'ailleurs, pour l'enfant naturel, que le patrimoine de son auteur? C'est uniquement celui dont son auteur se trouve nanti au moment de la reconnaissance. C'est à cette époque seule que s'ouvre son droit. Si on lui accorde un effet rétroactif, ne voit-on pas que l'on efface d'un seul trait la profonde ligne de démarcation que l'intérêt de la famille et les bonnes mœurs ont établie entre l'enfant du mariage et le fruit de la dépravation?

499. — Mais, à notre grand étonnement, la Cour royale de Toulouse s'est bien plus étrangement trompée encore. On a vu qu'elle a fini par dire que le droit exorbitant qu'elle attribue à l'enfant naturel, est formellement consacré *par un arrêt du* 28 *juin* 1831.

Cet arrêt émane de la Cour de Cassation (1). Nous l'avons vérifié; nous l'avons lu et relu avec l'attention la plus scrupuleuse, et nous nous sommes convaincu, comme nos lecteurs pourront se convaincre eux-mêmes, non-seulement que cet arrêt n'a pas jugé ce que suppose la Cour de Toulouse, mais qu'il a jugé positivement le contraire.

En effet; dans l'espèce de cet arrêt, le nommé *Ga-*

---

(1) Sirey, tom. 31, 1, 279.

briel, père d'un enfant légitime et de deux enfants naturels *déjà* reconnus, avait passé, au profit du fils légitime, un contrat de vente de trois maisons, à charge de rente viagère. Ces trois maisons formaient sa principale fortune. Après sa mort, ses enfants naturels attaquent ce contrat comme contenant avantage indirect. Le Tribunal de la Seine le reconnaît ainsi. Son jugement est confirmé par arrêt de la Cour royale. Le pourvoi contre cet arrêt est rejeté principalement par le motif suivant :

« Attendu que l'enfant naturel reconnu, tenu au » rapport et assimilé aux successibles aux termes de » l'art. 760 du Code civil, dans le cas où il aurait » reçu des avantages anticipés, peut, par raison de » réciprocité, exiger le rapport des avantages faits *à son préjudice* DEPUIS SA RECONNAISSANCE. »

Trois points sont à remarquer dans ce motif :

1º En fait, le contrat de vente déclaré avantage indirect, n'avait été consenti par le père à son fils légitime, que *depuis* la reconnaissance par lui faite de ses deux enfants naturels.

2º En Droit ; ce n'est que dans le cas de la reconnaissance *antérieure* que l'enfant naturel peut attaquer les donations qui tendent à diminuer sa réserve.

3º En Droit encore ; les avantages attaqués par l'enfant naturel ne lui sont légalement *préjudiciables*, que lorsqu'ils ont pour objet de diminuer la réserve que la loi lui assure sur les biens dont son père était propriétaire au moment où il l'a reconnu.

7ᵉ Addition. — *Tome 3, pag.* 71, nº 407.

ENFANT NATUREL. — RENONCIATION. —
ACCROISSEMENT.

500. — Sous l'ancienne Législation, les bâtards ne pouvaient succéder à leurs frères et sœurs, même dans le cas de déshérence. L'art. 310 de la coutume d'Orléans portait : *enfants bâtards ne succèdent :* parce que, dit Potier, il n'y a que la parenté légitime qui puisse donner lieu aux successions.

Ferrière, sur la coutume de Paris (318, § 5, nº 5), enseigne que les enfants naturels ne succèdent point les uns aux autres, parce que, en France, *on ne reconnaît point le lien du sang qui vient hors le mariage légitime.* A plus forte raison, ils ne peuvent succéder à leurs frères légitimes.

Sous le Code, il faut décider que les enfants naturels se succèdent entre eux; mais que, dans aucun cas, ils ne succèdent à leurs frères légitimes. Cette double vérité résulte évidemment de l'art. 766 qui, en attribuant à ces derniers ce que l'enfant naturel avait reçu de ses père et mère, ajoute que tous ses autres biens, quand il vient à décéder, passent à ses frères et sœurs naturels, ou à leurs descendants.

Or, dans le cas où nous avons raisonné, *Loc. sup.*

cit., si l'enfant légitime ou naturel qui renonce ou qui est déclaré indigne, devait être considéré, *quoi-qu'il ait été saisi*, comme s'il n'avait jamais existé, ne serait-ce pas créer, en faveur de ses frères et sœurs légitimes ou naturels, une espèce de droit de succéder que la loi leur refuse les uns vis-à-vis des autres? Oui, sans doute ; car si c'est un frère légitime qui renonce, la portion du frère naturel sera plus forte ; et si c'est un frère naturel qui renonce, la portion du frère légitime sera d'autant plus considérable. Tandis qu'en procédant, comme nous l'avons indiqué, chacun conserve dans sa plénitude le droit attaché à sa qualité, et n'usurpe pas celle de l'autre qui doit lui être légalement étranger. Ce qui, d'ailleurs, doit trancher la difficulté, nous l'avons déjà dit, c'est l'art. 786 qui porte que la part du renonçant accroît à ses cohéritiers. Or, les frères légitimes et les frères naturels ne sont pas cohéritiers entre eux. M. Chabot a beau dire que cet article se trouve écarté par l'art. 757. Nous ne pourrons jamais comprendre qu'une disposition antérieure de loi puisse abroger, modifier ou *écarter* une disposition postérieure, à moins que le Législateur ne s'en soit expressément expliqué. S'il s'en était tenu à l'art. 785 qui porte que l'héritier qui renonce, est censé n'avoir jamais été héritier, on concevrait le système que nous combattons, parce qu'alors la part du renonçant n'aurait pas un seul instant fait impression sur sa tête. Mais la loi a été plus loin dans l'art. 786. Elle a voulu fixer le sort de cette part et elle l'a attribuée, par droit d'accroissement, aux *cohéritiers* du renonçant, et, s'il est seul, au degré subséquent. Sa pensée est à la fois claire et énergique.

501. — La différence entre les deux modes d'attribution est pourtant assez forte.

Supposons un père laissant une fortune de 48.000 f. divisible entre trois enfants légitimes, *Jean*, *Paul*, *Louis*, et un enfant naturel reconnu, *Vincent*. Si tous recueillaient et qu'ils fussent tous légitimes, ils auraient un quart chacun, soit 12.000 fr. Mais *Jean* renonce. D'après M. Chabot, il est censé n'avoir jamais existé, en sorte que la succession se partage en trois, ce qui ferait pour chacun 16.000 fr. Mais comme *Vincent* est enfant naturel, il n'a que le tiers de ces 16.000 fr., soit 5.333 fr. 33 c. Reste 42.667 f. à diviser entre *Paul* et *Louis*, frères légitimes, ce qui fait pour chacun, 21.333 fr. 50 c.

Suivant nous, au contraire, sur les 48.000 fr. qui étaient originairement divisibles en quatre, les deux frères légitimes survivants prennent 36.000 fr., savoir, 24.000 fr. de leur chef, et 12.000 du chef de leur frère décédé. L'autre quart, 12.000 fr., ne peut revenir en entier à *Vincent* ; il n'en a que le tiers qui est 4.000 fr., reste 44.000 fr. à partager entre *Paul* et *Louis*, ce qui fait pour chacun 22.000 fr.

Supposons maintenant les mêmes trois enfants légitimes et deux enfants naturels *André* et *Vincent*,

devant se partager la même masse de 48.000 fr.
André renonce. Il est censé n'avoir jamais existé
d'après M. Chabot. Il ne reste donc que quatre copartageants. Sur le quart des 48.000 fr., s'élevant à
12.000 f., *Vincent* ne prend que le tiers, soit 4.000 fr.
Les trois frères légitimes, 44.000 fr., c'est-à-dire
chacun 14.333 fr. 33 c.

Suivant nous, au contraire, *André* ayant recueilli
le tiers du cinquième des 48.000 fr. soit 3.200 fr.
et ayant renoncé, sa portion accroît à son frère naturel, *Vincent*, qui a recueilli une pareille valeur. En
sorte que ce dernier aura 6.400 fr. des deux chefs,
et les trois frères légitimes 41.600 fr. seulement,
c'est-à-dire chacun 13.866 fr. 66 c. 1/2.

Ainsi, dans la première hypothèse, M. Chabot at-
tribuerait à l'enfant naturel 1.333 fr. 33 c., au-delà
de ce qui lui revient, et frustrerait d'autant les frères
égitimes.

Et dans la seconde hypothèse il enlèverait à l'enfant naturel 2.400 f. pour en enrichir les frères légitimes à qui, selon nous, ce surcroît de valeur ne doit
pas appartenir.

8e *Addition.* — *Tom.* 2, *pag.* 212. n° 271, *et tom.*
3, *pag.* 158, n° 441 *et pag.* 163.

ENFANT ADULTÉRIN. — NOM DE FAMILLE.

502. nous avons dit, *Lac. cit. sup.*, que l'enfant

adultérin ou incestueux a le droit de porter le nom
du PÈRE ou de la mère qui l'a reconnu. Nous avons
émis cette proposition comme si elle n'était ni con-
testable, ni contestée. Nous nous étions fondé sur
l'ancienne Jurisprudence, et particulièrement sur
celle de Bordeaux, attestée par *Salviat* (1), qui dit que
les bâtards adultérins peuvent porter le nom de leur
père malgré lui, conformément à un arrêt du Parlement de Paris, rapporté par *Angeard.* » Et en effet,
Angeard, tom. 2, pag. 26, rapporte cet arrêt sous la
date du 18 juin 1707, rendu sur les conclusions de
M. Lenain, Avocat-Général.

Sous le nouveau Droit, nous avions vu que M. Merlin (2), en parlant de cet arrêt, et sans distinguer entre le bâtard simple et le bâtard adultérin, s'exprimait ainsi :

« Les enfants légitimes portent le nom de leur
père. Les enfants légitimés ont le même droit. Mais
les *bâtards* ne l'ont pas. Cependant, *lorsqu'ils sont reconnus par leur père, ils peuvent porter son nom.* »

503. — Mais cette question a été jugée contre notre opinion : 1° par arrêt de la Cour royale de Paris,
du 22 mars 1828, rendu contre *Adelle,* fille adultérine reconnue du comte *Pillot-de-Coligny ;* 2° par
arrêt de la Cour royale de Douai, du 26 décembre
1835, rendu contre *Jean-Louis Leleux* (3), et par au-

(1) Verb. *Bâtard.*
(2) Rep. *Verbo Nom,* § 6, n° 2.
(3) Sirey, tom. 29, 2, 75, et tom. 37, 2, 188.

tre arrêt de la Cour royale de Paris, du 23 juillet
1842, rendu contre *Charles*, fils adultérin reconnu du
colonel *Duval-d'Eprémesnil*, et de la demoiselle *Rose
Dupuis*, actrice du Théâtre français (1).

Ces arrêts ont été motivés, savoir, le premier sur
ce que le nom fait partie de l'état des personnes, et
appartient exclusivement aux membres de la famille ;
— le second, sur ce qu'un nom de famille est une
propriété dont nul ne peut jouir qu'en vertu de sa filiation, et auquel même l'Etat ne pourrait porter atteinte sans l'aveu de la famille ; que cet aveu, même
la possession trentenaire, sont insuffisants, puisque
le nom ne peut être possédé qu'en vertu d'un acte de
naissance ou de reconnaissance et comme conséquence
d'une filiation vicieuse.

Quant au troisième arrêt, il faut savoir que, après la
mort du colonel *D'Eprémesnil*, ses héritiers passèrent
avec son fils adultérin reconnu une transaction par
laquelle il reçut d'eux, à titre d'aliments, une somme
de 12.000 fr., une fois payée, à partager avec Ma-
dame *Geoffroy*, sa sœur, qui se trouvait dans la même
position. Il signa la transaction du nom de *D'Eprè-
mesnil*, et la famille ne fit aucune objection. Il reçut
sous ce nom le diplôme de Licencié en Droit.

Malgré cet acquiescement des héritiers et sur leurs
poursuites, la Cour royale a fait défense à *Charles*
de prendre et porter le nom de *D'Eprémesnil*, en se

(1) Bulletin de la *Presse* du 24 juillet 1842.

fondant sur ce que la transaction invoquée ne touchait pas au droit de porter ce nom, et qu'alors même qu'il en serait ainsi, c'était là un intérêt d'ordre public, et qu'il ne résulterait de cette transaction aucune fin de non-recevoir (1).

504. — L'intention qui a dicté ces arrêts est certainement très louable. Ils ont été rendus en haine de la dépravation des mœurs qui envahit chaque jour le foyer domestique. Les Magistrats ont trouvé scandaleux que l'enfant du crime portât dans la société le nom de l'enfant du mariage. Mais ce sentiment si pur, si noble qu'il soit, n'a-t-il pas un entraînement dangereux au point de vue de la légalité? C'est ce qu'il faut examiner de sang-froid.

Les partisans du système consacré par ces décisions, disent que, puisque, d'après l'art. 335 du Code civil, la reconnaissance ne peut avoir lieu au profit des enfants nés d'un commerce incestueux ou adultérin ; elle doit être considérée, si elle est faite, comme nulle, comme si elle n'avait jamais existé.

Mais nous avons déjà prouvé (2) que cette proposition était beaucoup trop absolue en présence de l'art. 762 du même Code qui donne bien quelque va-

---

(1) Si nous devons en croire l'Avocat (M. Léon Duval qui plaidait pour *Charles*, la Cour royale de Paris aurait rendu un arrêt contraire en 1835. Mais nous avons vainement cherché cet arrêt dans tous les recueils.

(2) Tom. 2, pag. 328 et 329, nos 318 et 319.

leur à la reconnaissance de ces enfants, puisque cet
article leur accorde des aliments. Nous croyons avoir
prouvé encore que la reconnaissance volontaire a la
puissance de produire cet effet.

Supposons néanmoins que ce dernier point soit er-
roné ; on est obligé de convenir que des aliments
sont dus à ces mêmes enfants si leur filiation adultérine ou incestueuse vient à être établie par la force
des choses, par exemple dans l'instruction d'une procédure criminelle.

Or, si après cette découverte juridique, le père
d'un enfant incestueux ou adultérin refuse de lui
fournir des aliments ou ne lui en offre que d'insuffisants, l'enfant aura bien le droit de les lui demander devant les Tribunaux. En vertu de quelle
qualité agira-t-il contre lui, quel nom pourra-t-il
prendre dans les actes qu'il lui fera signifier? Ré-
pondra-t-on qu'il agira sous son *prénom* seulement,
en dissimulant sa honteuse origine? Déguisement
puéril et inutile!.. Est-ce que, lors de la discussion
publique, ce voile menteur ne sera pas déchiré? Et
si la discussion se fait à huis-clos, est-ce que le
jugement qni accordera les aliments demandés n'en
énoncera pas la cause? Voudra-t-on tricher encore
avec le fait dominant, en ne rappelant l'enfant dans
le jugement à rendre que comme *enfant naturel*, sans
ajouter *adultérin* ou *incestueux?* Imprudente maladresse que celle-là ! car, après la mort de son père,
cet enfant attaquera ses héritiers légitimes pour se

faire délivrer la part de biens que l'art. 757 du Code
accorde à l'enfant naturel simple né de deux personnes libres. Et si ces héritiers veulent contester, ne
voit-on pas arriver la grande révélation que l'on aura
pris tant de peine à éviter?

Dire qu'autrefois comme aujourd'hui l'enfant adultérin ou incestueux n'a jamais eu le droit de porter
que le nom de sa mère, c'est trop généraliser pour
esquiver la difficulté. Cela est vrai, mais pour le cas
seulement où l'enfant n'a pas été reconnu par son
père ; parce que la mère est toujours certaine, et
qu'en cette matière la recherche de la paternité est
interdite par l'art. 342 du Code civil. Nous allons
même trop loin, en disant que, pour cette hypothèse,
la mère est toujours certaine, et que l'enfant a le
droit de prendre son nom ; car si la mère aussi se
cache, le même article lui défend de la rechercher.

Mais, lorsque la filiation paternelle de l'enfant a
été établie d'une manière volontaire ou forcée, nous
ne voyons rien dans la loi qui lui défende de porter
le nom du père à qui il est attribué par un acte ou
par un jugement authentique. Anciennement, comme
sous le Code, la reconnaissance de cet enfant était
également prohibée en tant qu'il était exclu de toute
participation aux biens de son père ; mais par cela
seul qu'un principe d'humanité lui faisait accorder
des aliments, il prenait et avait le droit de prendre,
pour les demander, le nom de celui qui lui avait

donné le jour. L'arrêt du Parlement de Paris est là pour l'attester.

505. — Ce n'est pas tout.

Nous lisons dans Locré (1) que la Cour de Lyon demandait qu'on ajoutât au projet les dispositions suivantes :

1° La loi prohibe la reconnaissance des enfants adultérins et incestueux, celles qui pourraient être faites seront nulles, comme non-avenues, et ne pourront donner aucune action ; elles seront biffées à la diligence du Commissaire du Gouvernement ;

2° Le père ou la mère qui les auront faites, seront condamnés correctionnellement à six mois de détention, et à une amende égale à deux années de leur revenu ;

3° L'Officier civil qui les aurait sciemment reçues, sera destitué et condamné à six mois de détention.

Eh bien ! de ces trois dispositions proposées, la première seule fut adoptée, mais uniquement pour le principe. Les autres furent rejetées, puisque l'art. 335 qui ne se trouvait point dans le projet du Code, fut rédigé tel qu'il existe aujourd'hui. Il fut ainsi conçu :

« Cette reconnaissance (d'enfant naturel) ne pourra

_____

(1) Tom. 4, pag. 182 de *l'Esprit du Code*, éd. in-4°.

» avoir lieu au profit des enfants nés d'un com-
» merce incestueux ou adultérin.

Ainsi, point de *nom à biffer* sur les registres de
l'Etat civil, si la reconnaissance y est inscrite contre
la prohibition de la loi ; *point d'action déniée* à l'enfant sur le fondement de cette reconnaissance pour
se faire attribuer des aliments ; point de *peine* à prononcer contre ses père et mère qui l'auront faite, ni
contre l'Officier de l'Etat civil qui l'aura reçue. Et
croit-on que tout cela a été omis sans dessein ? Et
non certes. M. Locré nous l'apprend lui-même. Les
Législateurs songèrent qu'il se présenterait des circonstances où l'enfant adultérin pourrait avoir droit
à des aliments ; qu'il faudrait par conséquent lui accorder une action pour les réclamer et qu'il ne pourrait le faire qu'en se servant du nom qui lui aurait
été donné dans l'acte même de reconnaissance. Cette
dernière nécessité ne fut pas, il est vrai, formellement
énoncée, parce qu'il ne pouvait en être question
qu'au titre des Successions irrégulières où elle a été
plus tard résumée et sous-entendue dans l'art. 762.

Au risque donc d'éveiller des susceptibilités bien
honorables sans doute, il nous semble que si la question s'était présentée sous ces divers aspects, elle aurait pu, elle aurait dû peut-être recevoir une solution
contraire à celle que lui ont donnée les trois arrêts
que nous avons ci-dessus rappelés.

9ᵉ *Addition.* — Tom. 3, *pag.* 38, n° 383.

LEGS. — ENFANTS LÉGITIMES. — ENFANTS NATURELS. —

FILS OU PETIT-FILS.

506. — Puisque la Cour de Cassation a décidé par l'arrêt rapporté *sup. Loc. cit.* que le mot *postérité* ne s'entend, dans le sens de la loi, que de la postérité légitime, on doit se demander si un legs fait par *Mœvius* AU FILS OU PETIT-FILS de *Titius,* sans autre désignation, doit appartenir, en cas de mort du fils légitime de Titius, à l'enfant naturel reconnu de ce dernier, par préférence à son petit-fils légitime, où à celui qui est appelé à son défaut?

Si, à l'époque de sa disposition, *Mœvius* savait que le fils légitime de *Titius* était mort, et que néanmoins il ait persisté à faire son legs dans les termes que nous venons de poser, nous pensons que ce legs devrait être recueilli par l'enfant naturel reconnu.

Mais si, lorsqu'il a fait son testament, *Mœvius* ignorait et devait ignorer la mort du fils légitime de *Titius,* le legs, suivant nous, devrait appartenir à l'enfant de ce fils légitime, à l'exclusion du fils naturel de *Titius.* La raison en est qu'on doit moralement croire que le testateur n'a songé et dû songer qu'à la descendance légitime, à moins de circonstances particulières rappelées dans le testament, ou établies par écrit en dehors de cette disposition.

Le cas s'est présenté à juger dans l'espèce mémorable que ncus allons faire connaître. Nous en empruntons la relation au Recueil de Sirey (1).

Le testament fait par Napoléon à l'île Sainte-Hélène, le 15 avril 1820, renfermait la clause suivante :

« Nous léguons *au fils ou petit-fils* du général Dugommier, qui a commandé en chef l'armée de Toulon, la somme de cent mille francs. Nous avons, sous ses ordres, dirigé et commandé l'artillerie ; c'est un témoignage de souvenir pour les marques d'affection et d'amitié que nous a données ce brave et intrépide général. »

Un codicile postérieur porte que, en cas de mort des légataires institués, le bénéfice du legs appartiendra à leurs veuves.

Deux prétendants se sont présentés pour recueillir le legs. Le premier était le capitaine *Désiré-Adonis Dugommier*, seul fils existant du général, mais qui n'est qu'un enfant naturel adultérin. Le second était la dame *Zecca*, veuve de *Chevrigny-Dugommier*, fils légitime, décédé sans enfants en 1813.

Pour établir que le legs lui appartenait, Désiré-Adonis Dugommier faisait observer que Chevrigny-Dugommier étant mort en 1813, huit ans avant le testament, Napoléon n'avait pu avoir en vue d'autre fils que lui, Désiré-Adonis Dugommier ; il disait

(1) 31, 2, 344.

aussi avoir été particulièrement connu de Napoléon, et citait divers faits à l'appui de son assertion.

Mais, le 28 août 1830, jugement du Tribunal de la Seine qui prononce en ces termes :

« Attendu qu'en Droit comme dans le langage habituel, ces expressions *fils* et *petit-fils*, sans aucune désignation particulière, doivent s'entendre des enfants et petits-enfants légitimes ; que, dans l'espèce, aucune désignation particulière n'indique que Napoléon Bonaparte, en léguant cent mille francs aux fils ou petits-fils du général Dugommier, ait entendu attribuer ce legs à Adonis ; que jamais Adonis n'avait été l'objet de sa protection spéciale ; qu'il résulte, au contraire, des faits de la cause, *des idées connues du testateur*, des expressions dont il s'est servi, que son intention a été, en donnant une marque de souvenir à la mémoire de son ancien général, de faire porter l'effet de sa libéralité sur Chevrigny-Dugommier, fils légitime de celui qu'il voulait honorer ; que Chevrigny-Dugommier, outre sa qualité d'enfant légitime, était connu particulièrement du testateur, qu'il avait suivi dans l'expédition de Russie en qualité d'Officier général et dont il avait reçu, même dans les derniers moments, des témoignages particuliers de bienveillance ; que l'existence de Chevrigny-Dugommier, après les désastres de cette expédition, *étant et devant être incertaine aux yeux de Napoléon Bonaparte*, celui-ci avait reporté sa libéralité sur le fils que Chevrigny-Dugommier aurait pu laisser après lui ;

» Attendu que, par un second testament, il a été dit que, à défaut de fils ou petit-fils de Dugommier, le legs serait recueilli par sa veuve, déboute Adonis de sa demande, condamne Barbier Saint-Hilaire, ès-nom qu'il procède, à faire délivrance à la veuve Chevrigny-Dugommier du legs à elle fait par Napoléon, etc. »

Sur l'appel, ce jugement a été confirmé par arrêt de la Cour royale de Paris, du 9 mai 1831.

Nous sommes d'autant moins étonné de cet arrêt qui, comme on le voit, est tout hypothétique, qu'Adonis Dugommier était *enfant adultérin* du Général, et que d'ailleurs Napoléon ignorait la mort de son fils légitime. On ne peut donc pas dire que cet arrêt soit un arrêt de principe. Il ne pouvait pas être rendu différemment d'après les faits connus.

10e *Addition.* — *Tom. 3, page 97, n*o 413.

ENFANT NATUREL RENONÇANT OU INDIGNE. — DESCENDANTS. — REPRÉSENTATION. — ACCROISSEMENT.

507. — Lorsque l'enfant naturel a survécu au père qui l'a reconnu, et qu'il renonce à la succession ou qu'il est déclaré indigne, ses enfants ou descendants peuvent-ils jouir du bénéfice de la disposition de l'art. 759 du Code civil? Peuvent-ils, à la place

de l'enfant naturel renonçant ou indigne, réclamer les droits qu'il n'a pu ou voulu recueillir?

L'art. 759 dit que, en cas de *prédécès* de l'enfant naturel, ses enfants ou descendants peuvent réclamer les droits fixés par les articles précédents. Mais aucun autre article du Code ne parle du cas de *l'indignité* ou de la *renonciation* de l'enfant naturel dont les droits sont réglés par le chapitre 4, section première. Seulement dans la section 2 du chapitre 5, se trouve l'art. 785 qni porte que *l'héritier qui renonce*, est censé n'avoir jamais été héritier; et l'art. 786 ajoute qu'on ne vient jamais par représentation d'un héritier qui a renoncé; que si le renonçant est seul héritier de son degré, ou si tous ses cohéritiers renoncent, les enfants viennent de leur chef, et succèdent par tête.

M. Chabot (1) pense et cherche à prouver que ces deux derniers articles sont applicables aux enfants naturels reconnus. Il décide en conséquence que, s'ils viennent à renoncer ou à être déclarés indignes, leurs descendants ne peuvent jouir du bénéfice de l'art. 759, article fait pour le cas unique du prédécès de leur père.

Il est bien vrai que l'art. 759 ne parle que du *prédécès*. Mais est-ce à dire que cette disposition du Code est absolument limitative et ne peut s'étendre à d'autres cas où l'enfant naturel est mis dans l'im-

---

(1) Tom. 2, pag. 232 et suiv.

possibilité de recueillir la portion que lui attribuent les art. 757 et 758? M. Chabot prétend que l'art. 759 n'ayant prévu qu'un cas particultier, et ne s'é-tant pas exprimé en termes démonstratifs, ce serait vouloir lui faire dire ce qu'il ne dit pas, et même le contraire de ce qu'il dit, puisqu'il établit une seule exception. Mais M. Chabot ne fait pas attention qu'il se réfute lui-même en appliquant à l'enfant naturel l'art. 785. En effet, tout en convenant que ce n'est pas par voie d'accroissement que les héritiers légi-times profitent du droit qui appartenait à l'enfant na-turel et auquel il a renoncé, il ajoute qn'ils en profi-tent par la raison que l'enfant naturel qui a renoncé à la succession irrégulière, *est censé n'avoir jamais été successeur*. Mais ce n'est que pour les héritiers lé-gitimes que la loi s'est ainsi prononcée dans l'art. 785. Pourquoi donc M. Chabot veut-il rendre cette disposition commune aux enfants naturels qui ne sont points héritiers.

Ne peut-on pas répondre encore que, si par la re-nonciation ou l'indignité de l'enfant naturel, les hé-ritiers légitimes prennent leš droits que la loi lui avait attribués, c'est en quelque sorte les faire succé-der à cet enfant, tandis que, suivant l'art. 766, ils sont formellement exclus de sa succession? Oui, sans doute. Car, enfin, l'enfant naturel a été *saisi* de son droit. Par cela même il est devenu transmissible à ses descendants, soit par son décès, soit par sa re-nonciation. Et quant à l'enfant déclaré indigne, il a été également *saisi*; ce principe était certain dans l'ancien Droit. Il a été conservé par l'art. 730 de notre Code (1).

Mais il nous semble que c'est sous un tout autre rapport que l'on doit envisager la question posée.

Il faut se demander si, à l'instar de l'héritier légitime, l'enfant naturel reconnu peut être déclaré indigne ? si, à l'instar de l'héritier légitime, l'enfant naturel reconnu peut être admis à renoncer ? L'affirmative de ces deux questions ne peut être un instant douteuse ; car, d'un côté, l'enfant naturel qui s'est rendu coupable des faits qui font encourir l'indignité à l'enfant légitime ne peut pas jouir de plus de faveur que lui-même. Il en mérite bien moins encore. De l'autre, on ne peut certainement pas plus forcer l'enfant naturel que l'enfant légitime à accepter les droits que la loi leur attribue dans la succession de leur auteur.

Cela posé, puisque la loi n'a créé dans aucune de ses dispositions une espèce d'indignité particulière pour l'enfant naturel, ni posé des principes à part, pour régler les suites, les conséquences de cette indignité, on est amené, par la force des choses, à se

(1) Lebrun, Traité des Successions, liv. 3, chap. 1er, nᵒ 9, après avoir mis en parallèle l'indigne et l'incapable, s'exprime ainsi : « L'on peut dire que l'indigne est saisi de plein droit, mais que l'incapable ne l'est pas, et que l'indigne est capable d'acquérir, mais qu'il ne peut pas conserver, tandis qu'au contraire, l'incapable ne peut pas même acquérir une succession, et s'en dire saisi en façon quelconque. »

placer sous l'empire de la disposition générale de
l'art. 730 du Code civil. Or, cet article porte que *les
enfants* de l'indigne, venant à la succession de leur
chef, et sans le secours de la représentation, ne sont
pas exclus pour la faute de leur père ; mais celui-ci
ne peut, en aucun cas, réclamer sur les biens de
cette succession l'usufruit que la loi accorde aux
père et mère sur les biens de leurs enfants. Ce n'est
donc pas par droit de représentation, ni par droit
d'accroissement mais *jure suo*, que les descendants de
l'enfant naturel reconnu sont appelés à recueillir les
droits qu'il aurait recueillis lui-même dans la succession de son père, s'il n'avait pas encouru l'indignité.

Et puisque la loi n'a créé non plus dans aucune
de ses dispositions une espèce de renonciation particulière pour l'enfant naturel, ni posé des principes
à part pour régler les suites, les conséquences de
cette renonciation, on est encore amené, par la force
des choses, à se placer sous l'empire de la disposition
générale de l'art. 786 du même Code. Or, cet article porte que la part du renonçant accroît à ses cohéritiers ; s'il est seul, elle est dévolue au degré subséquent.

Et comme l'enfant naturel n'a point de cohéritiers
dans les héritiers légitimes qui ne peuvent lui succéder ; comme il est seul ; s'il renonce, sa part est dévolue à ses enfants ou descendants qui forment, par
rapport à lui, le degré subséquent. Ici, c'est par un

droit tout personnel que s'opère la dévolution ; ce n'est pas non plus par droit de représentation ; car l'art. 787 dit formellement qu'on ne vient jamais par représentation d'un héritier qui a renoncé.

Et c'est si bien par un droit personnel que s'opère la dévolution en faveur des enfants ou descendants de l'enfant naturel renonçant, que cet art. 787 ajoute que, si le renonçant est seul héritier de son degré, ou si tous ses cohéritiers renoncent, les enfants viennent de leur chef et succèdent par tête.

Maintenant changez, pour les enfants naturels, les mots *héritiers*, *cohéritiers*, remplacez-les par les mots *successeurs*, *copartprenants*, qualifications que la plupart des auteurs leur donnent, vous ne changerez pas pour cela leur position ni leur droit. Vous serez forcé de les soumettre aux règles que nous venons d'invoquer, puisque, encore une fois, d'autres règles n'ont pas été faites pour eux.

Il nous paraît inutile de répondre a l'objection de de M. Chabot prise de ce que les descendants de l'enfant naturel n'ont aucun lien civil avec les père et mère qui ont reconnu cet enfant ; que, par l'art. 756, ils sont formellement exclus de tous droits sur les biens de ces père et mère qui sont à leur égard comme des étrangers. Pourquoi cependant ce lien a-t-il été reconnu et établi par l'art. 759 pour le cas de *prédécès?* C'est, dit-on, par dérogation. Est-ce qu'il est possible que ce lien existe pour un cas, et n'existe pas pour tous les autres? Est-ce que, d'un autre côté, il existe plus de lien civil entre l'enfant naturel et des collatéraux légitimes à qui l'on veut si gratuitement attribuer sa portion, quand il renonce, au préjudice de ses propres enfants ? Ne voit-on pas ici l'injustice le disputer à l'illégalité ? M. Chabot l'a bien senti ; car lorsqu'on lui a objecté que son système conduirait à l'immorale conséquence de priver les descendants de l'enfant naturel au profit, soit de parents qui seraient au dernier des degrés successibles, soit du conjoint survivant, soit même du fisc, M. Chabot s'est borné à répondre que, si ce reproche d'injustice et d'immoralité pouvait être fondé, il faudrait l'adresser également et à bien plus forte raison encore, à la disposition de l'art. 756, de laquelle il résulte bien certainement, dit-il, qu'en cas de prédécès du père d'un enfant naturel reconnu, cet enfant lui-même ne peut avoir aucun droit sur la succession de son aïeul. Cependant l'art. 759 accorde ce droit aux descendants de l'enfant naturel sur les biens de la succession de son père, et nous le répétons, il le leur accorde et doit nécessairement le leur accorder pour le cas d'indignité ou de renonciation, comme pour le cas de prédécès. Nous croyons l'avoir suffisamment démontré.

11e *Addition.* — *Tome 3, page* 105, *n°* 418.

ENFANT NATUREL. —— RÉDUCTION DOUBLE.

502. — L'opinion de MM. Toullier et Grenier

n'est pas la seule, en faveur de la double réduction
dont peuvent être frappées les droits de l'enfant naturel reconnu. Cette opinion est encore professée par
M. Chabot (1). Voici comment il s'exprime :

« La réduction autorisée par cet art. (761) est absolument indépendante de celle qui peut résulter des
dispositions qui sont permises aux père et mère, jusqu'à concurrence de la portion disponible ; en sorte
que l'enfant naturel qui, déjà, se trouve réduit à
ne prendre part que dans les biens dont il n'a pas été
disposé, ou qui étaient indisponibles, peut être encore réduit à n'avoir dans ces biens que la moitié
des droits déterminés par les art. 757 et 758. »

509. — Cependant M. Duranton (2), à l'exemple
de M. Vazeille, mais déterminé par d'autres motifs,
soutient l'opinion contraire. Après avoir rappelé
celle de M. Toullier, il dit :

« Bien certainement M. Toullier ne pourrait concilier les résultats de sa décision avec celle qu'il
donne au sujet de la réserve. En effet, il veut (n° 267)
que la réserve soit du tiers de celle qu'aurait eue
l'enfant naturel s'il eût été légitime, dans le cas où
il y a des descendants légitimes ; de moitié, dans le
cas où il y a des ascendants ou des frères ou sœurs
ou descendants d'eux ; et des trois quarts, lorsqu'il
n'y a ni descendants légitimes, ni ascendants, ni frè-

(1) Tom. 2, pag. 254 et suiv.
(2) Tom. 6, pag. 346, à la note.

res, ni sœurs, ou descendants d'eux. En sorte que, sur une succession de 48.000 fr., un enfant légitime et un enfant naturel, la réserve de celui-ci, feint instantanément légitime pour fixer la quotité disponible, est du tiers de 16.000 f., ou autrement 5.333 f. 33 c., parce que sa réserve eût été de 16.000 fr., s'il eût été légitime. Or, si le père dispose d'abord au profit d'un tiers de la quotité disponible, et qu'ensuite, il réduise l'enfant naturel à la moitié des droits déterminés par l'art. 757, en ce qui concerne les biens non donnés, comme le dit M. Toullier, cet enfant assurément ne trouvera pas ses 5.333 f. 33 c. de réserve dans la moitié de ce qui lui reviendrait de ces mêmes biens. Il n'y trouverait même presque rien ; car la réserve de l'enfant légitime doit être intacte, quoique nous reconnaissions très bien qu'elle doit être moindre de ce qu'elle aurait été, si l'enfant naturel n'eût pas existé. Mais la différence est peu considérable, comme on le verra bientôt. Ainsi, les vues de M. Toullier sont inconciliables dans les résultats. Cet auteur n'a aucun système arrêté sur cet objet ; il va çà et là, et on le conçoit très bien, c'est qu'il n'a changé d'opinion que sur quelques points seulement de sa doctrine, sans toucher aussi à son Ouvrage dans les autres. La réduction, permise par l'art. 761 n'est pas tout à la fois celle de la quotité déterminée par la loi et celle de la réserve ; ce n'est que la première : une réserve ne se réduit pas à volonté ; autrement ce ne serait plus une réserve. »

510. — Avant de répondre aux arguments de M. Duranton, qu'il nous soit permis de lui faire observer, que parce qu'un auteur aussi recommandable que M. Toullier, notre maître, n'aura changé d'opinion que sur quelques points seulement de sa doctrine, il n'est ni exact ni convenable de dire, qu'il *n'a aucun système arrêté*, qu'il va *çà et là*, à l'aventure. On doit au contraire rendre hommage à la loyauté qui l'a porté à modifier ses premières idées, lorsqu'il reconnaît qu'il est entré dans une fausse voie. On doit le louer encore de sa persistance dans son opinion, quand il est convaincu qu'elle est la seule vraie. Mais arrivons aux arguments de M. Duranton.

Le savant professeur ne fait pas attention à une vérité qui résulte pourtant bien évidemment du système de Législation établi pour les enfants naturels; c'est que leur réserve doit se prendre sur celle des enfants légitimes et autres réservataires. Il lui est échappé de dire que cette dernière doit cependant *être intacte ;* mais reconnaissant bientôt son erreur, il convient qu'elle doit être moindre de ce qu'elle aurait été, si l'enfant naturel neût pas existé. *Mais,* ajoute-t-il, *la différence est peu considérable.* Voyons. Un enfant légitime est en concours avec un enfant naturel pour partager une succession de 48.000 fr., ouverte *ab intestat.* S'ils étaient tous deux légitimes, ils auraient chacun 24.000 fr. ; mais comme l'un d'eux est naturel, il ne prend que le tiers de cette

valeur, s'élevant à 8.000 fr., et M. Duranton trouve
que la différence de 40.000 à 48.000 fr., que subit
l'enfant légitime, c'est-à-dire, du sixième, est peu
considérable?

Continuons. L'auteur de cette succession donne la
quotité disponible qui est le tiers. La réserve de l'enfant naturel, s'il était légitime, serait de 16.000 fr.,
mais comme il ne l'est pas, il ne prend que 5.333 fr.
33 c. Si vous réduisez encore cette réserve de moitié, dit M. Duranton, l'enfant naturel n'aura pas
ses 5.333 fr. 33 c. Il ne trouvera même presque
rien. Nous répondons qu'il trouvera 2.666 fr. 66 c.
qui sont un peu plus et beaucoup plus que rien.

Mais, dit encore M. Duranton, une réserve ne se
réduit pas à volonté ; autrement ce ne serait plus une
réserve. Une réserve, répondons-nous, se réduit à
la volonté de la loi, et autant de fois que cette volonté se manifeste. Ce n'est qu'après que sont opé-
rées toutes les réductions qu'elle indique, ou qu'elle
autorise, que ce qui reste est appelé *réserve*. Pour
celle-là, elle ne peut plus varier. Est-ce qu'il ne dépendait pas des Législateurs du Code de n'en accorder aucune aux enfants naturels ? Et parce qu'ils ont
été plus humains que les Législateurs anciens, ils
n'auront pas pu mettre des bornes à leur générosité?
C'est ce qu'ils avaient le droit de faire, et c'est ce
qu'ils ont fait.

Mais pénétrons un peu plus au fond des choses,
et procédons analytiquement.

La fixation de la réserve de l'enfant naturel reconnu au tiers, à la moitié, aux trois quarts de la portion héréditaire qu'il aurait eue s'il eût été légitime, se trouve dans l'art. 757. Cet article a été fait pour le cas où la succession *de cujus* s'est ouverte *ab intestat*, ce qui le prouve, c'est la place qu'il occupe ; c'est l'art. 758 qui le suit et qui porte que l'enfant naturel a droit à la *totalité* des biens, lorsque ses père ou mère ne laissent pas de parents au degré successible.

Vient ensuite l'art. 761 qui interdit à l'enfant naturel toute réclamation lorsqu'il a reçu du vivant de son père ou de sa mère, la moitié de ce qui lui est attribué par les articles précédents, avec déclaration, etc. Cet article est fait encore pour le cas où la succession s'ouvre *ab intestat*, puisqu'il est placé sous le même titre, sous le même chapitre et sous la même section que les art. 757 et 758.

Que résulte-t-il de là ? C'est que, lorsque l'auteur commun n'a point disposé du préciput, mais qu'il a reduit cependant son enfant naturel à la moitié de ce que lui assuraient d'abord les art. 757 et 758 ; c'est comme s'il n'avait dù *jamais* avoir que cette moitié, c'est-à-dire, le sixième au lieu du tiers, le quart au lieu de la moitié, la moitié au lieu du tout. Ainsi voilà sa position clairement réglée. La volonté de l'homme s'est confondue avec celle de la loi ; c'est comme si la loi avait elle-même fait cet état de choses.

Enfin, arrivent les art. 913, 915 et 916 du même

Code qui permettent au père de famille de disposer d'un préciput, de réduire par ce moyen *toutes les réserves légales*, autant celle de l'enfant naturel que celle de l'enfant légitime. La loi n'a fait aucune distinction entre elles. Elle n'a pas dit surtout, chose pourtant indispensable, si telle eût été son intention, que le préciput ne porterait point sur la réserve de l'enfant naturel, lorsque cette réserve aurait été réduite de moitié en vertu de la faculté accordée par l'art. 761.

Par quel singulier privilége l'enfant naturel voudrait-il donc affranchir de la réduction, opérée par la quotité disponible, sa réserve légale, telle que l'ont faite les art. 757 et 758, et telle que peut l'avoir modifiée une première réduction effectuée en vertu de l'art. 761? En vérité, nous ne le comprenons pas. L'opinion de ceux qui ne veulent pas admettre la double réduction s'est faussée par l'idée que la réserve de l'enfant naturel est invariable, et ne peut jamais être réduite. C'est une erreur que nous croyons avoir clairement mise à jour. Nous l'avons déjà dit et prouvé; lorsque le père de famille a amoindri de moitié les droits que la loi accorde à l'enfant naturel, l'autre moitié seule constitue sa réserve qui, comme celle de l'enfant légitime, doit subir tous les effets de la quotité disponible.

On peut, en bien moins de mots et par un autre raisonnement bien simple, arriver au même résultat.

En effet, lorsque l'art. 757 dit que le droit de l'enfant naturel sur les biens de son père ou de sa mère décédés, est d'un tiers, de la moitié ou des trois quarts de la portion héréditaire qu'il aurait eue s'il eût été légitime, il est bien entendu que ce droit, comme cette portion, sera plus ou moins considérable, selon que l'auteur disposera ou ne disposera pas de la quotité permise. S'il en dispose, le droit de l'enfant naturel sera plus faible ; mais ce sera là sa réserve, elle sera sensée n'avoir jamais été que cela. Eh ! bien, cette réserve ainsi fixée, pourra subir une réduction de moitié, si le père ou la mère de cet enfant veut profiter de la faculté à lui accordée par l'art. 761. Cette démonstration est-elle évidente ?

Nous demandons bien pardon à nos lecteurs d'avoir été si long, alors que nous pouvions être aussi facilement clair en restant concis. Mais, comme nous avions à lutter contre deux imposantes autorités, nous avons pensé que nous n'aurions pas trop de toutes nos forces pour les vaincre.

DEUXIÈME CHAPITRE ADDITIONNEL

—

12ᵉ ADDITION. — TOME 3ᵉ.

—

Page 146, nº 432.

—

Retrait successoral. — Bénéfice. — Divers cas de retrait.

—

SOMMAIRE.

511. — 12ᵉ ADDITION. — *Le cohéritier retrayant n'est pas obligé de faire part à ses cohéritiers du bénéfice du retrait. — Opinion conforme de M. Malpel.*

512. — *Est-il vrai que dans tous les cas le retrait successoral ne soit pas admissible contre la cession d'un objet particulier de la succession? — Distinction à faire. — Arrêts.*

513. — *Opinion de M. Chabot sur la participation du bénéfice du retrait, combattue par des arrêts. — Réflexions sur cette opinion.*

514. — *Le retrait peut être exercé contre la cession d'une portion seulement des droits successifs d'un cohéritier. — Opinion conforme de M. Malpel.*

515. — *Le cohéritier qui a renoncé à la succession peut-il exercer le retrait successoral? —*

Peut-on l'exercer contre lui? — Examen de cette double question. — Arrêts.

516. — *L'enfant naturel reconnu dont les droits ont été réduits de moitié d'après la faculté accordée par l'art. 761 du Code civil, ne peut exercer le retrait. — Pourquoi?*

517. — *Le légataire universel en usufruit n'est pas soumis au retrait. — Arrêt.*

518. — *L'action en retrait n'est même pas admissible contre le cessionnaire du légataire en usufruit. — Motif pour le décider ainsi. — Mais si ce légataire acquiert les droits d'un cohéritier, il est soumis au retrait. — Arrêts.*

519. — *Le retrait peut être exercé contre le cessionnaire des légataires et donataires universels ou à titre universel, ainsi que contre le cessionnaire d'un enfant naturel reconnu.*

520. — *Comme aussi ces légataires peuvent exercer le retrait contre le cessionnaire d'un cohéritier. — Quid de l'enfant naturel?*

521. — *Le retrait peut-il être exercé par des cohéritiers de la nue propriété contre le cessionnaire de leur cohéritier? — Arrêt pour l'affirmative. — Raisons de douter et de décider.*

522. — *Les cohéritiers d'une ligne ne peuvent exercer le retrait contre les cohéritiers de l'autre ligne. — Secùs contre leur cessionnaire. — Arrêt. — Opinion conforme de M. Malpel.*

523. — *Si la cession comprend deux successions*

et est faite pour un seul et même prix, le cohéritier, dans une d'elles, peut exercer le retrait en faisant opérer une ventilation. — Arrêts.

524. — Le retrait peut-il être admis en matière de communauté conjugale? — Arrêts.

525. — L'époux commun en biens, cessionnaire des droits d'un de ses copartageants, est-il soumis au retrait? — Arrêt. — Réflexions sur cette question.

526. — L'action en retrait successoral appartient-elle à l'héritier bénéficiaire?

527. — Le retrait peut être exercé tant que le partage n'est pas entièrement consommé. — Qu'entend-on par là? — Arrêt. — Observations en faveur de l'arrêt.

528. — 13ᵉ ADDITION. — La légitimation n'a pas d'effet rétroactif en matière de successions collatérales et autres que celles des père et mère de l'enfant légitimé.

529. — 14ᵉ ADDITION. — La reconnaissance d'un enfant naturel peut être faite lorsqu'il est encore dans le sein de sa mère, et il succède à son père, s'il naît plus de neuf mois, mais moins de dix mois après qu'il a été par lui reconnu.

530. — Quid s'il naît six mois après le veuvage de son père qui l'a eu d'une autre femme que de son épouse? Est-il adultérin? — Raisons pour et contre. — Motif de décider pour la né-

538. — *Ni la grâce du Prince, ni la prescription, n'effacent l'indignité.*

539. — *L'indignité n'est pas non plus effacée par le pardon que peut accorder, avant de mourir, l'individu qui a été homicidé. — Opinion de M. Toullier pour l'affirmative, mais dans un seul cas. — Opinion de M. Malpel aussi pour l'affirmative mais pour tous les cas. — Opinion mitigée de M. Delvincourt. — Opinion absolue de M. Chabot pour la négative. — Motifs pour accorder la préférence à cette dernière opinion. — Hypothèse particulière où elle ne devrait pas être suivie.*

540. — 16ᵉ ADDITION. — *Nouvel et court examen de la question de savoir si l'enfant naturel qui n'a ni titre, ni possession, ni commencement de preuve par écrit, peut déférer le serment décisoire à la femme qu'il prétend être sa mère.*

541. — 17ᵉ ADDITION. — *Nouvel examen de la question de savoir si l'enfant naturel reconnu empêche l'exercice du retour légal. — Opinion de MM. Chabot et Duranton pour l'affirmative contre celle consacrée par l'arrêt de la Cour de Cassation déjà combattue.*

542. — *Le père naturel peut-il exercer le retour légal sur les choses par lui données à son enfant naturel reconnu? — Opinion des mêmes auteurs pour l'affirmative.*

511. — M. Malpel pense, comme MM. Toullier et Chabot, que celui qui a exercé le retrait, ne peut être contraint par ses cohéritiers à leur en communiquer le bénéfice (1). Il trouve que les motifs de l'arrêt de la Cour royale de Montpellier renferment une réfutation complète des moyens que M. Merlin a développés, et des considérations que ce savant auteur a fait valoir à l'appui de l'opinion contraire.

Il faut, en effet, convenir qu'à moins de convention ou de disposition législative contraire, le propriétaire d'un droit individuel n'est point tenu de communiquer à d'autres le résultat de l'exercice de ce droit. Or, il n'existe aucune loi qui soumette à rendre com-

(1) Pag. 508.

mun aux autres cohéritiers le retrait exercé par l'un
d'eux dans l'hypothèse de l'art. 841. Ce premier
motif de l'arrêt est d'une évidence palpable. Le second est encore plus concluant, s'il est possible ; c'est
celui indiqué par M. Toullier. Comment pourrait-
on contraindre le cohéritier retrayant à faire part à
ses consorts du bénéfice de sa subrogation, lorsqu'il
n'y serait pas obligé, s'il avait acquis directement
de son cohéritier ? — Et parce qu'il a acquis inter-
médiairement d'un étranger, certes, sa condition ne
peut pas être empirée.

512. — Nous avons dit plus haut, n° 436, que,
pour que le retrait puisse s'exercer, il faut que la
cession ait porté sur des objets incertains et indéterminés, en un mot sur un droit général ; que le retrait
ne serait point admissible contre la cession d'un objet
spécial, particulier et déterminé.

Cependant, en consultant l'esprit qui a dicté les
lois *per diversas et ab Anastasio*, dans lesquelles a
été puisé l'art. 841 du Code civil, en ne perdant jamais de vue que le retrait successoral n'a été créé
que dans l'objet d'empêcher les étrangers de pénétrer
dans les secrets des familles, on sent qu'il faut faire
une distinction importante. Si l'héritage vendu par
le cohéritier n'est sujet à aucune contestation de la
part des cohéritiers du vendeur, nul doute que ces
derniers n'ont aucun droit de se le faire rétrocéder,
parce qu'ils n'ont pas à craindre que, pour conserver

cet héritage, le cessionnaire ait jamais besoin de s'immiscer dans les affaires de la succession. Mais si les cohéritiers ont un droit quelconque, actuel ou prochain, un droit de simple expectative sur l'objet particulier vendu, on doit porter une décision différente. La raison en est, comme l'a fort bien dit un arrêt de la Cour royale de Pau, du 14 mai 1830 (1), que la loi régit tous les cas qu'embrasse son esprit, bien que la lettre n'en comprenne que quelques-uns ; que le but qu'a eu l'art. 841, en permettant le retrait successoral, a été de prévenir les inconvénients qui auraient lieu si un étranger s'introduisait dans les partages ; que ces inconvénients existent à l'égard d'une vente d'un corps certain comme à l'égard de celle d'un droit successif ; que, dans l'un et l'autre cas, pour juger si le vendeur a ou n'a pas excédé sa part, il y a, en effet, nécessité de composer la masse, de fixer le montant des dettes, de déterminer les prélèvements à exercer, les fournissements, les rapports et les restitutions que les cohéritiers peuvent se devoir ; que, lors même que le cohéritier vendeur vivrait encore, et que ces diverses opérations devraient se faire avec lui, *l'acquéreur, comme son créancier, aurait le droit d'y intervenir, pour veiller à ce que ses droits ne fussent pas fraudés ;* qu'ainsi un étranger pénétrerait dans les secrets des familles, et pourrait porter la discorde parmi les cohéritiers ; que l'on tomberait donc dans les dangers que la loi a voulu éviter.

(1) Sirey, tom. 31. 2, 284.

On objectera peut-être que, dans le partage à effectuer, les héritiers comprendront l'objet vendu dans le lot du cohéritier vendeur, et qu'alors l'acquéreur n'aura aucune raison pour intervenir dans le partage.

Mais ce n'est là qu'une opération incertaine et chanceuse. Le contraire peut arriver et arrivera le plus souvent, soit par l'effet d'une collusion frauduleuse, soit par la nécessité des choses. Toujours est-il, qu'en vertu de l'art. 882 du Code civil, le cessionnaire ou acquéreur, pour éviter que le partage ne se fasse en fraude de ses droits, pourra intervenir, prendre connaissance de tous les titres de la famille. Ainsi se réaliseront tous les inconvénients que la loi a voulu pourtant éviter. Ces considérations nous déterminent à adopter le système consacré par l'arrêt de la Cour royale de Pau (1).

513. — Nous avons dit et prouvé au n° 432, que le cohéritier retrayant n'était point obligé d'en communiquer le bénéfice à ses cohéritiers. On a vu que M. Chabot partageait cette opinion de M. Toullier, avec cette modification néanmoins, que lorsque les héritiers ont formé séparément leurs demandes en subrogation, la préférence n'appartient pas à celui qui

___

(1) Voyez aussi les motifs d'un arrêt analogue de la Cour royale de Bourges, du 16 décembre 1833. — Sirey, tom. 34, 2, 652. Cet arrêt a jugé que le retrait peut être exercé contre le cessionnaire des droits d'un cohéritier dans un immeuble déterminé, si cet immeuble compose à lui seul la succession. — Voyez encore le même Recueil, tom. 33,1, 55).

a formé *la première demande* ; que, tant que la subrogation n'est pas *consommée* par le *remboursement* du prix de la cession, le droit qui appartient à tous les héritiers subsiste toujours.

En réfléchissant plus sérieusement à cette opinion de M. Chabot, ou s'aperçoit qu'elle tendrait indirectement à établir parmi les héritiers la communauté des bénéfices du retrait ; qu'elle se rapprocherait, par suite, du système de M. Merlin qui ne veut pas que l'avantage du retrait soit le prix de la diligence.

Mais cette dernière opinion de M. Chabot nous paraît avoir été proscrite par un arrêt de la Cour de Cassation, du 4 mai 1829 (1).

Les demoiselles *Montagnier* et *Sagnol* étaient héritières testamentaires de la demoiselle *De Lafond.* La demoiselle Sagnol céda aux époux *Brunon* et *Champavère* les neuf dixièmes de sa portion héréditaire. La demoiselle Montagnier ayant eu connaissance de la cession, déclara, par acte extrajudiciaire, aux époux Brunon et Champavère, qu'elle entendait se faire subroger aux droits qui leur avaient été cédés, en leur remboursant le prix de leur cession. Les cessionnaires n'ayant pas voulu adhérer à la demande de la demoiselle Montagnier, cette demande fut portée devant le Tribunal de Saint-Etienne qui l'accueillit par jugement du 8 juillet 1824.

Sur l'appel et pendant l'instance, la demoiselle Sa-

(1) Sirey, tom. 29, 1, 177.

gnol fait donation aux époux Brunon et Champavère
du dixième qu'elle s'était réservé lors de la cession.
Armés de cette donation, ces derniers disent que le
retrait ne peut plus être exercé contre eux, parce
qu'il n'est pas admis contre les donataires à titre gratuit, et cette défense est accueillie par arrêt de la
Cour royale de Lyon, du 17 juin 1824. Mais cet arrêt
a été cassé par la Cour suprême par les motifs suivants :

« Attendu que, lorsqu'un cohéritier a usé de la faculté que lui donne l'art. 841 d'écarter du partage
le cessionnaire des droits de son cohéritier, en remboursant à ce cessionnaire le prix de la cession, il a,
quoique son offre n'ait pas été acceptée, *un droit acquis à la subrogation*, si cette offre est jugée régulière et valable ; que, pour juger du mérite de l'offre,
il faut se reporter au moment où elle a été faite, et
que le droit qui en résulte pour le demandeur en subrogation, ne peut pas être compromis par les actes que
le cédant et le cessionnaire ont faits, dans l'intervalle
de l'offre, au jugement déclaratif de l'effet de cette
offre.

» Attendu que, après avoir reconnu, en fait, que la
donation consentie aux défendeurs avait eu lieu non-
seulement après l'acte d'offre, mais encore après le
jugement qui déclarait l'offre valable, la Cour de
Lyon a néanmoins jugé, en Droit, que cette donation
faisait obstacle à la subrogation, et qu'en jugeant
ainsi elle a violé l'art. 841. Casse, etc. »

On le voit, il résulte bien clairement de cet arrêt que le droit au retrait est acquis irrévocablement depuis le moment qu'il est demandé, et non pas seulement à partir du remboursement du prix de la cession. Tout est consommé par l'offre, même extrajudiciaire, que fait adresser le cohéritier au cessionnaire étranger, de prendre sa place ; parce que le remboursement actuel n'est pas exigé pour rendre la subrogation parfaite ; il suffit qu'il soit effectué dans un délai fixé par la Justice (1).

Et peu importe que, dans l'espèce de cet arrêt, il se fût agi d'une donation faite après le retrait demandé, même après qu'il avait été reconnu et déclaré valable par les premiers Juges. La décision de la Cour de Cassation aurait été indubitablement la même s'il se fût agi d'une seconde demande en retrait formée par un autre cohéritier postérieurement à la première. Car, s'il était vrai que la subrogation n'est *consommée* que par le remboursement du prix, le cessionnaire pouvait toujours jusque-là se présenter comme donataire du cohéritier cédant, et, à ce nouveau titre, faire déclarer non-recevable l'action en retrait successoral. Cependant, la Cour suprême a écarté ce donataire, comme elle aurait écarté toute autre demande en subrogation, parce qu'elle aurait jugé que la première avait pour elle toute la force,

(1) Arrêt de la Cour de Bourges, du 16 décembre 1833.— Sirey, 34, 2, 652.

toute l'autorité, et devait produire toutes les conséquences d'un droit acquis, et qu'il n'y a rien de plus
respectable qu'un pareil droit (1).

Notre opinion se justifie facilement par le motif
même qui a fait établir le retrait successoral. Pourvu
que, par le moyen de ce retrait, les étrangers soient
écartés du partage des successions, c'est tout ce que
demande la loi dans l'intérêt des familles, qui est
aussi, pour ce cas, un intérêt d'ordre public. Or, cet
intérêt est satisfait, le but du Législateur est rempli,
dès l'instant qu'un cohéritier a manifesté régulièrement son intention à cet égard au cessionnaire étranger à la succession.

Maintenant, la question de savoir si un autre cohéritier peut, par une seconde demande en subrogation, participer au bénéfice de la première, est une
question d'intérêt tout-à-fait secondaire. Elle doit se
décider par les principes ordinaires des conventions.
Or, nous avons fait voir qu'admettre successivement
les demandes en subrogation des autres cohéritiers,
ce serait leur accorder un moyen détourné de forcer
le premier à leur faire part de tous les avantages

---

(1) Un arrêt de la Cour royale de Paris, du 16 mai 1823, a jugé la question d'une manière plus topique. Il a décidé que le droit qu'a chaque
cohéritier d'exercer le retrait successoral contre le cessionnaire de son
cohéritier, *lui est irrévocablement acquis du moment qu'il a déclaré
vouloir l'exercer ;* que ce droit ne peut plus lui être enlevé par une rétrocession tardive, ou par une résolution de la cession qui serait l'effet
d'un concert entre le cohéritier cédant et le cessionnaire. — Sirey, tom.
23, 2, 244.

de la sienne propre. Nous ajoutons qu'en matière de conventions, de vente par exemple, le premier acquéreur, sous notre Code, a toujours la préférence sur les acquéreurs postérieurs, sans qu'on puisse leur reprocher d'obtenir illégalement *le prix de la diligence*. Pourquoi n'en serait-il pas ainsi du cohéritier qui aurait exercé le premier le retrait successoral ?

Toutes ces considérations nous empêchent de partager l'opinion de M. Chabot, telle qu'il l'a modifiée dans le passage que nous avons ci-dessus rapporté.

514. — Le retrait peut-il être exercé contre la cession faite à un étranger ou non-successible d'une *portion* seulement des droits d'un cohéritier ?

L'affirmative ne nous paraît pas douteuse. S'il en était autrement, le cessionnaire, quoique étranger, aurait le droit de s'immiscer dans les affaires de la succession, et c'est précisément ce que la loi a voulu éviter (1).

515. — La Cour de Cassation a décidé, le 14 mars 1810 (2), que celui qui renonce à la qualité d'héritier pour s'en tenir à une donation, est néanmoins successible, en ce sens qu'il peut acquérir les droits successifs de quelques-uns des héritiers du défunt, sans que les autres cohéritiers puissent le contrain-

(1) M. Malpel professe la même opinion, pag. 505, n° 245.
(2) Sirey, tom. 10, 1, 230.

dre à leur céder ces droits en lui remboursant le prix. Et cependant, par un autre arrêt du 2 décembre 1829 (1), la même Cour a jugé que l'héritier qui a renoncé à la succession pour s'en tenir à un don, ne peut plus exercer le retrait successoral.

Ce dernier arrêt nous paraîtrait seul rendu selon les principes. En effet, suivant l'art. 841, il faut être héritier pour pouvoir exercer le retrait. Or, on perd cette qualité par la renonciation. On la perd si bien, que, d'après l'art. 785, l'héritier qui renonce, est censé n'avoir jamais été héritier. Il devient donc entièrement étranger à la succession. Il ne peut donc retraire une portion héréditaire. S'il ne le peut pas, comment pourrait-il résister à l'action en subrogation qui serait dirigée contre lui pour des droits qu'il aurait acquis d'un autre cohéritier, postérieurement à sa renonciation ? Il serait absolument assimilé à celui qui n'aurait jamais été héritier. Il serait étranger comme lui, et comme lui passible de l'action en retrait. Et comment, après avoir renoncé, après s'être interdit, par cela même, la faculté de s'immiscer dans la succession, de prendre connaissance des affaires de la famille, comment aurait-il ce droit par un moyen détourné, en se faisant céder ensuite la part d'un autre cohéritier (2) ?

(1) Ib, tom. 30, 1, 29.
(2) C'est aussi par cette raison que la Cour royale de Toulouse a jugé, le 22 février 1840, que l'héritier qui a cédé ses droits dans la succession à un tiers, ne peut exercer le retrait. — Sirey, 40, 2, 318.

Cependant une difficulté se présente au sujet du second arrêt du 2 décembre 1829. Si les autres cohéritiers prétendent que la donation faite au cohéritier renonçant est excessive, soit pour le préciput, soit pour la réserve légale, il faudra bien alors composer la succession, la liquider, procéder aux prélèvements et reprises ; l'héritier renonçant devra être appelé ; il aura incontestablement le droit d'assister à toutes ces opérations pour éviter qu'elles ne se fassent au préjudice de ses droits ; car il a à se préserver d'une réduction. Rien ne peut lui être caché pour le fixer sur les forces de la succession. Il s'immiscera donc dans tout ce qui la concerne. Oui, tout cela est vrai. Mais il ne pourra attribuer cette immixtion forcée qu'à la nécessité de sa position particulière. Pense-t-on, d'ailleurs, qu'avant de renoncer, il ne se sera pas livré à toutes sortes d'investigations pour bien s'assurer que sa renonciation ne sera pas un acte d'imprudence, qu'elle lui sera plus profitable que dommageable ? Mais on n'en peut rien conclure en faveur de l'action en retrait que nous lui refusons avec la Cour suprême ; parce que si, dans l'hypothèse où nous venons de raisonner, il a été admis dans les secrets de la famille, ce n'a été qu'en son ancienne qualité d'héritier, et dans un moment où les effets de sa renonciation étaient suspendus. Tandis que si le retrait lui était permis, ce ne serait plus en cette qualité qu'il aurait perdue en renonçant, qu'il pourrait figurer au partage, mais comme étant le repré-

sentant, l'image d'un cessionnaire étranger à qui la
loi prohibe de concourir avec les héritiers légitimes
pour partager les biens héréditaires, lorsque ceux-ci
veulent l'écarter par le moyen de la subrogation.

Ce que nous venons de dire s'applique au cas qui a
été jugé par le premier arrêt de la Cour de Cassation,
du 14 mars 1810.

516. — Il nous semble que l'on doit faire l'application de ces principes à l'enfant naturel reconnu
dont les droits fixés par les art. 757 et 758 (selon
que ses père ou mère auront ou non disposé du préciput) se trouveraient par eux réduits de moitié, en
vertu de la faculté que leur accorde l'art. 761. Il est
bien entendu que c'est seulement pour le cas où,
contre l'opinion que nous avons émise (1), l'enfant
naturel a le droit d'exercer le retrait successoral.

Une fois, en effet, que l'enfant naturel se trouve
avoir été ainsi légalement rempli de tout ce qu'il
avait droit de prétendre dans les biens de ses père
ou mère, il cesse d'être, non héritier, il ne l'a jamais
été, mais *successeur* ou *partprenant*, selon qu'on
voudra l'appeler. *Toute réclamation lui est interdite*,
dit l'art. 761. Il devient donc entièrement étranger
à la succession. C'est comme s'il avait renoncé. Il
ne peut donc exercer le retrait depuis sa réduction,
s'il l'a volontairement acceptée. Et si dans cette po-

(1) *Sup.* vol. 3, n° 425 et suiv.

Tom 3.   18

sition, il a acquis les droits successifs d'un cohéritier, le retrait peut en être exercé contre lui par les autres cohéritiers. Ce que nous avons déjà dit à cet égard sur les héritiers légitimes, s'applique à plus forte raison à l'enfant naturel qui est moins favorable qu'eux.

Il est vrai que, d'après le même art. 761, si la portion qui a été assignée à l'enfant naturel était inférieure à la moitié de ce qui devrait lui revenir, il pourra réclamer le supplément nécessaire pour parfaire cette moitié ; que, pour l'obtenir, il peut assister à toutes les opérations de la liquidation, prendre, en un mot, connaissance de toutes les affaires de la famille. Mais on doit lui rendre communes les raisons que nous avons données plus haut pour repousser le cohéritier renonçant qui se trouverait dans la même position, si le don qui lui a été fait pour la conservation duquel il a renoncé, était prétendu excessif par ses autres cohéritiers.

517. — La Cour de Dijon avait jugé, le 8 juillet 1826 (1), que le légataire universel en usufruit n'était pas successible dans le sens de l'art. 841 du Code civil, et que, par suite, il était soumis à l'exercice du retrait successoral. Mais ce système a été repoussé par arrêt de la Cour de Nîmes, du 30 mars 1830, et par arrêt de la Cour de Cassation, du 21 avril de la même année (2). Il serait fort singulier qu'un étran-

(1) Sirey 29, 2, 157.
(2) Ibid. 30, 1, 169. et 30, 2, 185.

ger, simple donataire ou légataire à titre gratuit, pût être évincé sans rien recevoir, alors surtout que son droit ne compromet aucunement la propriété des biens de la succession.

518. — Il y a bien plus, c'est que le retrait ne pourrait pas plus être exercé contre le cessionnaire du légataire universel *en usufruit*, que contre lui-même, sous le prétexte que ce légataire n'est que légataire à titre particulier ; c'est ce qui résulte formellement des art. 1003 et 1010 du Code civil. La raison en est que les légataires et les donataires à titre particulier du défunt ne sont pas soumis à l'action en retrait, attendu qu'ils doivent se borner à former leur demande en délivrance contre les héritiers légitimes, ou contre les légataires universels ou à titre universel, et que l'action en partage ne leur appartient pas ; dès lors ils ne peuvent s'immiscer dans les affaires de la succession.

Mais si ce légataire universel en usufruit acquiert la part d'un cohéritier, le retrait peut s'exercer contre lui, parce qu'il n'est pas successible. Ainsi jugé, le 23 avril 1818 et le 10 juillet 1826, par les Cours royales de Riom et de Bordeaux (1).

519. — Mais, par le motif contraire, le retrait successoral peut être exercé contre le cessionnaire des légataires et donataires universels ou à titre universel, ainsi que contre le cessionnaire d'un enfant

(1) Sirey, 27, 2, 12, et 18, 2, 198.

naturel reconnu, par la raison qu'il peut être exercé contre le cessionnaire d'un héritier légitime qui mérite certainement bien plus de faveur qu'eux-mêmes (1).

Sur ces deux derniers points, notre opinion s'accorde avec celle de M. Malpel (2).

520. — La conséquence de cette opinion est et doit être naturellement que les légataires universels et à titre universel, étant successibles, ou assimilés à des successibles, ils ont le droit d'exercer le retrait successoral contre le cessionnaire d'un cohéritier légitime, puisque, en leur qualité, ils peuvent demander le partage de la succession et prendre connaissance de toutes les affaires qui la concernent. Quant à l'enfant naturel, on connaît notre sentiment. C'est par un principe d'ordre public et de haute moralité que nous lui dénions cette action ; parce que nous ne voulons pas lui faire l'honneur de le placer au même rang que l'enfant du mariage.

521. — Lorsqu'un individu décédé a légué à un tiers tout son mobilier en propriété, et tous ses immeubles en usufruit, de telle sorte que les droits des héritiers naturels se réduisent à la nue propriété des immeubles, s'il arrive que quelques-uns de ces héritiers cèdent à un tiers leurs parts indivises *dans*

(1) Arrêt de la Cour de Cassation, du 1er décembre 1806.
(2) Pag. 507, no 247.

cette nue propriété des immeubles, les autres cohéritiers peuvent exercer contre le cessionnaire le retrait successoral (1). La raison de douter se tire de ce que, suivant le principe établi par l'art. 841, le retrait n'est admissible que contre le cessionnaire *des droits* d'un cohéritier *à la succession*, et non contre le cessionnaire de *certains droits*. Mais la raison de décider doit se prendre de ce que, dans l'espèce posée, les héritiers naturels ne recueillent dans la succession que la nue propriété des immeubles ; que cette succession ne se compose que de cela, et que leur droit n'en est pas moins universel que si le mobilier et l'usufruit des immeubles n'en avaient pas été détachés par le défunt.

522. — Si une succession est dévolue aux deux lignes, la Cour de Rouen a jugé, le 21 juillet 1807 (2), que les cohéritiers de l'une ne peuvent exercer le retrait successoral contre l'héritier de l'autre, et refuser ainsi de l'admettre au partage dans leur ligne. Mais si l'héritier d'une ligne fait cession de ses droits à un étranger, nous pensons, avec M. Malpel (3), que les héritiers de l'autre ligne peuvent exercer le retrait contre le cessionnaire. La raison en est, d'après ce judicieux professeur, qu'avant le partage il n'existe qu'une seule masse de biens formant l'hérédité ; que les cohéritiers des deux lignes ont un

(1) Cour de Cassation, 28 août 1827. — Sirey, 27, 1, 537.
(2) Sirey, 8, 2, 49.
(3) Pag. 503, no 246.

égal intérêt à empêcher qu'une personne non successible ne s'immisce dans les affaires de la succession, n'en pénètre tous les secrets, et n'augmente,
par sa présence, les difficultés du partage ; qu'il faut
donc, pour se conformer au texte et à l'esprit de la
loi, admettre tous les héritiers des deux lignes à
exercer le retrait.

Les partisans de l'opinion contraire, ajoute
M. Malpel, établissent en principe, que ceux-là seuls
doivent exercer le retrait, qui auraient recueilli la
part du cédant par droit d'accroissement, si celui-ci,
au lieu de vendre, eût renoncé. Mais, répond l'auteur, ce raisonnement prouverait trop ; car il faudrait
aller jusqu'à soutenir que si la part d'un héritier dans
une ligne était acquise par un héritier de l'autre ligne, celui-ci pourrait être écarté du partage. Or,
c'est ce qu'il est impossible d'admettre, comme nous
l'avons dit plus haut.

523. — Le motif donné par M. Malpel et qui nous
paraît aussi juste que légal, nous empêche d'approu-
ver un arrêt de la Cour royale de Nîmes, du 3 mai
1827 (1), qui a décidé que, lorsqu'une cession de
droits successifs comprend les biens de deux successions diverses, si elle a été faite en masse et pour
un prix unique, sans ventilation, le cohéritier du
cédant qui est étranger à l'une de ces deux succes-

(1) Sirey, 28, 2, 267.

sions, ne peut exercer le retrait successoral, quant aux biens de la succession à laquelle il est appelé. Plutôt que d'admettre un étranger au partage, pourquoi ne pas procéder à une ventilation ?

Aussi la Cour de Cassation s'est-elle bien gardée de consacrer un système aussi contraire à l'esprit de la loi ; car, par arrêt du 3 mai 1830 (1), elle a jugé que le retrait successoral peut être exercé, lors même que la cession comprend d'autres biens que les droits successifs, et qu'elle a été faite pour un seul et même prix. Elle a dit qu'en ce cas il y avait lieu d'ordonner une ventilation. *La lettre tue et l'esprit vivifie ;* c'est un adage de raison et de droit dont on ne se rappelle pas assez souvent.

524. — On a demandé si les principes sur les successions pouvaient s'appliquer à la communauté entre époux, touchant l'action en retrait, et on a répondu que non. En conséquence, il a été jugé plusieurs fois et notamment le 17 mai 1820 par la Cour royale de Metz, le 19 juillet 1826 par la même Cour, et le 12 juillet 1831 par la Cour royale de Bourges (2), que les héritiers de la femme et les héritiers du mari, copartageants de la communauté, ne sont pas des héritiers dans le sens de l'art. 841 du Code civil ; que par suite les héritiers du mari ne peuvent exercer le retrait successoral contre le ces-

(1) Sirey, 30, 1, 165.
(2) Sirey, 21, 2, 305, — 27, 2, 12, — et 32, 2, 50.

sionnaire des droits des héritiers de la femme, et réciproquement.

525. — De même et en vertu du même principe,
le retrait successoral ne peut être exercé contre l'é-
poux commun en biens, cessionnaire des droits d'un
de ses copartageants dans la communauté (1).

La cession ou vente est la règle générale ; le ra-
chat ou retrait est l'exception. Or, les exceptions
doivent se renfermer dans l'objet pour lequel elles
ont été créées. Le retrait n'a été établi que pour les
successions par l'art. 841 du Code civil, et aucun
autre article de ce Code ne l'a autorisé pour la communauté conjugale. Cependant, il faut reconnaître
que le même motif paraît exister pour les deux cas.
Mais on doit exécuter la loi telle qu'elle est, et ne
pas ajouter à ses dispositions par des inductions et
des analogies qui souvent peuvent être fautives.

526. — L'héritier bénéficiaire peut-il, comme
l'héritier pur et simple, exercer le retrait successoral ? D'après l'art. 803 du Code civil, l'héritier bénéficiaire est seulement chargé d'administrer les biens
de la succession. Suivant l'art. 806, il ne peut vendre les immeubles que dans les formes prescrites par
les lois sur la procédure. Mais il faut dire aussi qu'une
fois qu'il a accepté cette qualité, il ne peut plus la ré-
pudier, en vertu de la maxime, *semel hœres, semper*

(1) Arrêt de la Cour royale de Paris, du 2 août 1821. — Sirey, 22, 2,
29.

hœres, ce qui l'assimile à l'héritier pur et simple. Il faut dire encore que, après toutes les dettes payées, il est propriétaire de tout ce qui reste de la succession ainsi purgée. Enfin, l'art. 841 ne distingue point entre l'héritier pur et simple et l'héritier qui ne s'est porté tel que sous bénéfice d'inventaire. Ces diverses considérations ont déterminé la Cour royale de Bordeaux à reconnaître dans l'héritier bénéficiaire la capacité d'exercer le retrait successoral, suivant son arrêt du 16 mars 1832 (1). Il est bien défendu à cet héritier d'aliéner les biens de la succession sans formalités judiciaires, mais il ne lui est pas défendu d'acquérir. Il faut décider, par la même raison, que, lorsqu'il s'est fait céder les droits d'un cohéritier pur et simple, le retrait ne peut être exercé contre lui par les autres cohéritiers.

527. — Nous dirons enfin que la Cour de Cassation s'est montrée si bien pénétrée de l'esprit du Législateur, qu'elle a décidé, le 14 juin 1820 (2), que le retrait successoral peut être exercé tant qu'il n'y a pas partage *consommé* entre le cessionnaire étranger et les héritiers, c'est-à-dire, tant que les copartageants n'ont pas encore été mis en possession de leurs lots : la même décision a été rendue, le 19 janvier 1830 (3) par la Cour royale de Bourges, dans

(1) Sirey, 32, 2, 473.— La Cour de Cassation avait rendu la même décision, le 1er décembre 1806. — Ibid. 6, 2, 943.
(2) Sirey, 21, 1, 92.
3) Sirey, 30, 2, 146.

une espèce où le cessionnaire avait concouru avec les héritiers à quelques mesures préparatoires, telle que la vérification des qualités des parties, et avait par suite pris cennaissance *des titres de la succession*.

Cette rigueur, selon nous, est bien conçue et bien salutaire. L'exclusion des étrangers du partage d'une succession n'est pas seulement motivée sur l'intérêt qu'ont les héritiers de les empêcher de pénétrer dans les secrets de leur famille, mais elle a encore pour cause de mettre les membres de cette famille à l'abri des chicanes, des tracasseries, des vexations de ces étrangers. Supposons, en effet, que dans un acte de partage ou dans un jugement qui en tient lieu, on ait fait quelque omission ; qu'on ait oublié, par exemple, de parler de quelque servitude ou autre charge devant grever un lot envers un autre, ou de quelque chose mis en commun entre les copartageants ; si tout se passait entre les cohéritiers, on doit penser que, soit par respect pour la mémoire de leur auteur dont ils connaissent l'intention, soit par le souvenir de ce qui avait par eux été verbalement convenu ou tacitement entendu, cette omission serait facilement réparée. Mais si l'étranger intervient, cette bonne harmonie sera la plupart du temps impossible. De là les discussions, les procès sans nombre, et c'est ce grand mal qu'il est surtout intéressant de prévenir pour le repos des familles. Il faut donc attendre que tous les cohéritiers ayant pris connaissance des lots que le sort leur aura départis, pour qu'ils puissent savoir s'ils doivent sanctionner, par leur prise de possession, tout ce qui a été fait jusque-là, ou si la crainte d'un litige probable ne doit pas les porter à écarter l'étranger qui la leur inspire.

528. — Si nous sommes entré dans l'examen des questions nombreuses que peut faire naître l'exercice du retrait successoral, c'est parce que la plupart d'entre elles peuvent plus ou moins intéresser les enfants naturels reconnus ; car c'est d'eux seuls que nons avions à nous occuper dans cette seconde partie de notre ouvrage. Il est beaucoup d'autres cas sans doute qui peuvent se présenter. Mais ils doivent être régis par les principes et les règles que nous avons établis.

13e *Addition, Tom.* 1er, *page* 124, 136, *et suiv.* n° 5, 37 et 38.

VIABILITÉ. — PREUVE. — SUCCESSIBILITÉ.

529. — Nous avons fait voir, *Loc. sup. cit.* que, contrairement à l'opinion de MM. Chabot et Delvincourt, M. Malpel pensait que c'est à ceux qui ont intérêt à ce que l'enfant soit né viable, à prouver ce fait.

M. Duranton partage le sentiment de M. Malpel (1). Il peut se présenter, dit cet auteur, de gra-

(1) Tom. 6, pag. 100, n° 78.

ves difficultés sur la preuve à faire que l'enfant, qui
n'existe plus maintenant et qui est peut-être déjà
inhumé depuis plus ou moins de temps, a cependant
vécu et est né viable ; qu'il a pu recueillir une succession ou autres droits, et les transmettre. Cette
preuve, qui ne peut résulter des déclarations qui
auraient été insérées dans l'acte rédigé par l'Officier de l'Etat civil quand l'enfant, dont la naissance n'a pas été enregistrée, lui a été présenté
mort, cette preuve est à la charge de ceux qui pré-
tendraient que cet enfant a eu la capacité de succéder,
qu'il a succédé et qu'il leur a transmis la succession ;
car celui qui réclame un droit du chef d'un autre,
qui l'a, selon lui, recueilli, doit prouver que ce dernier l'a en effet recueilli ; par conséquent, qu'il réu-
nissait dans sa personne, lors de l'ouverture de ce
droit, toutes les conditions requises par la loi ; or,
une des conditions de la capacité à l'effet de succéder, c'est d'avoir été vivant et viable au moment de
l'ouverture de la succession.

Tous ces raisonnements nous paraissent avoir été
victorieusement repoussés par M. Merlin. Voici comment il développe son opinion :

« Tout individu qui meurt est présumé avoir vécu,
capable des effets civils. L'incapacité ne se présume
pas. Elle forme une exception au droit commun des
hommes ; c'est par conséquent sur celui qui s'en pré-
vaut, que doit en retomber la preuve ; et par conséquent encore, à défaut de preuve de la non-viabilité

d'un enfant, la présomption légale est qu'il était né viable.

» L'art. 725 du Code civil place sur la même ligne, quant à l'incapacité de succéder, celui qui n'est pas né viable, et celui qui est mort civilement. Or, si l'on prétendait qu'un homme mort à trente ou quarante ans, avait encouru, avant son décès, la mort civile, et que, par suite, il n'avait pas succédé à un de ses parents décédé immédiatement avant lui, à coup sûr, il faudrait en rapporter la preuve, et si l'on ne le prouvait pas, le prétendu mort civilement serait jugé avoir valablement succédé. Il en doit être de même de l'enfant qui a vécu, et que l'on prétend néanmoins n'être pas né viable. C'est à celui qui se fait exception de sa non-viabilité, à la prouver. *Reus excipiendo fit actor.* »

M. Toullier partage entièrement cette opinion (1).

Il nous semble que la solution de cette question se trouve tout entière dans la première disposition de l'art. 725. Pour succéder, dit cet article, il faut nécessairement *exister* à l'instant de l'ouverture de la succession. Or, l'enfant existe dans le sein de sa mère, dès l'instant qu'il est conçu. La présomption est qu'il a continué d'exister lorsqu'il est venu au monde, et que la vie qu'il reçoit alors appelée par les médecins vie *fœtale*, a été *parfaite*, si l'enfant a respiré en naissant. De là, il suit que, pour savoir s'il

(1) Tom. 4, 3e édit. pag. 104 et 105.

a succédé, deux preuves sont à faire. La première, que l'enfant était *vivant* lorsqu'il est né, et cette preuve est à la charge de ceux qui soutiennent qu'il a succédé. Ceux qui soutiennent le contraire doivent établir que l'enfant n'était point né *viable*, c'est-à-dire qu'ils doivent ainsi combattre et détruire la présomption légale attachée au premier fait, à celui de l'existence prouvée. C'est sur le fondement de ce principe que la Cour royale de Limoges a jugé, le 12 janvier 1813, que la non-viabilité de l'enfant né vivant ne se présume pas, qu'elle doit être prouvée (1). Il est évident que cette preuve à faire est à la charge des adversaires des représentants de l'enfant, parce qu'il serait aussi ridicule qu'injuste et contraire aux règles, que ces derniers fussent assujettis à prouver un fait négatif.

Et remarquez que le même article ajoute dans la seconde disposition ces expressions lumineuses : « Ainsi sont incapables de succéder : 1° *celui qui n'est pas encore conçu;* » donc, *à contrario*, la loi attache la capacité de succéder au seul fait de la conception de l'enfant. C'est une conséquence de ce principe de toute ancienneté, que l'enfant conçu est réputé né lorsqu'il s'agit de ses intérêts. Donc, si l'enfant conçu naît vivant, si courte qu'ait été son existence en dehors de celle qu'il avait dans le sein de sa mère, il est présumé être né viable, puisqu'il possède déjà,

(1) Sirey, 13, 2, 261.

par sa conception, le principe de la capacité de succéder. C'est donc à ceux qui prétendent qu'il n'a pas
conservé cette capacité, à le prouver. Cela nous paraît d'une évidence incontestable.

Maintenant, nous en convenons : si l'enfant est
mort et inhumé depuis quelque temps, lorsque cette
question s'agitera, il sera très difficile, à peu près
impossible aux gens de l'art, de s'expliquer d'une
manière satisfaisante pour la Justice, sur la viabilité
ou non-viabilité de l'enfant. Dans cette hypothèse,
voici comment nous pensons qu'il devrait être procédé : Si les adversaires de l'enfant conviennent qu'il
est né vivant, ils ne peuvent être admis à prouver
par témoins sa non-viabilité, parce qu'il y a présomption légale du contraire. Art. 1352 du Code civil.
Mais s'il est contesté que l'enfant soit né vivant,
ceux qui veulent le représenter doivent commencer
par prouver ce fait. Leurs adversaires seront alors
admis à la preuve vocale que l'enfant n'est pas né
viable. La première preuve est facile à faire, ainsi
que nous l'avons déjà dit. Mais la seconde preuve
présentera des difficultés très sérieuses, et les Juges
devront s'en méfier ; car il n'est pas probable que des
témoins soient assez instruits pour bien fixer les
Tribunaux sur des signes de non-viabilité qui pourraient paraître douteux, même aux yeux des médecins et chirurgiens les plus experts. Les sages-
femmes pourront jouer un grand rôle dans ces en-
quêtes, soit sur la durée de la gestation de la mère

à l'époque de l'accouchement, soit sur la conformation plus ou moins forte de l'enfant au moment de
sa naissance, soit sur les signes plus ou moins certains, plus ou moins positifs ou négatifs qu'il aura
donnés pour annoncer qu'il était mort ou vivant
quand il est né. Mais les Juges devront chercher une
garantie de leurs jugements dans la probité et dans
les lumières bien connues des sages-femmes qui seront appelées à déposer devant eux sur une matière
aussi importante (1).

14ᵉ *Addition*, *Tom.* 2, *page* 92, *n*° 226.

LÉGITIMATION. — EFFET RÉTROACTIF.

530. — M. Duranton (2) pense également que les
enfants légitimés n'ont aucun droit sur les successions
des parents morts *avant* le mariage qui a produit
leur légitimation, quoiqu'ils fussent conçus, et même
nés, lors du décès de ces parents. Il cite l'arrêt de
la Cour de Cassation que nous avons cité nous-
même, du 11 mars 1811. Nous pouvons y ajouter
un autre arrêt rendu dans le même sens par la Cour

(1) Une règle de conduite nous est donnée dans l'arrêt de la Cour
royale de Bordeaux, du 8 février 1830, que nous avons déjà cité. Il a jugé
qu'un enfant doit être légalement réputé né viable, quand il est né vivant
à terme, bien conformé et avec tous les organes nécessaires à la vie, lors
même qu'il serait mort presqu'aussitôt sa naissance et dans un état apo-
plectique apparent, si d'ailleurs il n'est pas prouvé que cet état apo-
plectique apparent fût le résultat d'un vice de conformation ou d'une lé-
sion *antérieure* à la naissance.
(2) Tom. 3, pag. 178, n° 183.

royale de Riom, le 3 juillet 1840 (1). M. Vazeille professe la même opinion dans son traité des successions (2). Il en est de même de M. Malpel (3).

Lorsque, dit ce dernier auteur, la viabilité de l'enfant fait remonter sa conception à une époque antérieure à la célébration du mariage, sa légitimation suffit pour qu'il succède à son père et à sa mère ; mais il n'en est pas de même des successions collatérales. La capacité pour les recueillir est déterminée par l'état de l'enfant au moment où la loi présume sa conception. Si donc le mariage n'existe pas, alors il faut décider, conformément au principe émis par la Cour de Cassation (arrêt de 1811), que l'enfant, quoique conçu au moment de l'ouverture de la succession collatérale, n'a pu en être saisi.

Au surplus, la non-rétroactivité de la légitimation, en matière de succession, résulte des termes mêmes de l'art. 333 du Code civil. Cet article porte que les enfants légitimés par le mariage subséquent, auront les mêmes droits que s'ils étaient NÉS *de ce mariage*. Il est, par cela même, évident que ce n'est qu'à compter du mariage, qu'ils acquièrent la capacité de succéder à d'autres parents que leurs père et mère qui les ont légitimés. D'ailleurs l'art. 725 est là qui décide que, pour succéder, il faut nécessairement exister à l'instant de l'ouverture de la succession. Or, l'en-

(1) Sirey, 40, 3, 362.
(2) Sur l'art. 725.
(3) Pag. 83, n° 29.

fant qui n'a pas encore été légitimé n'existe pas *comme successible;* il n'est qu'enfant naturel ; et quand bien même il aurait été reconnu par ses père et mère, lorsque la succession collatérale s'est ouverte, il ne pourrait rien y prétendre en cette qualité, parce que l'art. 756 est encore là qui décide que la loi ne lui accorde aucun droit sur les biens des *parents* de ses père ou mère.

15ᵉ *Addition. Tom.* 2, *pages* 177 *et suiv.*, nᵒˢ 261 *et* 262.

ENFANT NATUREL. — RECONNAISSANCE AVANT LA NAIS-
SANCE. — VIABILITÉ. — SUCCESSIBILITÉ.

531. — Il est aujourd'hui incontestable que l'on peut reconnaître un enfant naturel avant sa naissance, mais non avant sa conception. Ce point de doctrine et de Jurisprudence est vrai sous le double rapport de l'état personnel de l'enfant et de l'espèce de successibilité que lui accordent les art. 757 et 758 du Code civil.

Sous ce dernier point de vue, il faut reconnaître que la viabilité d'un enfant naturel doit être vérifiée de la même manière que la viabilité d'un enfant légitime, et nous pensons qu'on doit lui rendre communes les règles que nous avons ci-dessus indiquées.

Si donc un individu reconnaît un enfant naturel

qui est encore dans le sein de sa mère, et si cet enfant naît plus de neuf mois, mais moins de dix mois,
après l'acte de reconnaissance, il recueillera dans la
succession de son père, décédé dans l'intervalle, les
droits que lui accordent les art. 757 et 758. Mais
s'il vient au monde plus de dix mois ou de trois
cents jours après sa reconnaissance, il ne recueillera
rien, le temps de la gestation étant le même pour la
mère naturelle que pour la mère légitime. Autrement, ce serait autoriser la reconnaissance d'un
enfant naturel avant sa conception.

532. — Supposons maintenant qu'un individu
marié reconnaisse, six mois et quelques jours après
son veuvage, un enfant naturel dans son acte de
naissance ; cet enfant sera-t-il réputé adultérin, et
comme tel, incapable de recueillir les droits que la
la loi lui assure dans la succession de son père ?

On peut dire pour l'affirmative que les naissances
accélérées ou précoces sont beaucoup plus rares que
les naissances qui viennent à la suite d'une gestation
ordinaire et régulière. On peut ajouter que la morale
répugne à penser qu'un mari ait à peine attendu que
sa femme ait rendu le dernier soupir, pour lier avec
une autre femme un commerce illicite ; que tout porte
donc à croire que l'enfant dont nous parlons a été
conçu pendant le mariage de son père ; qu'il est donc
adultérin.

Mais pour la négative, on peut répondre que la

règle établie par l'art. 314 du Code civil pour la naissance accélérée de l'enfant légitime, doit s'appliquer à la naissance accélérée de l'enfant naturel, parce que la loi n'a pas établi de règle particulière pour ce dernier ; qu'elle suppose en général qu'un enfant peut venir au monde et être viable, lorsqu'il naît après six mois ou cent quatre-vingts jours de la grossesse de sa mère. Qu'ainsi l'enfant naturel dont la naissance a lieu le cent quatre-vingtième jour après le veuvage de son père qui le reconnaît, recueille dans les biens composant la succession de ce dernier les droits que lui assurent les art. 757 et 758 du Code civil. Telle est aussi l'opinion de M. Malpel (1).

Mais nous ne pensons pas, avec cet estimable auteur, que cette opinion ait été consacrée par l'arrêt de la Cour de Cassation qu'il rapporte, et qui est sous la date du 11 novembre 1811. On va en juger.

Le sieur *Bécard* perdit son épouse le 4 juin 1808. Dès ce moment, la liaison qu'il avait eue, du vivant de celle-ci, avec Marguerite-Claudine-Guillot *De Villarès*, ayant continué, cessa d'être entachée d'adultère, et devint un simple commerce illicite entre personnes libres. La demoiselle De Villarès accoucha d'une fille, le 27 décembre 1808, c'est-à-dire, six mois et vingt-six jours, ou deux cent six jours

(1) Pag. 84, no 30.

après la mort de la femme Bécard. Question de savoir si la fille *Joséphine-Désirée*, reconnue par Bécard dans l'acte de naissance, était simplement naturelle ou adultérine, et si elle avait quelque droit sur la succession de sa mère.

La Cour de Dijon décida, d'abord, que les règles tracées par le Législateur dans les art. 312 et 314 du Code civil, ne pouvaient s'appliquer qu'à la naissance des enfants légitimes ; mais *regardant comme nulle la reconnaissance faite par Bécard*, elle déclara Joséphine-Désirée successible de la demoiselle De Villarès sa mère. Sur le pourvoi formé contre cet arrêt, la Cour de Cassation le rejeta par le motif suivant :

« Qu'en supposant que la naissance de Joséphine-Désirée, arrivée six mois vingt-six jours après le décès de la femme Bécard, fasse remonter la conception à une époque antérieure au décès de cette femme, la reconnaissance que son mari a faite de cet enfant comme étant né de lui et de la demoiselle De Villarès, alors libre de tout engagement, reste néanmoins sans effet, et ne peut, par conséquent, nuire ni préjudicier à cet enfant, puisqu'elle est absolument interdite par la loi. »

Il est bien évident que la Cour de Dijon et la Cour de Cassation n'ont fait l'application à l'espèce jugée que de l'art. 335 du Code civil qui annule ou répute comme non écrite toute reconnaissance d'enfant adultérin ; qu'elles ne se sont nullement occupées

de la question relative à la naissance précoce de l'enfant naturel et à ses conséquences, sous le rapport de
la successibilité.

Mais la question que nous avons posée n'était
point à juger et n'a pu par conséquent être jugée dans
cette espèce. Il ne s'agissait point en effet de savoir
si l'enfant avait succédé à son père, auteur de la reconnaissance, mais s'il avait succédé à sa mère, libre
de tout engagement. Ainsi, on ne peut point induire,
comme le dit M. Malpel, des termes de l'arrêt dont
la Cour suprême s'est servie, qu'elle ne partageait
pas l'opinion de la Cour de Dijon à l'égard de l'adul-
térinité de l'enfant. Si cela était vrai, elle n'aurait pas
manqué de casser l'arrêt, soit dans l'intérêt du principe qu'elle aurait senti le besoin de proclamer, puisque l'occasion lui en était présentée, soit dans l'intérêt de l'enfant naturel lui-même, pour lui assurer
ses droits dans la succession paternelle lorsqu'il voudrait un jour les réclamer.

Quoi qu'il en soit, et quelle qu'ait été ou pu être
l'intention de la Cour de Cassation sur cette question,
nous persistons à penser, par les motifs que nous avons
ci-dessus donnés, que l'enfant naturel qui naît dans
les conditions que nous avons ci-dessus indiquées,
peut être valablement reconnu par son père et doit
recueillir sur ses biens les droits que lui attribue la
loi.

16ᵉ *Addition. Tom. 3, pag.* 71, *n*⁰ 407.

ENFANT NATUREL. — INDIGNITÉ.

533. — Puisque nous avons parlé de l'indignité de l'enfant naturel au sujet du droit d'accroissement, il faut se demander avant tout si l'indignité peut être encourue par lui, comme par l'héritier légitime, et s'il peut être privé, par cette cause, des droits que la loi lui accorde sur les biens de son père ou de sa mère qui l'a reconnu ?

L'art. 727 du Code civil porte :

« Sont indignes de succéder, et, comme tels, exclus des successions : 1°, 2°, etc.

Cet article est placé au chap. 2, tit. 1ᵉʳ, des Successions légitimes. Il ne parle que de ceux qui sont appelés à *succéder*, que de ceux qui, par indignité sont exclus des *successions*. Or, d'après l'art. 756, les enfants naturels ne sont point *héritiers* ; ils n'ont aucun droit aux *successions* de leurs père ou mère qui les ont reconnus ; ils n'ont droit que sur leurs *biens*. Il semblerait donc que l'indignité avec la peine qu'elle fait encourir, ne saurait les concerner.

Mais le simples inspirations de la raison et de la justice font assez voir que l'enfant naturel qui s'est rendu coupable des faits énumérés dans l'art. 727, s'est rendu indigne de recueillir les droits que lui accordent les art. 757 et 758. Il est même plus criminel que ne le serait un enfant légitime ; car il doit tout à celui de ses père et mère qui l'a reconnu et qui pouvait s'empêcher de le reconnaître, tandis que, par sa naissance, l'enfant du mariage conserve sa qualité malgré son père qui ne peut la lui enlever que par un désaveu, toujours bien difficile à justifier.

Il faut donc décider que l'enfant naturel reconnu sera privé de ses droits : 1º s'il a été condamné pour avoir donné ou tenté de donner la mort au défunt qui l'a reconnu ; 2º s'il a porté contre lui une accusation capitale jugée calomnieuse ; 3º si, étant majeur et instruit du meurtre du défunt, il ne l'a pas dénoncé à la Justice.

La première exception portée au nº 3, la minorité, se fait assez concevoir, sans qu'on ait besoin de l'expliquer. Quant à la seconde, portée en l'art. 728, fondée sur la parenté ou l'alliance du successible avec le meurtrier du défunt, à tous les degrés en ligne directe, à certains degrés seulement en ligne collatérale, elle doit produire rarement son effet en faveur des enfants naturels, parce que leur parenté et leur alliance, dans les deux lignes, sont très bornées, comme l'observe fort bien M. Malpel (1).

534. — On peut cependant douter si l'enfant naturel majeur encourt l'indignité dans tous les cas, pour le troisième fait, c'est-à-dire, lorsqu'étant instruit du meurtre du défunt, il ne l'a pas dénoncé à la Justice. A cet égard, nous distinguerions.

_____

(1) Pag. 123.

Si le défunt n'a pas disposé, et s'il n'a pas laissé de parents au degré successible, comme l'art. 758 du Code civil attribue dans ce cas à l'enfant naturel la totalité de ses biens, il le représente en quelque sorte, et doit par conséquent poursuivre la vengeance de sa mort, sous peine d'être déclaré indigne.

Mais si le défunt a laissé des enfants légitimes ou autres parents au degré successible, ceux-là seuls sont ses héritiers, ses seuls et véritables représentants. C'est donc à eux et uniquement à eux qu'incombe l'obligation, qu'est imposé le devoir sacré de dénoncer à la Justice le meurtre de leur auteur. S'ils ne cherchent pas à le venger lorsque la voix du sang et l'honneur de la famille légitime qu'ils composent, le leur commandent impérieusement, quels reproches peut-on légalement adresser à l'enfant naturel qui est hors de cette famille, et qui n'a à prétendre sur les biens de son père ou de sa mère qui l'a reconnu, qu'une portion souvent très faible et qui peut à peine suffire à ses besoins? Il nous semble, d'ailleurs, que le Législateur a clairement fait connaître sa pensée, lorsqu'il n'a déclaré indigne de succéder que *l'héritier* majeur qui, instruit du meurtre du défunt, ne l'aura pas dénoncé. C'est la seule partie de l'art. 727 où il s'est servi du mot *héritier*, et l'on doit croire qu'il ne l'a pas fait sans dessein. Nous inclinerions donc à décider que la distinction que nous venons de faire doit être suivie par les Tribunaux.

Aucun auteur, du moins à notre connaissance, n'a abordé cette question. Mais il nous semble que M. Chabot l'a indirectement résolue dans le sens de notre opinion quand il dit (1) que l'indignité peut être poursuivie par les héritiers irréguliers, *lorsqu'il n'y a pas d'autres parents légitimes que ceux qui se sont rendus indignes.*

535. — Au surplus, le défaut de dénonciation ne peut être opposé aux descendants, ni à l'époux ou à l'épouse de l'enfant naturel qui serait reconnu avoir été le meurtrier du défunt, ni à ses frères et sœurs naturels appelés à lui succéder. C'est ce qui résulte de l'art. 728, ainsi que nous l'avons déjà dit.

536. — Suivant l'art. 729, les enfants de l'enfant naturel déclaré indigne, venant à la succession de leur chef et sans le secours de la représentation, bien entendu pour la portion fixée par l'art. 757, ne sont pas exclus pour la faute de leur père. Mais celui-ci ne peut, en aucun cas, réclamer, sur les biens de cette succession, l'usufruit que la loi accorde aux pères et mères sur les biens de leurs enfants. Nous n'avons pas besoin de dire qu'il en serait de même pour les enfants naturels du bâtard, parce que nous avons prouvé ailleurs (2) que les père et mère de ces enfants par eux reconnus, n'ont point l'usu-

(1) Tom. 1er, pag. 124.
(2) Tom. 2, n° 273 et suiv.

fruit de leurs biens, pas plus que leur tutelle légale, ni la puissance paternelle sur leurs personnes.

537. — Tous les auteurs sont d'accord sur ce point, que l'indignité n'a pas lieu : 1º si celui qui a donné ou tenté de donner la mort au défunt était en état de démence au moment de l'action ; 2º s'il a été contraint par une force à laquelle il ne pouvait résister ; 3º lorsque l'homicide était ordonné par la loi et commandé par l'autorité légitime ; 4º lorsque l'homicide était commandé par la nécessité actuelle de la légitime défense de soi-même ou d'autrui. Dans tous ces cas, les art. 64, 327, 328 et 329 du Code pénal disposent qu'il n'y a ni crime ni délit ; il n'y a donc pas de coupable, comme le dit M. Chabot, il ne peut donc y avoir condamnation, et conséquemment l'art. 327 du Code civil est inapplicable. Il en est de même, d'après l'art. 66 du même Code pénal, lorsque l'auteur de l'homicide, même volontaire, avait moins de seize ans, s'il est jugé qu'il a agi sans discernement. Dans le cas contraire, il a encouru l'indignité comme s'il avait été majeur. On voit malheureusement trop souvent des criminels précoces.

538. — M. Malpel est en divergence d'opinion avec MM. Chabot et Duranton sur la question de savoir si le meurtre déclaré excusable aux termes des art. 321, 322 et 324 du Code pénal, fait encourir l'indignité au meurtrier ?

Un meurtre même excusable, dit M. Malpel (1),
ne peut avoir de *cause légitime*; le Législateur ne
reconnaît d'autres causes légitimes, non de *meurtre*,
mais d'*homicide*, que la nécessité actuelle de la défense, dans les cas indiqués par les art. 321 et 329
du Code pénal. On ne peut pas dire d'ailleurs que le
meurtre excusable soit involontaire, et l'opposer,
sous ce rapport, au meurtre commis avec *prémédi-
tation*. Si un individu donne involontairement la
mort à quelqu'un, son action est qualifiée *d'homicide*, art. 319 du même Code. La loi emploie la
même expression en parlant de la nécessité de la
légitime défense. Elle tient un autre langage lorsqu'elle s'occupe des *crimes excusables*; elle donne
alors le nom de *meurtre* à l'homicide. Le Législateur
considère donc ce crime comme volontaire; car l'art.
295 du Code pénal porte que *l'homicide commis volontairement est qualifié meurtre*. Cette précision était
aussi exprimée dans le Code pénal du 25 septembre
1791. L'art. 9, part. 2, tit. 2, sect. 1re, est ainsi
conçu : «Lorsque le meurtre sera la suite d'une provocation violente, sans toutefois que le fait puisse
être qualifié homicide légitime, il pourra être déclaré
excusable, et la peine sera de dix années de gêne.»
Il faut dire, avec M. Berriat-Saint-Prix, l'excuse n'ôte
pas la criminalité, elle fait seulement atténuer la
peine du délit. M. Malpel pense donc que l'héritier,

(1) Pag. 100, no 42.

condamné pour avoir commis un meurtre excusable n'en doit pas moins être frappé d'indignité.

M. Duranton s'exprime au contraire en ces termes (1) :

« Si l'homicide, même commis volontairement, est néanmoins excusable d'après la loi, celui qui l'a commis, bien qu'il soit condamné à une peine, parce qu'en effet il n'est point absolument innocent, comme celui qui était en démence au moment de l'action, ou qui a usé de la légitime défense de lui-même, celui-là ne doit pas être déclaré indigne ; tels sont les cas prévus aux art. 321 et 322 du Code pénal, mais le parricide n'est jamais excusable. Il y a, en effet, entre l'homicide commis dans l'un de ces cas, et le meurtre commis librement, une différence énorme. Il y a meurtre, il est vrai, parce que la mort a été donnée volontairement ; aussi la loi pénale l'appelle-t-elle *meurtre*. Mais la provocation qui l'a causé lui enlève le caractère de criminalité, en le rendant *excusable*, pour lui laisser seulement celui de simple délit, punissable d'une peine correctionnelle, et voilà tout. (Art 326, *ibid.*) L'héritier n'est donc pas condamné pour un meurtre ordinaire, pour avoir, sans aucune cause légitime, donné la mort au défunt, puisque autrement on lui appliquerait la peine du meurtre ; il n'est, en réalité, condamné que comme coupable d'un simple délit, puisqu'on ne lui inflige

(1) Tom. 6, pag. 116, n° 95.

que la peine d'un délit, et non celle d'un crime ; et
M. Duranton cite une partie de l'opinion de M. Chabot. »

De son côté, M. Chabot (1) commence par reconnaître que la question est *assez difficile*. Il passe en
revue, avec le plus grand soin et la plus loyale im-
partialité, toutes les raisons pour et contre ; après
quoi il se détermine à adopter le système qui repousse
l'indignité, de la manière suivante :

« Je préfère, dit-il, la seconde opinion, parce
qu'elle est la seule équitable, parce qu'elle me paraît
conforme à l'esprit du Législateur. On ne peut pas
d'ailleurs raisonnablement soutenir qu'elle s'écarte
du texte de la loi ; car il est évident que le meurtrier
qui, dans le cas d'excuse admis par la loi, a été condamné à une simple peine correctionnelle, n'a pas
été condamné comme étant réellement coupable d'un
meurtre. Il est plus malheureux que coupable ; il n'a
pas eu la volonté libre et entière de tuer, puisqu'il
n'a été poussé, entraîné, et peut-être même forcé au
fait de l'homicide, que par un crime qu'a commis ou
voulait commettre contre lui la personne qui a suc-
combé. »

Qnant à nous, il nous paraît que M. Malpel s'est
trop attaché au texte, à la lettre de l'art. 727 du
Code civil qui, il faut en convenir, sont en faveur
de son opinion. Cet article déclare, en effet, indigne

(1) Tom. 2, pag. 110.

de succéder, celui qui serait condamné pour avoir
donné ou tenté de donner la mort au défunt ; il ne
distingue pas entre le meurtre commis dans une intention criminelle et le meurtre commis à la suite
d'une violente provocation. Mais M. Malpel n'a pas
fait attention que, lorsque fut fait le Code civil, le
Code pénal n'avait pas encore été publié.

Or, ce dernier Code en déclarant *excusable* le
meurtre provoqué, lui enlève ce caractère odieux
qui rend celui qui l'a commis indigne de recueillir la
succession de sa victime. Il n'y a dans son fait qu'un
malheur déplorable et qu'il sera sans doute le premier à déplorer ; ce n'est pas ce meurtrier, ou
plutôt cet innocent homicide dont la loi a voulu
parler et qu'elle a entendu frapper d'indignité, mais
uniquement celui qui, voulant jouir plus vite d'une
succession à laquelle il était appelé, aura conçu et
exécuté, ou tenté d'exécuter l'horrible projet de
donner la mort à son proche parent.

Mais ces observations si justes, si raisonnables
qu'elles puissent être, ne font pas entièrement disparaître la difficulté. M. Delvincourt, qui en a apprécié
toute la portée, s'exprime ainsi (1) :

« Comme le fait d'excuse n'empêche point la condamnation, mais ne fait que diminuer la peine, l'on
pourrait soutenir, *stricto jure*, que l'indignité n'en est
pas moins encourue ; je pense cependant que les Juges

(1) Cours de Droit civil, tom. 2, pag. 277, note 3.

devraient se décider d'après les circonstances et la nature du fait sur lequel l'excuse est fondée. »

M. Malpel répond (1) qu'il lui paraît difficile de justifier cette opinion. Ce serait en quelque sorte, dit-il, soumettre à la révision d'un Tribunal civil l'arrêt de la Cour d'assises qui aurait déclaré le meurtre excusable : quelles que soient les circonstances et la nature du fait pour lequel l'excuse a été admise, le Tribunal, chargé par la loi de statuer sur l'indignité, ne peut s'occuper que d'une seule question : l'individu dont il s'agit se trouve-t il dans le cas prévu par la première disposition de l'art. 727 du Code civil comme ayant été condamné pour avoir donné la mort au défunt?

On le voit, M. Malpel s'en tient toujours au texte, sans vouloir consulter l'esprit de la loi. D'après ce que nous avons dit plus haut, et ce que MM. Chabot et Duranton avaient bien mieux dit avant nous, l'unique question que M. Malpel suppose devoir être soumise au Tribunal civil, n'est pas celle-là, mais bien celle-ci?

L'individu dont il s'agit a-t-il été condamné comme coupable d'assassinat, ou de tentative d'assassinat sur la personne du défunt, tel que ce crime est défini et puni par les art. 296 et 302 du Code pénal, ou bien comme coupable de meurtre commis dans l'un des cas d'excuse indiqués dans les art. 321, 322 et 324 du même Code?

(1) Pag. 99.

Au premier cas, il est évident qu'il a encouru l'indignité, puisqu'il a dû être condamné à la peine de
mort ou à celle des travaux forcés à perpétuité ou à
temps, si le Jury a déclaré l'existence de circonstances
atténuantes. — Art. 463.

Au second cas, l'individu n'aura pas encouru l'indignité, puisqu'il n'aura été condamné qu'à des peines
correctionnelles, et que par cela même toute intention
criminelle aura été écartée.

La question réduite à ces termes ne nous semble
plus présenter de difficulté sérieuse. Pour la résoudre, il n'y a qu'à lire l'arrêt rendu par la Cour d'assises dont l'application et non la *révision*, comme le
craint M. Malpel, doit être faite par le Tribunal civil, à la question d'indignité.

Nous partageons donc entièrement l'opinion professée par MM. Chabot et Duranton. Nous ne pouvons admettre, dans l'état actuel de notre Législation criminelle, l'opinion de M. Malpel, parce qu'elle
nous paraît contraire à l'esprit de notre nouveau Droit
civil et trop esclave de sa lettre écrite.

539. — La solution de cette question rend tout-à-
fait facile, pour ne pas dire à peu près inutile, celle
de savoir si, lorsque la mort du défunt a eu lieu par
maladresse, imprudence, inattention ou négligence
de l'héritier ou de l'enfant naturel reconnu, sans aucune intention de sa part, celui-ci est indigne de lui
succéder? La négative coule de source ; car, bien

qu'il soit condamné, d'après l'art. 319 du même Code, à la peine d'emprisonnement de trois mois à deux ans, et à l'amende portée par cet article, il n'est pas condamné pour fait de *meurtre*, comme l'observe fort bien M. Duranton (1), et ainsi que le veut l'art. 727 du Code civil ; il est condamné pour simple *homicide* involontaire, et la loi n'a pu vouloir punir un malheur comme un crime. C'est ainsi que le décident également MM. Chabot (2) et Malpel (3).

540. — Ni les lettres de grâce, ni la prescription de la peine, n'empêchent la déclaration d'indignité. Elles n'éteignent ou ne modifient que les peines prononcées par le Code pénal, mais elles n'éteignent pas le crime, et c'est pour le crime que l'héritier doit être déclaré indigne. Il suffit, aux termes de l'art. 327 du Code civil, qu'il ait été *condamné*, pour que l'indignité soit encourue contre lui. Tel est encore le sentiment des mêmes auteurs.

541. — Mais lorsqu'une personne qui a été homicidée par l'un de ses héritiers présomptifs ou par son enfant naturel reconnu, a déclaré avant de mourir, qu'elle lui pardonnait, et que même, par un acte formel, elle a défendu à ses autres héritiers, de

(1) Ibid, pag. 115, n° 94.
(2) Ibid. pag. 707; n° 4.
(3) Ibid. pag. 97, n° 40.

poursuivre l'indignité du meurtrier, cette indignité peut-elle être néanmoins provoquée et doit-elle être prononcée ?

C'est encore là une question qui divise les auteurs.

M. Toullier dit (1) que pour faire prononcer l'indignité, il faut quatre conditions, savoir les trois indiquées dans l'art. 727, et enfin qu'il n'y ait pas eu de réconciliation entre le défunt et l'accusateur, dans le cas du moins où l'accusation capitale aurait été jugée calomnieuse.

M. Malpel répond (2) que si la réconciliation produit un pareil effet, dans le second cas d'indignité prévu par l'art. 727 du Code civil, il n'y a pas de raison pour lui refuser la même efficacité dans le premier ; parce que la loi ne fait aucune distinction entre les divers cas d'indignité, et leur attribue les mêmes résultats. Après avoir rapporté le discours de M. Treillard au Corps législatif qui met sur la même ligne les trois cas posés par l'art. 327 *lorsque la succession s'ouvre ab intestat*, M. Malpel ajoute :

« Il n'existe donc qu'une seule différence entre la succession légale et la succession testamentaire ; l'une est basée sur la volonté présumée du défunt, l'autre sur sa volonté expresse. Lorsqu'il n'a point existé de

(1) Tom. 4, pag. 116, n° 109, *in fine*.
(2) Ibid., pag. 119, n° 62.

réconciliation, la volonté présumée du défunt est que
son meurtrier ou son calomniateur soit privé de sa
succession *ab intestat*, parce que l'ordre naturel des
affections a été interverti. Mais la réconciliation fait
cesser la cause de cette sorte d'exhérédation, et de
même qu'elle assure au testament tous ses effets, elle
rétablit l'ordre naturel des affections dans son état
primitif. La succession *ab intestat* doit donc être réglée dans ce cas, comme si le crime n'avait jamais
existé, comme si l'accusation n'avait pas été jugée
calomnieuse. Le Ministère public ne sera pas désarmé ;
il pourra poursuivre le meurtrier, et le faire
condamner à une peine qui emportera la mort civile. Mais la succession que le coupable aura recueil-
lie, pourra profiter à ses enfants, et cette considération n'aura pas sans doute été étrangère à la géné-
reuse détermination du défunt. »

Mais M. Chabot professe une opinion formellement
contraire (1).

Des motifs différents, dit-il, peuvent avoir déterminé la personne homicidée à pardonner le crime et
à vouloir que l'indignité ne soit pas prononcée ;
mais quels qu'ils soient, ils ne peuvent prévaloir sur
la disposition de la loi. C'est la loi elle-même qui
prononce l'indignité, soit comme un supplément de
peine contre le meurtrier, soit comme une conve-

___
(1) Ibid., pag. 116.

nance d'honnêteté publique, et conséquemment il n'a
pu être au pouvoir du défunt d'en faire la remise,
puisqu'elle est indépendante de sa volonté : la
défense qu'il aurait faite à ses autres héritiers légitimes, ajoute M. Chabot, ne pourrait même les
obliger légalement. Les héritiers légitimes ne tiennent leurs droits que de la disposition de la loi ; ils
ne tiennent rien de la volonté du défunt, et il s'ensuit que la volonté du défunt ne peut les empêcher
d'exercer un droit que la loi leur confère. Une semblable défense faite par le défunt à ses héritiers con-
tractuels ou testamentaires, ne pourrait, non plus,
les obliger légalement ; elle serait, dans ce cas, une
condition contraire à la volonté de la loi, et conséquemment elle devrait être réputée non écrite,
suivant l'art. 900 du Code civil.

M. Delvincourt (1) adopte cette opinion. Tout au
plus, dit-il, si le défunt non-seulement se réconciliait
avec l'indigne, mais encore lui faisait quelque libéralité, pourrait-on prétendre, *benigno jure*, qu'il est capable de la recevoir, mais seulement en qualité de
donataire ou de légataire, et non comme héritier légitime ?

M. Duranton, ce qui nous étonne, qui a traité
longuement de l'indignité, n'a pas examiné cette
question.

Nous adoptons, de la manière la plus absolue,

(1) Tom. 2, pag. 283, note 14.

l'opinion de M. Chabot. Nous considérons la déclaration de l'indignité fondée sur le premier et le troisième cas de l'art. 727 du Code civil, comme une chose d'ordre public et de haute moralité. Il ne peut dépendre de la volonté de l'homme de soustraire aux conséquences de l'indignité, par une générosité mal entendue, son parent *coupable* ou *lâche*, selon les expressions de M. Treilhard, *qui l'aura assassiné, ou qui aura laissé ses mânes sans vengeance.* Si les Législateurs avaient voulu que les causes de l'indignité pussent être effacées par le pardon, on doit croire qu'ils s'en seraient formellement expliqués. D'un autre côté, et pour le cas d'accusation calomnieuse, nous ne savons pas dans quelle disposition de loi M. Toullier a trouvé que, pour faire prononcer l'indignité, il faut qu'il n'y ait pas eu de réconciliation entre le défunt et l'accusateur. C'est évidemment ajouter à la loi sous prétexte de l'interpréter.

Cependant une réflexion se présente à notre esprit, touchant ce dernier cas d'indignité. Après que l'accusation capitale portée par l'héritier légitime, ou l'enfant naturel reconnu, aura été jugée calomnieuse, si le défunt déclare dans un acte écrit qu'il le relève de cette cause d'indignité ; s'il défend à ses autres héritiers de s'en servir pour le faire exclure de sa succession, sans ajouter qu'il la lui pardonne, que devra-t-on penser ? Sans doute il est possible

que ce soit un sentiment généreux qui aura dicté
cette déclaration. Mais n'est-il pas possible aussi
qu'elle ne soit que l'effet du remords? Serait-ce la
première fois que, à l'aide de faux témoignages, de
machinations ténébreuses, un individu serait parvenu
à tromper la Justice, et en aurait obtenu un jugement injuste à l'insu et contre l'intention des Magistrats qui l'auront rendu? Et si cela est ainsi, le malheureux qui aura été pourtant condamné comme un
vil calomniateur, ne sera-t-il pas assez à plaindre
d'être obligé de subir la peine qui lui aura été in-
fligée par les Tribunaux, de passer aux yeux de la
société, de ses amis, de ses parents, de sa propre famille, pour ce qu'il y a de plus méprisant, et à la
fois de plus dangereux au monde, sans être forcé
d'encourir encore toutes les affligeantes conséquences d'une indignité que, dans le for intérieur, il est
bien sûr de n'avoir pas méritée? Ces réflexions nous
paraissent d'une nature assez grave pour nous faire
penser que, si jamais la question se présentait à juger dans les termes où nous l'avons posée, elle
pourrait, elle devrait même être décidée en faveur
de l'héritier condamné.

Sur les autres questions qui concernent l'indignité,
nous renvoyons aux auteurs que nous avons déjà
cités. Nous n'avions à nous occuper que de celles
qui peuvent intéresser directement ou indirectement
les enfants naturels reconnus.

17e Addition, Tom. 2, page 408, n° 338.

Recherche de maternité. — Serment.

542. — Nous avons dit, et nous croyons avoir prouvé, *Loc. cit.*, que l'enfant naturel qui n'a ni possession, ni titre, ni commencement de preuve par écrit, ne peut déférer à la personne qu'il prétend être sa mère, le serment décisoire. Ce serment est, en effet, un mode de recherche de maternité, et l'art. 341 du Code civil n'admet cette recherche que sous la condition que l'enfant aura déjà un commencement de preuve par écrit.

Le vice du système contraire, consacré par l'arrêt de la Cour royale de Rennes que nous avons cité, conduirait à une violation bien plus grave de la loi.

Ce système consiste à dire que, d'après les art. 1358 et 1360 du même Code, le serment décisoire peut-être déféré *dans toute cause*, encore qu'il n'existe point de commencement de preuve par écrit. Mais d'après cela il sera donc permis à l'enfant de déférer également le serment décisoire à un homme qu'il prétendra être son père, sur le fait de sa paternité ; car il ne peut y avoir, pour ce cas, aucune différence entre lui et sa mère. L'un et l'autre doivent être compris dans la généralité illimitée que l'on veut donner aux articles précités. Ainsi, la recherche de la paternité sera permise par la voie du serment, alors que

l'art. 340 la prohibe de la manière la plus absolue
et la plus expresse, sauf pour le cas d'enlèvement !..
Et pourtant la loi a été si sévère à cet égard, qu'elle
n'a pas voulu que la paternité pût être recherchée,
même lorsque l'enfant aurait un commencement de
preuve par écrit. Elle n'a voulu admettre cette condition que pour la recherche de la maternité. Cependant le commencement de preuve par écrit est une
espèce de titre à qui il ne manque que quelques témoignages humains pour être un titre complet, une
preuve parfaite. Eh ! bien, la loi n'a pas voulu l'admettre pour aider à établir la paternité. Et l'on voudrait cependant que la recherche pût en être faite
sans qu'il existât la moindre présomption de droit
qui permît d'en supposer l'existence ! Non, la chose
ne peut pas être ainsi. L'exemple que nous venons
de citer, démontre donc de plus en plus combien est
mauvais le principe à l'aide duquel on accorderait à
l'enfant, par le moyen du serment, la recherche de
la maternité. Ce moyen est en outre dangereux, en
ce qu'il pourrait être employé envers une femme
honnête qui n'aurait rien à se reprocher, mais dont
l'esprit faible et timoré la ferait reculer devant la
honte de paraître en Justice, devant la crainte de s'y
donner en spectacle pour un motif aussi alarmant
pour la pudeur du sexe. Quand nous n'aurions ài n-
voquer que l'intérêt de la morale publique, c'en serait assez pour faire repousser un système dont le
scandale serait le moindre inconvénient.

18ᵉ *Addition. Tom.* 3, *page* 38, *n*° 383.

ENFANT NATUREL. — RETOUR LÉGAL.

543. — L'arrêt de la Cour de Cassation que nous
avons rapporté *sup. Loc. cit.* a été le sujet d'un nouvel examen de notre part. Mais ce nouvel examen
n'a fait que nous confirmer de plus en plus dans l'o-
pinion que nous avons émise. Ainsi nous persistons
à penser que si le donataire meurt avant son père
donateur, laissant, non des enfants légitimes, mais
des enfants naturels par lui reconnus, ils empêche-
ront le retour légal, ou droit de réversion en faveur
de leur aïeul, mais jusqu'à concurrence seulement
de la portion que leur attribuent les art. 757 et 758
du Code civil. Les auteurs que nous avons consultés
sont tous du même sentiment.

Celui qui a le plus disertement discuté la question,
est M. Chabot (1). Il a posé les raisons pour et contre. On peut dire, à l'égard de l'enfant naturel reconnu, observe ce savant et judicieux commentateur,
comme on l'a dit à l'égard de l'adopté, qu'il est aux
yeux de la loi un étranger pour l'ascendant du donataire ; qu'il n'existe, entre cet enfant et l'ascendant,
aucune parenté civile ; qu'ils ne succèdent pas l'un à

(1) Tom. 1ᵉʳ, pag. 422 et suiv. n° 14.

l'autre ; qu'aucun rapport n'est établi entre eux, et que rien ne doit faire présumer que l'ascendant ait eu l'intention de se dépouiller en faveur d'un enfant qu'aurait son fils. On peut ajouter que la disposition de l'art. 747 a été insérée au titre des successions *légitimes*; qu'elle n'a pas été reportée au titre des successions *irrégulières*; qu'ainsi elle ne doit s'appliquer qu'à la postérité légitime, et non à la postérité naturelle.

Mais il faut répondre, continue M. Chabot, que la loi confère à l'enfant naturel légalement reconnu, des droits sur les biens de ses père ou mère décédés ; que cet enfant peut, aux termes des art. 756 et 757 du Code, exercer ces droits sur tous les biens qui composent la succession de l'auteur de la reconnaissance, *quelles que soient leur origine et leur nature*, et qu'en conséquence il peut les exercer sur les biens qui avaient été donnés par l'ascendant, et qui font partie de la succession du donataire, etc. , etc.

M. Duranton (1) professe la même opinion et par les mêmes raisons que M. Chabot avait données.

544. — Des motifs différents ont porté les mêmes auteurs à décider, affirmativement, la question de savoir si le père naturel qui a donné à son fils, décédé sans postérité, a le droit de réversion ?

(1) Tom. 6, pag. 234, n° 219.

M. Duranton ne fait pas le moindre doute à cet
égard (1). Il se fonde sur ce que, d'après l'art. 765,
le père *succède*. La succession de son enfant lui appartient en tout ou en partie. Il est donc dans le cas
de l'art. 747. De plus, ajoute-t-il, l'art. 766 établit
un droit de retour légal sur les biens donnés par le
père ou la mère de l'enfant naturel, décédé sans
postérité, au profit des frères et sœurs légitimes de
cet enfant. A plus forte raison, le père donateur,
lui-même, doit-il avoir le droit de faire ce prélèvement sur les biens qui proviennent de lui et qui se
trouvent encore en nature dans la succession du donataire. Ce raisonnement nous paraît sans réplique.
Telle est aussi l'opinion de M. Chabot, *Loc. cit.*,
nº 4.

545. — La grande raison qui doit faire décider
les deux questions dont nous venons de parler dans
le sens de ceux qui les ont traitées, c'est que ce n'est
pas à titre de *retour* que les ascendants exercent
le droit de réversion, mais à titre de *succession*. Les
ascendants *succèdent* aux choses par eux données,
dit l'art. 747 ; les art. 765 et 766 se servent à peu
près des mêmes expressions. Aussi la Cour de Cassation a-t-elle décidé, le 16 mars 1830 (2), que les
ascendants ne sont que de simples héritiers *ab intes-*

(1) Ibid., pag. 236, nº 221.
(2) Sirey, 30, 1, 121.

tat relativement à *ce droit*. Et c'est si bien par droit de succession que les ascendants reprennent ce qu'ils ont donné à leurs descendants décédés sans postérité ni dispositions, qu'une circulaire de la régie des domaines et de l'enregistrement, du 23 brumaire, an 8, les soumet envers le fisc au droit proportionnel de mutation par décès. Dans les coutumes où ce droit de réversion était connu, *Boucheul* nous apprend (1) qu'il était appelé succession *anomale*. C'est, en effet, comme le dit M. Chabot, un mode spécial de succéder, qui intervertit, pour un cas particulier, l'ordre légal ordinaire des successions. Si nous appelons ce droit *retour légal*, c'est par opposition au retour conventionnel. Si nous l'appelons aussi *réversion*, c'est parce qu'il fait retourner, dans les mains des ascendants, les choses qu'ils avaient données à leurs descendants.

Or, si un pareil retour ne s'exerce que par droit de succession, il est évident que les ascendants ne peuvent reprendre les objets qu'ils ont donnés, que dans l'état qu'ils se trouvent au décès du donataire. Si celui-ci les a donnés, la réversion est anéantie. Il en est de même s'il les a vendus et en a touché le prix. S'il en a disposé par testament, on doit porter la même décision. Ces objets ont formé la propriété du donataire à tel point qu'il a pu en user et en abuser. Il est donc de conséquence rigoureuse qu'il

(1) *Traité des Conventions de succéder.*

a eu le pouvoir de les affecter par une reconnaissance en faveur de ses enfants naturels, mais dans la mesure des droits que leur accordent les art. 756 et 757. C'est pour n'avoir pas envisagé la question sous cet aspect tout légal, que la Cour de Cassation l'a résolue négativement par l'arrêt *Lépine* du 3 juillet 1832.

546. — Il faut bien remarquer que le droit de réversion ne peut avoir lieu qu'en matière de donations de biens présents. Cela résulte clairement des expressions dans lesquelles est conçu l'art. 747. Cet article ne parle que *des choses* données par les ascendants à leurs enfants ou descendants décédés sans postérité. Les donations des biens présents et à venir sont régies par d'autres règles. C'est par le moyen de la *caducité* et non par voie de *succession* que les donateurs reprennent les biens qu'ils avaient donnés, dans les termes des art. 1082, 1084 et 1086. L'art. 1089 dit, en effet, que les donations faites à l'un des époux, dans les termes de ces derniers articles, deviendront caduques, si le donateur survit à l'époux donataire et à sa postérité.

547. — Il faut bien faire attention à la manière dont est conçu l'art. 747. Les ascendants, dit-il, succèdent, à l'exclusion de tous autres, aux choses par eux données à leurs *enfants* ou *descendants* décédés sans *postérité*, lorsque les objets donnés se retrouvent en nature dans la succession. Il suit

de là que le droit de retour légal est restreint au cas où le *donataire* décède sans postérité, et qu'il ne peut avoir lieu dans la succession des *enfants* du donataire, *décédés* sans postérité ; c'est ce qui a été jugé par la Cour d'Agen le.28 février 1807, et par la Cour suprême le 18 août 1818. Cette dernière Cour a même décidé, le 30 novembre 1819, que cela doit être ainsi, encore que la donation ait été faite par contrat de mariage (1).

548. — Puisque nous avons vu que le père peut exercer le droit de retour ou de rèversion sur les choses qu'il a données à son enfant naturel, il faut se demander si, lorsqu'un père a légalement reconnu son enfant naturel, et que l'aïeul a fait un don à cet enfant, le retour légal a également lieu en faveur de l'aïeul, s'il survit à l'enfant naturel décédé sans postérité ?

On doit répondre négativement. En effet, l'art. 747 n'accorde qu'aux *ascendants* le droit de retour légal. Or, l'aïeul naturel d'un enfant naturel n'est pas son ascendant aux yeux de la loi ; il n'existe entre eux aucun lien ni de parenté, ni de successibilité. Suivant l'art. 756, l'enfant naturel même reconnu, n'a et ne peut avoir aucun droit sur les biens de son aïeul. On a même vu qu'il ne peut le contraindre à lui fournir des aliments. D'après les art. 765 et 766, l'aïeul ne peut jamais succéder à l'enfant naturel,

(1) Sirey, 7, 2, 4; — 18, 1, 370; — 20, 1, 107.

lors même que cet enfant ne laisse ni père, ni mère, ni postérité. Tous ses biens passent, dans ce cas, à l'exclusion de ses frères et sœurs légitimes, à ses frères et sœurs naturels ou à leurs descendants. La reconnaissance faite par le père, est étrangère à l'aïeul. Elle ne fait pas entrer l'enfant dans la famille légitime, et conséquemment, comme le dit M. Chabot, l'aïeul est, à l'égard de l'enfant naturel, un donateur *étranger* qui ne peut jouir de la réversion légale.

Il faut pourtant convenir qu'il est bien dur pour l'aïeul de voir sortir de ses mains et passer dans une famille étrangère, des biens dans lesquels il croyait pouvoir rentrer, au cas du prédécès de son donataire sans postérité. Mais on peut répondre, ce que nous avons dit pour un autre cas, que l'aïeul pouvait se mettre à l'abri de ce fâcheux événement, en stipulant le droit de retour conventionnel; qu'il devait connaître la loi qui le rendait étranger à l'enfant naturel de son fils, et que ce n'est qu'à son défaut de prévision qu'il doit imputer l'événement dont il se plaint d'être la victime. Nous répéterons, à ce sujet, ce que disent MM. Merlin, Grenier et Chabot, que les nombreuses difficultés qu'a fait naître l'art. 747 du Code civil, viennent de ce que la loi est beaucoup trop concise sur une matière qui présente une foule de cas divers, et qui, ayant été mise hors des règles générales sur le droit et l'ordre de succéder, avait besoin que ces règles particulières fussent clairement établies : un seul article ne suffisait pas pour donner tous les développements nécessaires.

Mais nous pensons qu'en partant de cette base fondamentale, que le droit de retour légal ou de reversion, n'est autre chose qu'un droit de succession restreint au cas pour lequel il a été créé, il sera facile de résoudre toutes les questions, si multipliées qu'elles soient, qui pourront se présenter devant les tribunaux sur cette matière.

TABLE

DES MATIÈRES CONTENUES DANS LE TROISIÈME VOLUME.

TITRE 3e.

DES DROITS DES ENFANTS NATURELS RECONNUS SUR LES BIENS
DE LEUR PÈRE OU MÈRE.

CHAPITRE III.

Représentation. — Retour légal.

CHAPITRE VII.

Descendants de l'Enfant naturel. — Imputation. — Rapport. — Renonciation. — Réduction.

CHAPITRE IX.

—

Autres règles sur les aliments dus aux enfants adultérins ou incestueux.

—

CHAPITRE X.

—

De la succession aux enfants naturels décédés sans postérité.

—

CHAPITRE XI.

—

Droits du Conjoint survivant et de l'Etat.

—

CHAPITRE XII.

—

Formalités à remplir en matière de Successions irrégulières.
— Actions.

—

CHAPITRE ADDITIONNEL.

1re ADDITION. — TOMR 1er.

Page 78, no 20.

Grossesse cachée. — Désaveu.

DEUXIÈME CHAPITRE ADDITIONNEL.

12ᵉ ADDITION. — TOME 3ᵉ.

Page 146, nᵒ 432.

Retrait successoral. — Bénéfice. — Divers cas de retrait.

TABLE GÉNÉRALE,

ALPHABÉTIQUE ET RAISONNÉE,

Des Matières contenues dans les trois volumes de cet Ouvrage.

Adoption.

Adultère.

Mais si à l'adultère se joint le révèlement de l'enfant, l'action en désaveu est reçue contre ce dernier. — Il n'en serait pas de même si la

Allégation.

L'allégation de l'impuissance na-

Tom. 3.   23

La reconnaissance des parties

Il n'existait pas avant le code de

Enfant naturel.

Comment doit s'entendre l'art. 761 du C. C. portant que toute réclamation est interdite à l'enfant naturel, lorsqu'il a *reçu* du vivant

Exception.

Trois exceptions sont établies par la loi contre la présomption d'illégitimité résultant de la naissance prévu de l'enfant. — Quelles sont-

— 380 —

	VOL.	PAGES	NUM.
elles?	1	105	27

V. *Désaveu.*

Filiation Légitime.

	VOL.	PAGES	NUM.
Difficulté de cette matière.	1	226	73
Distinction à faire entre la légitimité et la filiation.	1	226	74
La principale preuve de la filiation est l'acte de naissance de l'enfant inscrit sur le registre de l'État civil.	1	227	75
L'acte de naissance n'est pas toujours une preuve de la filiation légitime de l'enfant. Pourquoi?.	1	230	79
Il lui faut de plus une possession d'État conforme à l'acte de naissance.	1	230	79
Dans quel cas cette possession est-elle admissible? C'est lorsque les père et mère de l'enfant sont tous deux décédés. Il faut de plus qu'il prouve qu'ils ont vécu publiquement comme époux. — Alors l'enfant est dispensé de produire l'acte de célébration de leur mariage.	1	230	79
Mais l'absence ou la démence du survivant des père et mère ne peut équivaloir à sa mort.	1	231	80
La preuve que les père et mère ont publiquement vécu comme époux, ne peut résulter de l'acte de naissance de l'enfant.	1	235	82

V. *Adoption.*

Héritiers apparents.

Héritiers irréguliers.

Tom. 3.

Identité.

Légitimité. — Illégitimité.

Mari.

	VOL.	PAGES	NUM.

Mariage.

Mère.

Mineur. — Majeur.

Mort civile.

Naissance.

Provision.

Puissance paternelle.

Tom. 3.

Reconnaissance.

Reconnaissance *(d'enfant naturel).*

Un enfant naturel déjà conçu

Un individu frappé de mort ci-

V. *Contestation.*

La reconnaissance d'un enfant naturel contenue dans un testament olographe fait en sa faveur par son père ou sa mère, a l'effet, quoique nulle, de faire réduire le

Reconnaissance d'enfant adultérin ou incestueux.

Retranchement.

Retrait successoral.

FIN DU TROISIÈME VOLUME.

ERRATA DES TROIS VOLUMES.

1er VOLUME.

Pag. 28, lig. 2, au lieu de *au Tribunal*, lisez : *au Tribunat*.

Pag. 39, à la note, lig. 3, au lieu de *Despuisses*, lisez : *Despeysses*.

Pag. 54, lig. 26, au lieu de *pour la raison des contraires*, lisez : *par la raison des contraires*.

Pag. 73, lig. 4, au lieu de *il sépare*, lisez : *il s'égare*.

Pag. 138, lig. 6, au lieu de *la vie fatale*, lisez : *la vie fœtale*.

Pag. 448, lig. 27, au lieu de *la supposition d'état*, lisez : *la suppression d'état*.

2e VOLUME.

Pag. 95, lig. 2, au lieu de *aius*, lisez : *ains*.

Pag. 241, lig. 9, au lieu de *oui, sans doute*, lisez : *non, sans doute*.

Pag. 241, lig. 17, au lieu de *par l'article 342*, lisez : *par les articles 340 et 341.*

3e VOLUME.

Pag. 4, lig. 25, au lieu de *descendants*, lisez : *ascendants*.

Pag. 153, lig. 11, au lieu de *n'ayant qu'un enfant*, lisez : *n'aient qu'un enfant.*

Pag. 216, lig. 8, après 12 décembre 1823 (1), *ajoutez :* et par autre arrêt du 1er octobre 1842.

Limoges.—Imprimerie de Mme Vve Blondel, rue Consulat, 15.